선학재 총서 ❷

이재난고의 풍경과 서정

이 책을 사랑하는 아내 이성희에게 바칩니다.

선학재 총서 ❷

이재난고의 풍경과 서정

이상봉 지음

학자원

‖ 책을 펴내며 ‖

이 책은 제가 이재 황윤석에 대해 발표했던 소논문과 습작들을 주제별로 묶어 정리한 것입니다. 2005년 가을에 황윤석의 『이재난고』를 처음 만났습니다. 교수님들을 비롯한 여러 선배님들과 『이재난고』를 번역하면서 3년을 보냈지요. 그런 인연으로 2008년의 석사논문과 2018년의 박사논문을 모두 황윤석과 그의 한시를 주제로 썼습니다.

2008년 이후 지금까지 황윤석과 관련한 소논문도 10여 편 넘게 발표했습니다. 돌아보니 황윤석과 관련된 글을 쓴 지 어느덧 14년이 넘었더군요. 그간의 연구를 정리하고 앞으로의 계획을 새롭게 세워야겠다는 생각이 들었습니다. 그래서 지난 논문들과 습작원고를 모아서 한 권의 책으로 만들게 되었습니다.

짧지 않은 기간 동안 『이재난고』와 황윤석의 삶을 연구하면서 '인생이란 무엇인지?' '어떻게 살아야 후회가 없을지?'에 대해 고민하게 되었습니다. 황윤석은 우리가 주위에서 흔히 볼 수 없는 천재였습니다. 4대가 넘도록 과거급제자를 배출하지 못한 집안에서 책을 한 번만 봐도 외우는 아이가 태어났으니 집안사람들이 얼마나 기뻐했을까요?

그런 어른들의 기대 때문인지 황윤석이 10대 때 남긴 시에는 성취하지 못한 안타까움과 나태했던 지난날에 대한 후회가 많이 나타나

있습니다. 황윤석은 나태했다고 후회했지만 기록에 따르면 그는 7살 때부터 20살 때까지 하루 너 댓 시간만 자면서 학업에 열중했다고 합니다. 한 번만 보면 외우는 천재가 이렇게 공부를 하고도 과거시험을 합격하지 못했으니 안타까움과 후회가 많았던 것이지요.

일이 너무 풀리지 않으니 황윤석의 아버지는 당시 노론에서 지도적 위치에 있던 김원행을 아들의 스승으로 삼게 합니다. 혹시라도 힘 있는 스승을 두게 되면 아들의 출세에 도움이 되지 않을까 기대를 했겠지요. 호남에 살던 황윤석이 경기도에 있던 김원행을 스승으로 모시는 과정도 쉽지는 않았습니다. 3년간 공을 들여야 했으니까요.

31살의 늦은 나이에 진사시험에도 합격하고 유력인사도 스승으로 삼았습니다. 그런데도 수년간 여전히 과거시험과 관직 추천에서 떨어지기만 했습니다. 그러다 38살이 되어서야 강원도 영월에 있는 장릉의 참봉 자리를 추천으로 얻게 되었습니다. 먼 시골의 낮은 벼슬이지만 포기할 수 없었습니다. 너무나 오랫동안 기대해왔던 관직생활이었으니까요.

그러나 그 자리가 스승과 적대적 관계에 있던 소론 사람들의 추천 때문에 얻어진 것이라는 걸 알게 되었습니다. 김원행은 황윤석이 소론 세력과 야합한 것은 아닌지 의심했습니다. 그런 스승의 의심을 풀려고 노력했지만 뭔가 개운하지는 않았지요.

벼슬을 시작했으니 이왕이면 부모님을 모시면서 생활하고 싶었습니다. 그러려면 현감이 되어야 했습니다. 현감이 되어야 가족과 함께 근무할 수 있었거든요. 그래서 현감이 될 수 있는 60개월의 근무기한을 채우기 위해 노력을 했습니다. 강원도와 한양을 오가면서요. 하지만 정작 현감 진급을 위한 근무기한을 다 채웠을 무렵에도 여러 번

현감 진급에서 누락됩니다. 그 때문에 또 많이 괴로웠지요.

그 사이 아버지도 돌아가시고 스승도 세상을 떠나고 아내마저 사망합니다. 나이는 어느덧 쉰 줄에 들어섰고요. 그래도 여전히 관직에 연연했습니다. 현감이 되어 어머니를 모시겠다는 평소의 소원을 꼭 이루고 싶었던 거지요.

51살이 되어서야 바라고 바라던 현감이 됩니다. 그런데 현감이 된 뒤 10개월도 채우지 못하고 파직됩니다. 그것도 같은 당인 노론 출신의 상관이 인사고과 낮게 주었기 때문이었습니다. 58살이 되어서 다시 맡게 된 전의현감도 1년을 채우지 못하고 파직됩니다. 역시 같은 당 출신의 암행어사가 흉년에 구휼을 제대로 하지 않았다고 파직시킨 것이지요.

『이재난고』에 기록된 황윤석의 인생을 보면서, '황윤석이 벼슬에 연연하지 않고 조용히 학문에 힘쓰면서 지냈으면 어땠을까?'라는 생각이 들었습니다. 그랬다면 24년 동안 고향과 가족을 떠나 살지 않아도 되었을 것이고, 아내의 병과 아이의 죽음을 곁에서 보살필 수도 있었을 테니까요. 게다가 학문에도 더욱 열중해서 퇴계나 율곡 못지않은 성과도 거둘 수 있었을 것 같고요.

황윤석의 인생은 그렇게 마무리 되었습니다. 하지만 이 책을 읽으시는 분들은 아직 선택의 기회가 남아있습니다. 무엇이 행복인지? 어떻게 사는 것이 나와 가족과 사회에 도움이 되는 선택인지 황윤석의 삶을 거울삼아 깊이 생각해봤으면 좋겠습니다.

‖ 일러두기 ‖

이 책은 이미 발표된 논문과 그 외 습작원고를 모은 것입니다.
각 장별 해당 논문은 아래와 같습니다.

제1부 길 위를 떠돌던 시골 천재

제1장 천재 소년의 포부: 이상봉, 「청년 황윤석의 한시에 나타난 經世 포부와 자기 반성」, 『동양한문학연구』 39집, 동양한문학회, 2014.

제2장 노론의 큰 어른 김원행의 제자가 되다: '황윤석과 김원행의 사제 관계 맺기'(2016년 제9회 전북대 이재연구소 학술대회 발표 원고)

제3장 인맥을 위해 민어를 주고받다: 이상봉, 「황윤석과 民魚, 그 授受의 의미」, 『南道文化硏究』 제29집, 남도문화연구소, 2015.

제4장 현감: 봉양과 입신을 위하여: 이상봉, 「현감직에 대한 황윤석의 갈망과 소회－그의 한시를 중심으로－」, 『온지논총』 71호, 온지학회, 2022.

제5장 공직에 남을까? 집으로 돌아갈까?: 이상봉 외, 「황윤석 한시에 나타난 관직에 대한 고뇌와 그 극복 양상」, 『이재 황윤석 연구의 새로운 모색』, 흐름, 2020.

제6장 「월주가」에 담은 가족사랑: 이상봉, 「황윤석 한시에 나타난 가족애의 양상 -「월주가」를 중심으로-」, 『한문교육연구』 45호, 한국한문교육학회, 2015.

제7장 평생의 후원자였던 고마운 아내: 이상봉, 「이재 황윤석의 아내와 小室에 대한 사랑」, 『남명학연구』 제49집, 남명학연구소, 2016.

제2부 한시에 나타난 아쉬움과 그리움

제1장 문학적 환경과 시론詩論: 이상봉, 「황윤석 詩論 연구」, 『동양한문학연구』 26집, 동양한문학회, 2008.

제2장 풍신의 의미는 무엇일까?: 이상봉, 「'風神'의 용례에 대한 一考」, 『대동한문학』 62집, 대동한문학회, 2020.

제3장 흥상의 의미는 무엇일까?: 이상봉, 「興象의 구체적 의미에 대한 연구-호응린의 評語를 중심으로-」, 『대동한문학』 57집, 2018.

제4장 황윤석의 풍신·흥상 활용법: 습작 원고

제5장 황윤석의 두보시어 활용법: 이상봉, 「이재 황윤석 한시의 두보시어 활용 양상」, 『대동한문학』 43집, 대동한문학회, 2015.

제6장 황윤석 한시에 나타난 '객客'의 이미지: 이상봉 외, 「황윤석 한시에 나타난 '客'의 이미지」, 『이재 황윤석의 서행일력과 과거』, 흐름, 2021.

제7장 '사絲'자로 묘사한 늙음과 그리움: 이상봉, 「이재 황윤석 한시에서의 '絲' 意象 연구」, 『동양한문학연구』 47집, 동양한문학회, 2017.

‖ 차례 ‖

제2부
한시에 나타난 아쉬움과 그리움

제1부

길 위를 떠돌던 시골 천재

제1장
천재 소년의 포부

"(일곱 살 때) 『소학』을 읽었다. 이때부터 『사기』 · 사서오경 · 제자백가서를 두루 읽었는데 3~4일 동안 밤을 새워가며 읽을 수 있었고 잠깐 사이에 4~5장을 읽었으며 읽은 것은 잊지 않을 수 있었다."

"(아홉 살 때) 우리 고을의 군수가 선비들을 모아놓고 시험을 치렀는데 선생(황윤석)이 고풍古風의 시를 지어 수석으로 선발되었다. 이 무렵에 고부군수가 또 선비들의 시험자리를 마련했는데 이사정이 '이 중에 당나라 때 왕발과 같이 어린나이에도 문장에 뛰어났던 아이가 있으니 군수께서 한 번 만나보시겠습니까?'라고 했는데, 이는 선생을 가리킨 것이었다. 군수가 바로 어린 선생을 불러 여러 가지 문체로 시험하고서는 매우 기특하게 여겼다."

위의 글은 이재선생연보의 내용이다. 황윤석(1729~1791)은 여러 세대 동안 관료를 배출하지 못한 호남의 양반 가문에서 태어났다. 타고난 총명함과 성실성으로 주변의 기대를 한 몸에 받았던 그는 성리학을 통해 세상과 백성을 이롭게 하려는 이상을 가지고 있었다.

하지만 그의 이상은 쉽게 성취되지 못했다. 그래서 현실 속에서 진정 자신이 원하는 삶이 무엇인가에 대한 반성과 성찰의 시간을 자주 가졌고 이런 성찰의 내용을 시로 표현했다. 그가 삶에서 추구한 것은 무엇이었으며, 어떤 고민을 가지고 있었을까?

아직 번역되지 않은 방대한 작품량 때문에 황윤석의 시를 전반적으로 평가하기는 매우 어렵다. 그래서 이 장에서는 이러한 한계를 극복하기 위해 그의 젊은 시절 시부터 살펴보고자 한다. 이 장은 그가 남긴 1630여제餘題[1]의 시 중에서 초반의 132제를 대상으로 하고 있다. 이를 통해 젊은 시절의 황윤석은 어떠한 성향의 시인이었는지 살펴보고자 한다.

세상에 도움이 되겠다는 포부

황윤석은 김창협(1651～1708)의 제자였던 작은 할아버지 구암 황재중의 학문적 전통과 집에 소장되어있던 수 천 권의 도서를 통해 일찍부터 학문을 접했다. 과거시험을 위한 공부가 아닌 경전공부에 뜻을 두어 16세에 『이수신편』 집필을 시작했고, 18세 때에는 여호 박필주(1665～1748)에게 성리학을 공부하겠다고 편지를 쓰기도 했다.

그는 주자(1130～1200)와 송시열(1607～1689)을 존중했고 31세 이후에는 당시 노론의 정신적 지도자였던 김원행(1702～1772)을 스승으로 모셨다. 따라서 대표적 당파였던 서인-노론-호론계에서 주자→이이

1 여기서 '제題'는 제목을 말한다. 황윤석은 평생 1630개가 넘는 제목으로 시를 지었다. 보통 시의 개수를 헤아릴 때는 '수首'를 사용한다. 그런데 황윤석의 경우 한 가지 제목에 한 '수首'부터 열 '수首'가 넘는 시를 짓기도 했다. 그러므로 제목 개수로는 1630개지만, '수首'로 계산하면 황윤석이 지은 시의 양은 몇 배나 더 많아진다.

→ 김장생 → 송시열 → 권상하 → 한원진으로 이어지는 계보를 내세웠던 반면, 황윤석은 주자 → 이이 → 김장생 → 송시열 → 김창협 → 이재 → 김원행으로 이어지는 학문적 계보를 정통으로 주장했다.[2]

집안의 학문적 전통과 스승의 영향으로 황윤석은 주자와 송시열에 대해 무조건적인 신뢰를 가지고 있었는데, 이는 그가 남긴 여러 기록에서 드러난다. 또 그는 10세 전후에 『서경』 '기삼백'의 의미를 연구하면서부터 평생 동안을 성리학의 수리와 역학에 주된 관심을 두었다.

황윤석에 관한 대부분의 선행연구는 연구자 각자의 전문분야 즉, 문학 · 운학韻學 · 수학 · 철학 · 음악 등에 한정되어 있었다. 이처럼 다양한 분야에서 별도의 연구가 진행되었기 때문에 선행 연구자들은 그를 어느 한 분야에 정통한 사람이라고 선을 긋기 보다는 '박학'이라는 단어로 규정했다. 분명 그는 박학한 사람이었다. 그런데 그의 가치관을 관통하고 있는 사상은 주자의 성리학이었다.

훗날 박학이라고 알려지기 전에 그는 이미 철저한 주자 존숭자이자 송시열 추종자였다. 박학은 그가 학문과 벼슬을 추구하는 과정에서 생긴 주변적인 모습일 뿐이다. 그런데 그의 주변적인 모습이 현재 학계의 주된 연구대상이 되고 있다. 그래서 황윤석이라는 인물을 제대로 이해하기 위해서는 그를 둘러싸고 있는 박학이라는 장막에서 벗어날 필요가 있다. 이 때문에 황윤석 삶의 전반에 대한 체계적이고 정밀한 연구가 요구된다.

황윤석은 어려서부터 일기를 썼다. 하지만 그의 7세 시절 시부터 수록되어 있는 『이재난고』에도 젊은 시절 자신의 사상이 산문으로 기

2 이재연구소편, 『이재 황윤석 학문과 박학의 세계』, 신성출판사, 2013, 36쪽.

록된 것은 찾기 힘들다. 단지 여러 서적에서 초록한 내용들과 시 몇 수가 있을 뿐이다. 그 중 몇몇 시 속에서 다음과 같은 내용을 볼 수 있다.

「돌아가는 길에 고암서원을 지나다가 우옹의 인물화를 알현하다 回過考巖書院瞻謁尤翁眞像」

우옹을 그린 인물화가	尤翁有眞影
여기 하얀 비단 족자에 내걸렸네.	掛此氷綃障
우러러보니 태산 같은 모습	仰觀巖巖姿
엄연히 스승을 마주한 듯.	儼若臨函丈
심의 입고 꼿꼿하게 손 모아 서서	深衣屹拱立
복건을 머리 위에 높다랗게 썼네.	幅巾嵬頂上
붉은 얼굴은 백발에 비치고	紅顔映白髮
두 눈은 별처럼 빛나네.	兩眸炯金精
내 들어가 두 번 절하니	我來入再拜
맑은 기운 두 눈동자에 살아 있는 듯.	淸氣逼雙睛
주자와 공자의 도를	願以朱孔道
무릎 꿇고 우리 선생께 묻고 싶은데	跪質吾先生
선생은 말없이 웃으시니	先生不言笑
제자는 어떻게 할지 모르겠네.	小子嗟安放
처량하구나, 사약 받은 이곳	淒凉後命地
지금도 여전히 서글프네.	至今猶怊悵
서쪽의 규성이 모두 떨어지고	西奎一以墜
흑수의 여파가 넘쳐나며	黑水餘波漲
바른 도道는 실마리를 잃었으니	正道因失緖

이 세상에 누구를 찾아 나설까?　　此世誰尋得
듣자니 한천 노인께서　　聞說寒泉老
일찍이 연원의 학문 강론했다 하니　　早講淵源學
나는 이후로 찾아뵙고　　我欲從此去
부디 잡초로 막힌 계곡을 열었으면.　　庶豁谿茅塞
찬양하노니, 비록 본받지 못해도　　鑽仰雖靡及
이 마음 어찌 헛되게 저버릴까?　　此心寧虛辜
오늘 공경하는 곳에 찾아와　　今來顒仰地
사모하며 홀로 탄식하네.　　景慕自興吁
신께서 듣고 은혜를 베푸신다면　　神聽倘垂惠
죽을 때까지 한결같이 학문에 힘쓰리.　　沒身思典于[3]
영조 22년 병인년(1746년 18세)

이 시는 고암서원을 지나다가 그 곳에 배향된 우암 송시열의 영정에 참배하며 느낀 점을 기록한 것이다. 고암서원은 유배도중 사약을 받고 세상을 떠난 송시열을 추모하기 위해 세운 서원이다. 시 전반에서 우암에 대한 존경과 학문적 계승자로서 자처하는 모습을 보여주고 있다. 특히 '주자와 공자의 도를 무릎 꿇고 우리 선생께 묻고 싶은데[願以朱孔道, 跪質吾先生]'라는 구절에서 황윤석의 유학에 대한 지향을 알 수 있다. 이어지는 '선생은 말없이 웃으시니 제자는 어떻게 할지 모르겠네.[先生不言笑, 小子嗟安放]'라는 구절에서 스스로 송시열의 제자를 자처하는 모습을 볼 수 있다.

마지막 네 구절 '오늘 공경하는 곳에 찾아와 사모하며 스스로 탄식하노라. 신神께서 듣고 은혜를 베푸신다면 죽을 때까지 한결같이 학

3 황윤석, 『이재난고』 1책, 한국정신문화연구원, 1994, 20쪽.

문에 힘쓰리.[今來顒仰地, 景慕自興吁. 神聽倘垂惠, 沒身思典于]'에서는 다시 한 번 송시열에 대한 사모와 존경의 뜻을 표시하고 있다. 동시에 비록 그는 세상에 없지만 죽을 때까지 그가 추구했던 학문에 매진하겠다는 다짐을 보여준다.

이러한 성향은 「八月往福峽, 暮抵趙丈家. 明日偕宋丈, 上白羊山龜巖庵」이라는 시의 '문득 화양을 바라보니 옛 땅이라, 꿈속 넋이 제 혼자 부질없이 자주 오갔지.[卻望華陽是故土, 夢魂空自揭來頻]'[4]라는 구절에서도 확인할 수 있다.

「느낀 바 있어 有懷」

하늘과 땅이라는 하나의 큰 껍질 속	乾坤一大殼
내가 그 가운데 서 있네.	而我立其中
몸은 기氣가 모인 것이고	身是氣之聚
리理는 함께 하지 않는 사물이 없네.	理無物不同
반드시 천성을 길러	必須養天性
혹시라도 임금 마음 저버림이 없어야지.	莫或負皇衷
옛 성현의 말씀을 가지고	所以昔賢語
마침내 공功을 보리라.	於斯乃見功[5]

영조 22년 병인년(1746년 18세)

앞날의 계획에 대해 느낀 점을 기록한 시다. 1·2구에서는 하늘과 땅이라는 거대한 자연 속에 한 인간으로서 자신이 살아가고 있다는

4 황윤석, 『이재난고』 1책, 한국정신문화연구원, 1994, 37쪽.

5 황윤석, 『이재난고』 1책, 한국정신문화연구원, 1994, 41쪽.

것을 자각하고 있다. 당장의 삶에 집착하고 연연해하는 것이 아니라 우주와 자신을 아울러 보는 세계관을 드러내고 있다. 3·4구에서는 앞 구절에 이어 기氣와 리理라는 성리학적 세계관을 끌어 들여 자신의 현재 모습을 다시 한 번 밝히고 있다. 황윤석이 성리학을 사상의 근본으로 삼고 있다는 것을 확인해 볼 수 있는 구절이다.

5·6구에서는 '천성'을 잘 기르고 '임금의 마음'을 저버리지 않겠다고 말한다. 스스로의 학문과 성품을 갈고 닦아 어진 임금의 훌륭한 신하가 되고자 했던 유학자들의 성향을 그대로 보여준다. 마지막 7·8구에서는 옛 성현들의 말씀을 가슴 속에 되새기고 실천해서 반드시 성취를 이루겠다고 다짐한다. 이 한 수는 성리학적 세계관과 가치관을 자신의 정체성으로 형성해가고 있는 청년 황윤석의 모습을 드러낸다고 할 수 있다.

「밤에 앉아 읊다 夜坐吟」

(전략)

여유롭게 긴 휘파람 불면서	悠然發長嘯
천 년 전 옛 사람을 곰곰이 생각하네.	曠憶千秋人
천 년도 한 순간이니 어찌 멀다 할까?	千秋一何遠
내 인생은 어떻게 옛 사람의 경지에 도달할까?	我生嗟何及
요즘도 사람이 어찌 많지 않겠는가만	今人豈不多
옛 사람 같은 이는 찾아보기 어려우니	古人曾難覿
마음속을 말해보면 끝내 누가 있을까?	論心竟有誰
혼자서 시 읊으며 상념만 더할 밖에.	獨白沾胸臆[6]

6 황윤석, 『이재난고』 1책, 한국정신문화연구원, 1994, 42쪽.

(하략)
영조 22년 병인년(1746년 18세)

옛 사람[古人]에 대한 지향은 선비들의 전형적인 태도다. 황윤석도 천 년 전 옛 사람을 이상적인 인간형으로 생각하고 있다. 그와 함께 3·4구에서는 시간이 빨리 흘러가는 것을 한탄하면서 자신의 현재 모습을 반성한다. 지난 역사들을 되돌아 볼 때 천 년이란 긴 시간도 마치 한 순간처럼 느껴진다. 지금 자신이 보내고 있는 일상의 시간도 지난 천 년처럼 금방 흘러가버릴 것이 분명하다. 그런데 돌이켜보면 이제까지 이루어 놓은 것은 하나도 없어 보인다. 황윤석은 이 점을 걱정하고 있다.

5~8구에서는 지금도 사람들이 많기는 하지만 옛 사람에 비견할 만한 이는 없다고 말하면서 안타까워한다. 주위에 공부한다는 선비도 적지 않고 저 멀리 서울에는 대단한 가문 출신으로서 높은 벼슬을 한 사람들도 즐비하다. 하지만 옛 사람에 견주어 손색없는 사람을 찾기는 쉽지 않다. 때문에 '마음속을 말해보면 끝내 누가 있을까?[論心竟有誰]'라며 안타까운 마음을 숨기지 않는다.

이어 그런 안타까움을 홀로 아파하고 있다고 표현했다. 황윤석은 옛 사람과 같이 훌륭한 인물이 없는 현실을 슬퍼하면서 자기 자신이 옛 사람의 경지에 도달하고자 하는 의지를 가지고 있었던 것이다. 이런 의지는 다음 시에서도 확인할 수 있다.

「밤에 앉아 夜坐」

북두성은 저 멀리 하늘에서 빛나고　　　　星斗迢迢碧落明

달빛 속 바람은 위 아래로 부는데 저물녘 절구 소리
月風低仰暮春聲
가을 서재에서 『역易』을 읽으니 누가 찾아오려나?
秋齋讀易人誰到
홀로 복희 · 주문왕의 옛 마음과 함께하리. 獨契羲文萬古情[7]
영조 23년 정묘년(1747년 19세)

아버지의 운韻에 화답해서 밤의 정취를 읊은 시다. 1 · 2구에서는 밤하늘의 경치와 마을의 정황을 노래했고, 3 · 4구에서는 늦가을 밤에 『주역』을 읽으며 성현들의 마음에 부합하리라 다짐하고 있다. 늦가을의 싸늘한 날씨에는 본래 사람의 왕래가 드물다. 게다가 저물녘이라 더욱 인기척이 없다. 그런 한적함 속에서 『주역』을 읽으며 그 뜻을 새겨보고 있다. '희문羲文'은 '복희伏羲'와 '주문왕周文王'을 가리킨다. 복희가 팔괘를 그렸고 문왕이 괘사를 지었으므로 『역』을 말하면서 복희와 문왕을 언급한 것이다.

복희와 문왕이 팔괘를 만들고 괘사를 쓴 것은 오직 천지운행의 원리에 통달해서 백성들의 삶을 풍요롭게 만들기 위해서였다. 황윤석은 그런 성현들의 뜻을 따르고 싶었다. 비록 동방의 작은 나라, 게다가 호남의 한쪽에 치우쳐 있는 조그만 고을에서 살고 있지만 가슴 속에는 고대의 성현들과 견주고자 하는 담대한 포부가 있었던 것이다. 마지막 구절은 이런 황윤석의 마음가짐을 표현하고 있다.

이와 같은 담대한 포부가 있었기에 「우연히 읊다.」에서는 "사람이 홀로 있을 때 삼가지 않으면서, '누가 알리오.'라 말하지 마오. 하늘이

7 황윤석, 『이재난고』 1책, 한국정신문화연구원, 1994, 60쪽.

듣는 것이 비록 멀다지만 도리어 방안에서도 들으신다오.[人不愼於獨, 莫言誰得知. 天聽縱云遠, 却只在房帷.]"[8]라며 스스로를 경계 했고, 「초봄」에서는 '하늘은 고요할 뿐 언제 말씀을 하시던가?[上天幽嘿豈曾言]'[9]라며 말없이 변화하고 운행되는 천지의 이치를 가슴에 새기고 있었다.

조선시대에 학문적 소양을 갖춘 유학자라면 도가와 불교에 대해서도 어느 정도 지식을 가지고 있었다. 황윤석도 예외는 아니어서 그가 남긴 시 속에는 도가나 불교의 향기가 나는 시어들이 적지 않다. 또 그러한 시어로 표현된 내용 속에는 명예와 이익추구에 대한 비판을 담고 있는 것들이 유독 많다. 구체적인 작품 속에서 황윤석이 명예와 이익추구에 대해 어떻게 비판 하고 있는지 살펴보자.

「피향정에서 연꽃을 감상하다 披香亭賞蓮」

하늬바람에 비는 서늘하고 차가운 소리 보내오는데	西風涼雨送寒聲
못가에 핀 연꽃에 두 눈이 밝아지네.	菡萏池邊雙眼明
곧장 가벼운 배로 태을을 배우려니	便欲輕舟學太乙
완산부가 멀다고 꺼리지 마라.	不須完府計遙程
사물의 이치를 보며 하루를 보내고	要觀物理移長日
또 향긋한 바람 맡으며 속세의 마음 씻어야지.	更嗅馨風滌世情
꽃의 신에게 의지한다고 비웃지 마라.	憑仗花神莫相笑
이 마음 원래 세속의 명성 개의치 않으니.	此心元不重塵名[10]

8 황윤석, 『이재난고』 1책, 한국정신문화연구원, 1994, 44쪽.
9 황윤석, 『이재난고』 1책, 한국정신문화연구원, 1994, 49쪽.
10 황윤석, 『이재난고』 1책, 한국정신문화연구원, 1994, 22쪽.

영조 22년 병인년(1746년 18세)

피향정에 핀 연꽃을 감상하며 지은 시인데, 세속을 떠난 경지를 사모하는 마음을 드러내고 있다. 1·2구에서는 하늬바람 불고 서늘한 비 내려 비바람 소리 들리는 가운데, 못 가에 핀 연꽃이 사람의 눈동자를 사로잡고 있다고 묘사했다. 3·4구에서는 연꽃의 고운 모습을 보면서 도가의 탈속적인 도를 배우고자 하는 열망을 드러냈다. '태을'은 '태일太一'과 같은 말로 도가에서는 '도道'를 가리킨다.

5·6구에서는 사물과 세상에 대한 황윤석의 마음 자세를 드러냈다. 사물에 대해서는 항상 그 이치를 중요하게 관찰하려 했고, 자연을 즐기면서 세속의 정을 털어버린다고 말한다. 7·8구에서는 꽃을 사랑하는 자신을 비웃지 말라고 한다. 그리고 '이 마음 원래 세속의 명성 개의치 않으니.[此心元不重塵名]'라며 세속생활에 집착하지 않는다고 말한다.

이 시를 지은 이후 황윤석의 일생을 살펴보면, 그는 과거시험 공부를 통한 입신출세와 유학을 학문적으로 추구하는 삶 사이에서 번민하고 있었다. 스승 김원행과의 대화에서 과거공부 보다는 학문에 뜻을 더 두고 있다고 말하기는 했지만, 가문의 기대를 받던 그로서는 과거공부를 도외시할 수도 없는 노릇이었다. 이 번민은 38세에 장릉참봉이 된 이후에도 계속되었고 59세에 전의 현감에서 물러나서야 끝이 난다.

가문에서 자신에게 걸고 있는 기대 때문에 황윤석은 입신양명의 길을 과감하게 버릴 수 없었다. 하지만 그의 마음속에는 명예와 이익을 집착하는 삶에서 벗어나 자신의 길을 가고자 하는 열망이 늘 함께하고 있었다.

「잡영 雜詠」

사천 년이구나, 요임금과의 거리도	四千來歲隔陶唐
태을성도 지금에는 반만 힘을 쓸 뿐이네.	星乙于今百半强
우하와 상주의 시기도 한 시대니	虞夏商周一宇宙
황왕제백 몇 번이나 흥하고 망했나?	皇王帝伯幾興亡
다스림은 형정을 따르니 밝은 임금이 드물고	治由刑政明君小
난리는 즐김 때문이니 기강이 무너진다네.	亂本恬嬉壞紀綱
가소롭다. 속세의 명리를 좇는 이여	堪笑風塵名利子
탕평의 마당에서 도리어 편당에 치우치니	朋偏還起蕩平場[11]

영조 23년 정묘년(1747년 19세)

「잡영」 네 수 중 첫 번째 시다. 1 · 2구에서는 요와 같은 임금이 세상에 나온 지도 오래되었다고 말한다. 요임금이 세상에 나온 지 4천 년 이상이 흘렀다. 맹자는 세상이 다스려지고 다스려지지 않는 것은 주기가 있다고 했다. 요순시대와 같이 크게 한 번 다스려질 때가 있고 걸주의 시대처럼 크게 어지러울 때도 있다는 것이다.

3 · 4구에서는 세상에 왕도가 행해지든 패도가 행해지든 그것은 천지의 주기에 따를 뿐이라고 말한다. 통시적으로 보면 하나라 · 은나라 · 주나라도 각각의 한 시대였을 뿐이다. 그 시대 속에는 왕도를 행했던 지도자도 있었고 패도를 휘둘렀던 통치자도 있었다. 그나마 성군聖君의 시대에 가까웠던 하은주 시대도 전체의 역사에서는 한 시기

11 황윤석, 『이재난고』 1책, 한국정신문화연구원, 1994, 64쪽.

에 해당할 뿐이었다. 그 이후로도 인간의 역사 속에서 얼마나 많은 나라가 덧없이 흥망했는지를 묻고 있다.

5·6구에서는 인의仁義의 정치가 실현되지 않아 나라의 기강이 어지럽다고 말했다. 황윤석 당시의 정치는 법령을 따르고 있었다. 어짊과 정의로움으로 백성들을 이끈다는 왕도정치의 이상에서 떨어져 있는 것이다. 따라서 근래에는 현명한 군주라는 이름을 얻은 임금이 드물다고 말한다.

게다가 역사상 대부분의 환난은 군주의 지나친 환락이나 안일함에 그 원인이 있었다. 하나라의 걸왕이 그랬고 은나라의 주왕도 마찬가지였다. 황윤석 당시는 영조가 군주의 자리에 있었다. 알려진 바와 같이 영조는 개인적인 환락이나 안일과는 거리를 두었던 임금이었다. 그렇다면 이 구절은 아마도 비도덕적인 고위 관료들의 방만한 생활을 염두에 두고 말했을 것이다.

7·8구에서는 편당하는 무리들을 비웃고 있다. 군자의 길을 추구하는 진정한 선비는 '군자는 두루 원만하고 편당 짓지 않는다.'는 논어의 구절을 가슴에 품고 산다. 하지만 세속적인 명예와 이익을 추구하는 사람들은 권력을 가진 자와 재물을 가진 자에게 고개를 숙일 수밖에 없다. 황윤석은 그런 자들이 당시의 조정에 생겨나고 있다고 보았다. 때문에 영조가 지속적으로 탕평을 부르짖고 있음에도 그런 무리들이 편당을 일으키고 있다고 지적하는 것이다.

전체적인 내용은 황윤석이 유학을 학문의 기본으로 삼고 있다는 것을 보여준다. '도당'이나 '우하상주', '황왕제백'이라는 단어들에서 그런 성향을 파악할 수 있다. 또한 세속의 명예와 이익 추구를 달가워하지 않는 황윤석의 마음 자세도 드러난다. 비록 입신양명을 중요하게 여기는 유학자의 길을 가고는 있지만 유학을 통해 명예와 이익을 성취하겠다는 집착에서 한 걸음 물러나 있는 태도를 보여준다. 다음으로 황윤석이 불교와 관련된 소재를 가지고 어떻게 명예와 이익을 떠난 마음을 표현했는지 살펴보자.

「새벽에 벗들과 경치를 감상하다 曉與諸友玩景」

자다 깨어보니 제천은 꽃비로 어둑하고	睡起諸天花雨陰
풍경이 애틋해서 절을 찾아가네.	爲憐風物訪西林
송대松臺 위에 오랜 석탑은 천년 묵은 돌이고	松臺塔老千年石
여섯 길의 미륵불은 금빛으로 빛나네.	彌勒身高六丈金
석련대 이끼 파래도 스님은 닦지 않고	蓮榻苔靑僧不掃
절집 큰 종소리에 달은 막 잠겼네.	梵門鯨吼月初沈
견훤의 옛 자취 지금은 어디 있나?	甄王舊迹今何處
푸른 산 지나는 구름에 그저 웃는다.	一笑浮雲過碧岑[12]

영조 22년 병인년(1746년 18세)

여러 벗들과 새벽에 금산사를 둘러보며 그 경관과 감흥을 읊은 시다. 금산사는 후백제의 견훤이 유폐되었던 절로 알려져 있으며 전북 김제에 위치해 있다. 1 · 2구에서는 금산사를 찾을 때의 시간과 기후 환경, 그리고 방문하게 된 동기를 나타냈다. 새벽에 일어나자 하늘에서는 비가 내리고 온 사방이 어둑어둑 했다. 이런 날에는 그다지 바깥 출입을 하고 싶지 않은 법이다. 그러나 고적을 아끼고 사랑하는 평소의 마음 때문에 훌륭한 유적 중 하나인 금산사를 방문하게 되었다고

12 황윤석, 『이재난고』 1책, 한국정신문화연구원, 1994, 22쪽.

한다. 특이할 점은 '하늘'을 '제천'으로 '비가 내리는 것'을 '화우'로 '절'을 '서림'으로 표현했다는 것이다. 이들은 모두 불교식 단어들이다. 사찰과 관련된 시를 지으면서 불교적 풍취를 한껏 발휘하려고 한 그의 의도가 보인다.

3~6구에서는 금산사의 유물에 대해 묘사했다. 송대松臺에 세워진 5층 석탑은 고려시대에 세워진 것으로 추정하고 있다. 이를 '천 년이나 된 돌'로 묘사한 것으로 보아 황윤석은 신라시대에 이 탑이 세워진 것으로 잘못 알고 있었던 모양이다. 미륵전에는 금동미륵불상이 여섯 길의 높이로 웅장하게 서 있는 모습을 나타냈다. 황윤석이 여섯 길이라고 말한 금동미륵불상의 실제 높이는 1,182㎝이다.

석련대는 통일신라 말기에서 고려 초에 만들어진 것으로 추정하고 있다. 세월이 오래된 만큼 석련대에는 이끼가 푸르게 끼어 있다고 했다. 이어 사찰 문 근처 종각에서 범종 소리 울릴 때 새벽달이 지고 있는 모습을 그렸다. 새벽 예불시간 즈음에 황윤석 일행이 금산사를 방문했다는 것을 알 수 있다.

7·8구에서는 금산사와 관련한 역사적 사실을 기술하고 그에 대한 감상을 읊었다. 견훤은 한 때 큰 아들 신검에 의해 금산사에 유폐된 적이 있었다. 황윤석은 이와 같은 역사적 사실을 기억하고 있었다. 그래서 금산사에서 견훤의 흔적을 궁금해 하고 있는 것이다.

마지막 구절에서는 '푸른 산 지나는 구름에 그저 웃는다.'고 말한다. 이 웃음은 치열했던 나말여초의 시기, 선혈이 낭자했던 견훤 일족의 권력 쟁탈전도 부질없는 일로 흘려보내는 황윤석의 마음을 나타낸다. 시간은 이렇게 흘러가는데 무엇을 위해 그들은 피 흘리며 싸웠나? 황윤석은 모든 일이 떠가는 구름과 같이 흘러갈 뿐이라는 점을 말하고 있다.

사찰을 방문해서 보고 느낀 점을 기록했으므로 불교적 색채가 나는 것이 당연하다. 하지만 시어를 선택하는 데 있어 불교색 짙은 '제천'·'화우'·'서림' 등의 단어를 썼다는 사실에서 황윤석이 불교에도 소양이 있었다는 것을 알 수 있다. 그리고 이 소양이 '송대'나 '탑로' 등 그의 역사학적 지식과 결합되어 더욱 깊이 있는 시를 만들어 냈다.

이 시에서 가장 주목할 부분은 마지막 구절인 '푸른 산 지나는 구름에 그저 웃는다.[一笑浮雲過碧岑]'이다. 세상사를 구름처럼 관조적으로 본다는 것은 은자의 삶을 추구하는 사람이라면 누구라도 할 수 있다. 따라서 이 구절을 유가적이라거나 도가적이라고 단정할 수는 없다. 하지만 분명하게 알 수 있는 것은 황윤석이 명예나 이익에서 벗어나 유유자적하게 살아가려는 의지를 가지고 있었다는 사실이다.

「서당에 비 내린 뒤 계곡물 소리를 듣고 느낌이 있어 書堂雨後聽溪聲有懷」

바위에서 떨어지는 폭포 쏴아쏴아 밤새워 우는데 巖瀑淙淙永夜鳴
옥대에서 어느 날 이 소리 들으셨을까? 玉臺何日听玆聲
거니시던 곳도 이젠 옛 자취뿐 逍遙社裡今陳跡
그 누가 연봉의 깨끗함에 견줄까? 誰較蓮峰舊潔淸

한 줄기 폭포 옥 소리처럼 울리니 一道飛泉漱玉鳴
선생의 여운 이 소리에 기댔네. 先生餘韻托玆聲
스님은 항하수를 보내지 마세요. 山僧莫遣恒河水
이미 흘러온 짙푸른 물결 영원히 맑을 테니. 來汗紺寒萬古淸[13]

영조 23년 정묘년(1747년 19세)

절구 두 수 인데, 첫째 수에서는 서당에 얽힌 사연을 읊었고, 둘째 수에서는 불교에 대한 견해를 밝혔다. 첫째 수를 보면 1 · 2구에서는 비 내린 뒤 떨어지는 폭포소리를 듣고 작은 할아버지 황재중과 얽힌 기억을 되새겼다. 첫째 수 끝에 '당 앞에 예전에 명옥대가 있어서 작은 시냇물을 바라보고 있었는데, 작은 할아버지이신 구암선생께서 지으신 것이다. 매번 이 곳에서 갓끈을 씻고 흐르는 물소리를 들으셨다고 한다.'라고 주석되어 있다.[14]

비 내린 뒤 불어난 물 때문에 평소 보다 세차게 폭포수 소리가 들린다. 황윤석의 별장인 구암서당[15]자리는 주석에 따르면 예전에 황재중이 명옥대를 지었던 곳이다. 때문에 지금 서당에서 들리는 폭포수 소리는 작은 할아버지 황재중도 들었을 것이다. 그래서 '그분은 언제 이 폭포수 소리를 들으셨을까?'라고 의문을 가져본다.

3 · 4구에서는 황재중의 자취를 회상하며 그의 깨끗함을 찬양한다. 황재중이 거닐었던 곳도 이제는 옛날 자취가 되었다. 하지만 그의 학문과 식견은 얼마 남지 않은 그 자취에서도 찾아볼 수 있다고 말한다. '연봉'은 서당이 있던 산 이름으로 추정되는데, 여기서는 황재중을 비유한 것으로 보인다.

기사환국이 일어나자 과감하게 과거시험을 포기하고 학문에만 힘

13 황윤석, 『이재난고』 1책, 한국정신문화연구원, 1994, 62쪽.

14 '堂前舊有鳴玉臺, 臨小溪, 叔祖龜巖先生所築. 每濯纓听流于此云' 황윤석, 『이재난고』 1책, 한국정신문화연구원, 1994, 62쪽.

15 「別龜巖菴」시의 주석에 "吾家別庄號龜巖書堂故云"이라고 되어 있다. 황윤석, 『이재난고』 1책, 한국정신문화연구원, 1994, 37쪽.

쓴 황재중의 깨끗함은 누구나 따를 수 없을 것 같다. 그래서 황윤석은 '그 누가 연봉의 깨끗함에 견줄까?[誰較蓮峰舊潔淸]'라며 황재중의 청렴함을 높이 평가했다. 이 구절은 명예와 이익을 떠난 삶에 대한 황윤석의 동경을 청렴했던 황재중을 통해 드러내고 있다.

두 번째 시를 살펴보자. 1·2구에서는 폭포 소리를 들으니 황재중의 작품이 떠오른다고 말한다. 빗물로 강수량이 늘어난 폭포는 유달리 크고 거센 소리를 낸다. 그래서인지 평소보다 더욱 사람의 마음에 파고든다. 이 느낌을 시로 한 수 남기고 싶다. 그런데 떠올려 보니 이미 작은 할아버지 황재중이 이 폭포 소리를 소재로 남긴 시가 있었다.[16] 2구의 '선생'은 황재중을 말하고 '여운'은 그가 폭포 소리를 소재로 지은 작품을 가리킨다.

3·4구에서는 시의 서문에 언급했던 '서당을 관리하는 스님[堂髡]'의 뜻에 답하고 있다. 이 시의 서문에 '마침 서당을 관리하는 승려가 불상을 서당에 안치하려하기에 그 사실을 언급했다.[時堂髡欲以佛像置堂故及之]'라고 되어 있다. 항하수는 인도의 갠지스강을 말한다. 황윤석은 스님에게 항하의 물을 이리로 보내지 말라고 했다. 왜냐하면 이미 서당 옆을 흐르는 물결은 충분히 푸르고 맑아 더 이상의 물이 필요 없기 때문이다.

서문에서 스님이 불상을 서당에 봉안하고 싶어 하기에 이 시를 지었다고 했다. 황윤석은 유학을 추구하는 선비로서 서당에 불상을 들이고 싶지 않았다. 하지만 그런 마음을 '불상을 들이지 마세요.'라고 직접적으로 말하지 않았다. 항하수는 불교의 가르침을, 서당의 옆을

16 황재중의 문집이 남아있지 않아 현재 구체적인 작품을 찾아볼 수는 없다.

흘러가는 시냇물은 유학의 가르침을 상징한다. 이미 서당 옆에는 옥 같은 소리를 내며 풍부하게 흘러내리는 시냇물이 있다. 이 시냇물을 소재로 뛰어난 학자였던 황재중은 작품을 남기기도 했다. 황윤석은 이 시냇물만으로도 충분히 뛰어난 경치라고 생각했다.

즉 유학의 가르침만으로도 충분하다는 것이다. 그래서 저 멀리 인도의 항하수까지 번거롭게 이곳으로 들일 필요는 없다고 말한다. 비록 비유를 들어 완곡하게 거절했지만 내용상 유학을 학문의 중심으로 여기는 단호한 뜻이 드러난다. 명예와 이익을 떠나 자연을 벗 삼았던 황재중을 추모하면서 동시에 자신도 그와 같은 삶을 지향하고 있다는 것을 은연중에 드러낸다.

과거 시험에 대한 갈등과 반성

황윤석은 유학을 사상의 근본으로 삼았고 도가나 불가의 사상에도 조예가 있었으며 세속적인 명예나 이익을 추구하는 삶에 대해 비판적인 시각을 가지고 있었다. 이 부분은 청렴하고 학식 있던 유학자들에게서 공통적으로 나타난다. 그런데 이 시기 황윤석의 시를 살펴보면 과거시험을 통한 입신양명과 학자로서의 삶 사이에서 갈등 한다거나 지난날을 반성하고 의지를 다지는 내용이 두드러진다.

『이재난고』를 보면 이 시기의 황윤석은 중요한 서적을 베끼기 위해 자주 밤을 샜고 그 때문에 눈병을 얻기도 했다. 10대 청소년이었던 황윤석이 눈에 무리가 올 정도로 학업에 열중했던 것이다. 무엇 때문이었을까? 그는 무엇 때문에 밤샘을 밥 먹듯이 하면서 공부와 초록에 매달렸을까?

앞에서 살펴본 것과 같이 황윤석은 어려서부터 왕발에 비견되던 수재였다. 그 때문에 황윤석의 할머니는 돌아가시면서 집안일에 대해서는 전혀 언급하지 않고 당시 아홉 살이던 그를 불러 '네가 성취하는 것을 보지 못하게 된 것이 나의 한이다.'라는 말을 남기기도 했다.[17] 이처럼 기대를 한 몸에 받던 황윤석은 그 기대 이상의 성과물을 내고 싶었다. 그 성과물이란 다름 아닌 과거 급제였다.

당시의 여러 글들을 보면 황윤석은 인생에 대한 자신감을 가지고 있었다. 그런데 한 해 한 해가 지날수록 그 자신감은 조바심으로 바뀌기 시작했다. 그래서 다음과 같은 시들을 남기기도 했다.

「나에게 주는 시 自貽」

잘못과 후회 내 몸에 모이니 어찌할까? 尤悔叢身沒奈何
십 년을 번거롭게 분주한 물결에 내맡겼네. 十年條劇任奔波
마음은 혼미하고 욕심은 흘러 넘쳐 원기를 해치며 心迷慾浪戕元氣
예의는 겸손을 잃어 사람들의 꾸중 받았지. 禮失謙光納衆訶
내 몸을 함부로 놀려 단속도 못했고 放誕軀形拘束罕
시끄럽게 웃어대며 말만 많았네. 喧啾笑語唱酬多
원래 이런 종류는 모두 큰 병이니 從來此類皆渠病
한 번 변해 익괘가 될 수 있을까? 一變風雷定肯麽[18]
영조 22년 병인년(1746년 18세)

17 박순철, 노평규, 김영 역, 『국역 이재유고 Ⅰ』, 신성출판사, 2011, 12~13쪽.
18 황윤석, 『이재난고』 1책, 한국정신문화연구원, 1994, 21쪽.

지나온 자신의 생활을 반성하며 스스로에게 자문하는 형식의 시다. 1구는 성현의 가르침을 따르려했지만 결과적으로 잘못과 후회만 남았다고 말한다. 2구에서는 지금까지 다양한 분야에 대한 욕심 때문에 정작 한 분야, 즉 과거공부에 매진하지 못하고 허송세월만 한 것 같은 자신의 모습을 나타냈다.

3구에서는 과거공부에 전념하지 못한 원인이 자신의 욕심 때문이라고 말한다. 이런 욕심 때문에 과도한 공부로 건강에도 이상이 생겼다고 한다. 4~6구에서는 겸손한 마음과 생활의 단속을 자주 잃어버리고 친구들과 어울려 노는 일이 잦았다고 반성하고 있다.

7구에서는 지난날의 모습들이 자신의 단점이라고 지적하고 있다. 8구에서는 '선함을 실천하고 잘못을 고친다.'는 의미를 지닌 『주역』 '풍뢰익風雷益'괘처럼 근본적인 변화를 실천해낼 수 있을지 자신에게 묻고 있다.

「밤에 앉아 감회를 쓰다 夜坐書懷」

세운 뜻은 괴롭게 흔들리고	立志苦搖漾
해놓은 일들은 늘 평범했네.	做事長泛悠
사랑하는 아우와 친하지도 못하고	愛弟蔑和孺
부모님 봉양에 온화함과 유순함 없네.	奉親無怡柔
천지간에 헛되이 태어나	虛生天地間
땅과 하늘 보기에 많이 부끄럽네.	俯仰多愧羞
옛 사람들은 열여덟 살이면	古人十八歲
이미 뜻을 세운 것이 무르익었는데	已是立脚秋
나는 지금까지 무얼 하느라	而我竟何爲

시간만 흘러 보냈나?	但遣流光遒
육경은 부질없이 책상에 쌓여	六經空堆案
보기만 하고 읽지는 않네.	對之不披搜
맑은 창문 보며 낮 시간 보내고	晴牕只消日
밤에는 등불 밝혀 기름만 태우네.	夜燈虛焚油
물어보자, 무슨 일을 하느라고	借問何所事
잡다한 세상일에 머리 파묻나?	塵冗苦埋頭
허황된 마음으로 오묘한 이치 엿보려만 하고	妄意覰玄妙
내 몸에서 구하려 하지는 않네.	不向吾身求
정신은 굽어져 낭비만 하니	精神枉自費
평소의 소원은 어떻게 이루려나?	夙願當何酬
어째서 양심이 일어나	豈無良心發
나쁜 습관을 몸에서 뽑지 않나?	舊套身欲抽
습관을 따르는 게 정말 이와 같으니	因循固如此
이 한 몸에 끝내 잘못이 많네.	一身終多尤
꽃다운 나이도 저물어 가는데	况値芳歲晏
평소에 가진 뜻을 이룰 수 있을까?	素志能遂不
독한 약을 먹지 않고	未服瞑眩藥
문득 일어나서 멍하게 걱정하네.	旋起望洋愁
과거시험이 비록 작은 일인데도	擧業雖小技
이런 폐단이 오히려 일어났네.	此弊還相侔
앞으로는 반드시 일백 번 뉘우쳐서	須將一懲百
쓸데없이 놀지 않게 노력해야지.	勉哉无虛遊[19]

영조 22년 병인년(1746년 18세)

19 황윤석, 『이재난고』 1책, 한국정신문화연구원, 1994, 45쪽.

잠 못 드는 밤에 마음 속 감정을 읊었다. 그 속에서 지난날에 대한 반성과 앞으로 나아갈 방향을 말하고 있다. 1 · 2구에서는 평소의 뜻이 쉽게 흔들리고 이제까지 해놓은 일들은 평범한 수준이라고 반성하고 있다. 3 · 4구에서는 아우와 우애 있지도 못한 것 같고 부모님 봉양도 정성을 다하지 못했다고 말한다. 5 · 6구에서 그는 스스로 '부질없이' 세상에 태어난 것 같다고 말한다. 자신이 원하는 만큼의 일들을 성취하지 못한 현재의 모습을 비판적으로 바라보며 평가하고 있다.

7~10구에서도 지난날에 대해 반성하고 있다. 11 · 12구에서는 책상 위에 경전들을 쌓아놓기만 할 뿐 공부에 파고들지 못한 자신의 모습을 그렸다. 13 · 14구에서는 낮에는 멍하니 시간을 보내고 밤에는 등불을 밝혀놓고서 기름만 낭비한다고 말한다. 15~18구에서는 자질구레한 일에만 시간을 보내는 자신의 모습을 묘사했다.

19 · 20구에서는 정신이 올바르지 않아서 시간만 낭비한다고 말했다. 21~24구에서는 나쁜 습관들을 뽑아버리고 새로운 삶을 살아가고 싶다고 말한다. 하지만 습관이 고쳐지지 않아 잘못만 많다며 한탄한다.

25 · 26구에서는 꽃다운 시절도 저물어 가는데 평소의 뜻을 이룰 수 있을지 걱정한다. 27 · 28구에서는 정신적으로 정체된 상태일 때는 독한 약이라도 먹어야 한다고 말한다. 여기에서 독한 약은 스스로 처절하게 마음을 다지는 것을 말한다. 새로운 사람으로 태어나기를 바라는 황윤석의 각오가 드러난다.

29 · 30구에서는 과거시험은 도학道學 공부에 비해 어려운 일이 아닌데도 아직까지 성취하지 못했다고 말한다. 마지막 두 구에서는 일백 번이라도 뉘우쳐서 불필요한 일에 시간을 보내는 일이 없도록 해

야겠다고 다짐한다.

시 전반에 걸쳐 지난날에 대한 반성과 앞으로 나아갈 바를 말하고 있다. 이와 같은 반성의 시는 누구에게나 발견될 수 있다. 그런데 황윤석은 이런 반성의 시를 이 시기에 집중적으로 많이 남기고 있다. 이를 통해 청년기의 황윤석이 입신양명과 도학자로서의 삶 사이에서 깊이 고민했었다는 사실을 알 수 있다.

「어떤 이의 질문에 답하다 答或人問」

누가 묻기를 선현先賢들은 모두들 벼슬 했으니 人問先賢盡出身
벼슬을 해야만 참된 큰 유학자 된다네. 出身方做大儒眞
만약 그대가 내 말 못 믿겠거든 如君若不吾言信
우리와 송나라의 역사를 보시게나. 請看東人與宋人

내가 말하길 현인賢人이 된 것은 넉넉함이 있어서니
我謂爲賢自有餘
과거과목 하나만을 좇아서가 아니네. 非從科目一窠拘
그대처럼 앞의 말이 맞다 한다면 如君只把初頭說
요즘 사람 모두가 송유宋儒 되겠지. 今世人將盡宋儒[20]
영조 23년 정묘년(1747년 19세)

벼슬살이를 하는 삶과 참된 선비와의 관계에 대한 시다. 첫째 수에서 벼슬을 통해서만 참된 선비가 될 수 있다고 질문을 던진다. 둘째 수의 1·2구에서는 현인賢人이 현인이 된 까닭은 벼슬살이 때문이 아

20 황윤석, 『이재난고』 1책, 한국정신문화연구원, 1994, 61~62쪽.

니라고 말한다. 황윤석은 보통 사람들과는 다른 뛰어난 점들이 있어서 현인이 된 것이라고 생각한다. 벼슬길에 올라 공적을 쌓아서 현인이 된 것이 아니라는 것이다.

3·4구에서는 질문의 내용이 옳다면 지금의 우리나라 선비들 모두 송나라 유학자와 같을 것이라고 말한다. 황윤석이 살던 시기에 조선의 선비들은 대부분 과거에 목을 매고 있었다. 황윤석도 그런 점에서 자유롭지 못했다. 만약 질문처럼 벼슬을 통해서 현인이 된다면 그간 조선에는 벼슬길에 오른 사람들이 부지기수니 그들 모두가 송나라 유학자와 같은 실력들을 가지고 있어야 한다고 말한다. 하지만 당시 조선에는 큰 유학자라고 불릴 만 한 사람이 많지 않았다. 황윤석은 벼슬보다는 학업의 중요성을 지적하고 있는 것이다. 다음 시에서는 과거 공부에 대한 견해를 더욱 구체적으로 밝히고 있다.

「다시 예전의 뜻을 펴고 또 스스로의 뜻을 말하다. 율시 두 수
再申前意, 且道自意. 二律」

과거장으로의 한 길에 대해 옛 현인은 뭐라 했나?	莿圍一路昔賢何
모두들 포기하길 용납하지 않았네.	皆是非容任放過
경세經世의 일은 세상에 펼쳐야 하니	經濟業當由布展
문장의 도道 역시 빛을 내야지.	文章道亦以光華
하늘이 돕지 않아 일명이 없더라도	天如莫佑將無命
벼슬엔 때가 있으니 연연하지 말자.	仕或有時莫戀他

"과거는 사람을 얽매지 않는데 사람이 스스로를 얽맨다[21]"는

21 『주자어류』 권13에 "嘗論科擧云: 非是科擧累人, 自是人累科擧"라는 구절이 있다.

科不累人人自累
주자의 가르침에 홀로 길게 감탄하네. 紫陽徽訓獨長哦[22]
영조 23년 정묘년(1747년 19세)

벼슬살이 하는 것에 대해 옛 현인들은 어떻게 생각했을까? 1·2구에서 황윤석은 이 질문을 던진 다음 스스로 대답한다. 현인들도 과거가 완전히 불필요한 것이라고는 생각하지 않았다. 그랬기 때문에 과거 공부를 버리는 것을 현인들이 받아들이지 않았다고 말한다. 2구의 아래에 황윤석은 "어쩔 수 없기 때문이다.[不得已也]"라고 주석하고 있다. 벼슬살이를 권장하는 것은 아니지만 백성들에게 좋은 정치를 펼치기 위해서는 어쩔 수 없이 벼슬을 해야 한다는 것이다.

3·4구에서는 정치에 보탬이 되는 일과 도道, 이 두 가지 모두 외적으로 펼쳐야 한다고 말한다. 정치의 뜻이 굳건하더라도 그 뜻을 펼칠 자리에 오르지 못한다면 실행할 수가 없다. 그래서 과거 공부를 통한 관직 등용은 필요하다는 것이다.

도道에 있어서도 마찬가지다. 아무리 훌륭한 도라고 해도 어렵게 표현되어 있다면 사람들의 호응을 받을 수 없다. 도의 근본은 외적인 화려함이 아니다. 하지만 사람의 관심을 받기 위해 유연하고 아름답게 수식하는 것도 필요하다고 말한다.

5·6구에서는 벼슬에 연연하지 말자고 다짐한다. 과거에 합격하고 관직에 오르는 것은 천명에 달려있다. 비록 임금으로부터 관직임명을 받지 못한다 해도 때에 따라 벼슬을 하기도 한다는 것이다.

7·8구에서는 과거에 스스로 얽매이지 말라는 주자의 가르침을 되

22 황윤석, 『이재난고』 1책, 한국정신문화연구원, 1994, 62쪽.

새기고 있다. 과거는 과거일 뿐 사람을 괴롭히지 않는다. 그러나 많은 사람들이 스스로 과거에 목을 매고 집착하며 괴로워하고 있다. 황윤석은 이와 같은 주자의 가르침을 떠올리며 과거에 구속되지 않으리라 다짐한다. 동시에 탁월한 주자의 통찰력에 감탄하고 있다.

남쪽으로 떨어져 터 잡은 지 이백년	南落歸來二百年
누가 알았나? 집안이 이처럼 초라해질 줄	那知門戶此寥然
출세했단 명성은 완전히 잃었으니	飛騰名已掃全地
성쇠의 이치도 하늘에 묻기 어렵네.	否泰理難問上天
'마음 써서 마무리 한다.'는 말 들었으니	聞說苦心終做事
멀리 가는 길에 채찍을 더하려네.	且從長路益加鞭
등잔 밝히고 글 쓰는 정월 밤	青灯耿耿書灯夜
홀로 여러 성현 역대 책들 외우네.	獨誦群龍万古編[23]

영조 23년 정묘년(1747년 19세)

1 · 2구에서는 흥덕에서 산지 200여 년 동안 집안에 유명한 인물이 한 명도 없었다고 한탄한다. 황윤석의 7대조인 황처중이 흥덕에 자리 잡아 대대로 살아온 지 200여 년이 흘렀다. 그간 이렇다 할 벼슬을 한 사람이 없었다. 작은할아버지인 구암 황재중이 농암 문하에서 공부한 이름난 선비였다는 사실만이 가문의 유일한 자랑거리였다. 그래서 짧지 않은 흥덕에서의 거주 기간 동안 가문에 영달한 사람이 없다고 안타까워했다.

3 · 4구에서는 명문가의 반열에서 완전히 멀어졌으므로 더 이상 성

23 황윤석, 『이재난고』 1책, 한국정신문화연구원, 1994, 62쪽.

쇠를 점치기도 어렵다고 말한다. 황윤석의 집안은 200여 년간 고위관료나 이름난 선비를 배출하지 못했다. 이런 사실로는 '좋은 가문'이라는 평가를 받을 수가 없다. 이른바 명문가의 대열에서 완전히 멀어져 버린 것이다. 그래서 가문의 성쇠를 점치기조차 어려운 처지에 놓였다고 말한다.

5~8구에서는 실망하지 않고 학업에 매진하겠다고 다짐한다. 세상 사람들은 '마음 써서 마무리 한다.'는 말을 한다. 황윤석은 이 말에 공감할 수 있었다. 그래서 가야할 길은 멀지만 우선 지금의 한 걸음을 내딛으려 하고 있다.

한미한 집안 출신이지만 황윤석은 자신감을 잃지 않았다. 가문의 영광을 회복하기 위해서는 세상 사람들의 말처럼 노력하는 수밖에 없다. 그래서 뭇 사람들이 즐기는 정월대보름 밤에도 홀로 책상 앞에 앉았다. 등불을 밝히고 옛 성현들의 책을 베끼며 암송한다. 조만간 자신의 힘으로 가문을 다시 일으키겠다는 의지를 되새기면서.

젊은 날의 황윤석은 여느 조선의 선비와 마찬가지로 유학을 비롯한 여러 학문에 고루 관심을 두었다. 훗날 박학으로 명성을 알리게 되지만 이 시기에는 그런 모습보다는 그저 열심히 공부하는 자세만 보일 뿐이다. 이런 생활 자세가 세월의 힘을 얻어 박학이라는 결과를 낳게 되었을 것이다.

주자와 송시열을 종주로 삼고 공자와 문왕을 찬양하며 『주역』 등 유학의 여러 서적에 관심을 기울이는 그의 모습은 일반 선비들의 전형에서 벗어나지 않는다. 하지만 어린 나이에도 불구하고 명리에 대해 비판적인 시각을 가지고 있었던 점은 주목할 만하다. 또 이 시기에 창작된 시에 나타난 고뇌의 양상에서 두 가지 특징적인 점을 발견 할 수 있었다.

첫 번째는 잦은 반성의 경향이다. 큰 기대를 받던 황윤석은 빨리 입신양명을 성취하기 위해 스스로를 단속했다. 하지만 총명하다고 알려졌던 황윤석도 한결같이 학업에만 매진할 수는 없었다. 누구나 그렇듯 공부를 게을리 하거나 다른 일에 정신을 쏟을 때도 있었던 것이다. 황윤석은 이런 자신의 모습을 반성하는 시들을 다수 남겼다.

두 번째는 황윤석이 맹목적으로 과거공부에 열중하지는 않았다는 점이다. 앞서 살펴본 것과 같이 그는 여러 학문을 두루 공부하며 명예와 이익에서 벗어난 삶에 뜻을 두고 있었다. 이 때문에 과거공부와 학문의 추구 사이에서 갈등하고 있었으며 그가 남긴 시에서도 이런 모습이 발견된다.

제2장

노론의 큰 어른 김원행의 제자가 되다

황윤석은 관료가 되어 부모님을 봉양하겠다는 강렬한 의지를 가진 인물이었다. 그런데 자신의 의지와는 달리 24세와 28세에 응시한 과거시험에서 잇따라 낙방했다. 두 번째 과거시험에서 낙방했을 때 황윤석은 처음 김원행을 방문했다. 이듬해 과거시험을 위해 한양으로 올라간 길에 다시 김원행을 방문했다. 31세 때 치렀던 춘당대시에 합격하고 귀향하던 길에 세 번째로 김원행을 방문해서 정식으로 사제관계를 맺었다.

김원행과 맺은 사제관계는 뚜렷하게 내세울 것이 없던 지방 유생 황윤석에게 대외적인 신임장 역할을 해주었다. 이후 김원행을 통해 관계를 맺게 된 안동김씨 출신의 관료들은 황윤석의 학문과 관료생활에 여러 가지로 도움을 주었다.

예컨대 농암 김창협(1651~1708)의 조카인 김용겸(1702~1789)은 많은 나이 차이에도 불구하고 황윤석과 깊은 유대관계를 유지했다. 그는 황윤석에게 책을 빌려주거나 관직을 추천해주는 등 실질적인 측면에서 많은 도움을 주었다. 김원행의 조카 김이신(1723~?)은 태인현감 시절에 황윤석 집안의 재판에 도움을 주기도 했다.

호남에서 대대로 살고 있던 황윤석은 어떻게 경기도에 거주하고 있던 노론 산림의 종주를 스승으로 모실 수 있었을까? 이 과정을 통해 황윤석이 어떤 마음가짐과 행동으로 김원행과 교유했는지 그 내막을 파악할 수 있을 것이다. 또한 당시 선비들이 사제관계를 맺을 때 가졌던 마음자세와 절차의 한 단면을 엿볼 수도 있을 것이다.

첫 번째 만남, 윗세대의 인연을 강조

어린 시절 황윤석은 인근에 살던 백시덕에게 글자를 배웠고 17~8세 때에는 한천 이재(1680~1746)와 여호 박필주(1665~1748)를 스승으로 모시려는 생각을 가지고 있었다. 그리고 22세 때는 김원행과 같은 집안인 김문행(1701~1754)으로부터 과거시험 문장을 지도받은 적이 있는 듯하다. 이 무렵 황윤석의 아버지는 김문행에게 황윤석의 학업을 부탁했다. 김문행은 과거공부의 경우에는 자신이 지도할 수 있지만 경학은 육촌 동생인 김원행이 있다며 황윤석의 교육을 김원행에게 맡길 것을 권했다.[1] 하지만 황윤석은 몇 년이 지나도록 김원행을 방문하지는 않았다.

1 황윤석, 『이재난고』 1책, 한국정신문화연구원, 1994, 163쪽. 황윤석은 28세 때 처음 김원행을 방문한 자리에서 22세 때 아버지 황전이 자신의 학업을 김문행[寧邊丈]에게 부탁했었는데, 김문행이 육촌동생인 당신을 추천했다고 말하며 자신이 김문행의 소개로 찾아왔음을 강조한다. "庚午又請托子, 則寧邊丈爲科學, '吾幸先進, 而經學有吾再從弟在, 令子若來遨遊, 兩間不亦好乎?' 「字缺」故小生平日, 嚮慕門下倍於他人, 不比尋常流聞而已."

일정한 스승 없이 학업을 계속하던 황윤석은 24세 때 처음 본 과거 시험과 28세 때 응시한 과거에서 연이어 낙방을 한다. 두 번째 낙방을 경험한 황윤석은 귀향하는 길에 동생과 함께 처음으로 김원행을 방문했다. 그는 김원행을 만나러 가는 여정과 첫 만남의 장면을 아래와 같이 기록하고 있다.

> 망우리고개로부터 동남대로를 접어들어 왕사의 여울물을 건너 북쪽에서 미음진으로 들어갔다. 모래톱에서부터 작은 길을 택해서 산 아래 마을을 지나 언덕을 돌아가서 한 강촌에 접어들었다. 이곳이 바로 미음진 마을 장령 김원행 댁이 있는 곳으로, 판부사 유척기 댁과 이웃하고 있었다. 미음을 혹은 독음이라 하고, 또 무임이라고도 하니 이는 중국 음에 가깝다. 또한 미호라고도 하는데 방언이 같지는 않지만 그것이 가리키는 것은 한가지다. 장령댁 문 밖에 도착해서 한 촌집으로 나아가 글을 써서 넣으니, 작은 아이가 문 밖으로 나와 들어오라고 했다. 우리 형제가 들어가니 장령 어른께서는 의관을 가지런히 하시고 일어나 맞아 주셨다. 책상 위를 보니 마침 『주역』과 『율곡전서』, 그리고 『우암집』 등의 책이 있었고 좌우에 매화와 국화 화분이 각각 하나씩 놓여 있었다.[2]

김원행의 집으로 가는 여정과 김원행 집에 도착해서 들어간 과정, 그리고 처음 만난 김원행의 모습과 그의 서재에 놓여 있던 물건들의

2 황윤석, 『이재난고』 1책, 한국정신문화연구원, 1994, 163쪽. (1756년 9월 28일 28세) "自忘憂里峴, 轉投東南大路, 涉王沙灘, 水自北來入渼陰津. 自沙汀取小路, 過山下村, 繞山阿而行得一江村. 乃渼陰津村, 金掌令元行宅所在, 而與兪判府事拓基宅結鄰矣. 渼陰或曰: "'禿音', 或曰: '無任', 此近華音. 亦或曰: '迷湖' 方音不同, 而其稱一也" 旣至掌令宅門外, 就一村舍, 書刺納之, 小童出門請入. 余兄弟旣入, 掌令丈整衣冠起迎. 觀其案上, 方有『周易』及『栗谷全書』, 『尤庵集』等書, 左右梅菊盆各一."

배치까지 자세하게 묘사하고 있다. 황윤석의 탁월한 기억력과 꼼꼼한 성격을 엿볼 수 있다. 이를 통해 황윤석이 김원행과의 만남에 얼마나 집중했는지를 짐작할 수 있다.

> 겨우 자리를 잡고 앉으니 장령 어른께서 먼저 물으시길, "아직 한 번도 본 적이 없는데 오늘 먼 곳까지 찾아 온 것은 무슨 일입니까?"라 하셨다. 나는 "저희 선대先代는 선생님 문하와 친분이 멀지 않습니다. 작은할아버지 구암공께서 농암선생에게 실은 □[3]으로 만나 이미 왕래가 있었고 계미년에는 또 직접 가르침을 받았는데, 작은할아버지 일기와 선생의 문집에서 확인할 수 있습니다. □ 또 영변 영공 김문행 어른과는 제가 어릴 때부터 우호를 변하지 않았습니다. 그런데 경오년(1750)에 또 아들을 부탁하자, 영변 어른께서 말씀하시길, '과거 공부는 내가 요행히 먼저 벼슬길에 나갔습니다만, 경학에는 나의 육촌 동생이 있으니 아드님을 만약 와서 공부하게 한다면 두 쪽에 더 좋지 않을까요?'라고 하셨습니다. □ 그래서 저는 평소에 선생님 문하를 흠모함이 다른 사람의 곱이어서 널리 퍼져 있는 명성에 비할 바가 아니었습니다. 오늘 제가 찾아뵙는 뜻은 여기에 있는 것이지 단지 과거를 보기 위한 걸음만이 아닙니다."라 했다. 장령 어른께서는 "선대의 인연이 이미 그랬군요. 그런데 구암공께서는 후손이 있으신지요?"라 하셨다. 내가 "후손은 없습니다."라 하자, 장령 어른께서는 "구암공의 성함은 이미 선대 문집에서 보아 알고 있은 지 오래되었습니다. 중년에 돌아가시고는 막연해서 어떠신지 몰랐네요. 지금 두 형제분의 마음을 대하고 보니 참으로 놀랍고도 기쁩니다. 그러나 후사가 없다는 두 글자는 사람을 지극히 슬프게 하는군요."라 하셨다.[4]

3 '□'은 빠진 글자를 가리킨다.

4 황윤석, 『이재난고』 1책, 한국정신문화연구원, 1994, 163쪽. (1756년 9월 28일 28세)

김원행은 초면인 황윤석에게 무슨 일로 찾아왔는지 물었다. 황윤석은 이 질문을 받자마자 기다렸다는 듯이 농암 문하에서 공부했던 작은할아버지 구암공 황재중의 학연을 거론하며 자신의 가문과 김원행의 가문이 선대에서부터 인연이 있다고 말했다. 이어서 아버지와 김문행의 돈독한 관계와 그들이 나누었던 말들을 전했다.

황윤석의 대답을 들은 김원행의 반응으로 보아 김문행이 김원행에게 황윤석을 언급한 적은 없는 듯하다. 하지만 김원행은 황윤석의 말을 듣고 구암공 황재중을 기억해냈으며 이러한 인연을 가지고 있는 황윤석 형제에게 깊은 관심을 보였다. 이어지는 대화를 보자.

> 또 "제가 온 것은 단지 선대의 인연 때문이 아니라 실은 가르침을 청하려는 바람이 있어서입니다."라 하고 이어서 말하기를, "앞뒤로 넘쳐나는 여러 사상가들의 갈래는 하나가 아닙니다. 그런데 결국 얻은 것은 없고 일을 다잡지 못해 어려움이 많으니, 어떡해야 자리 잡고 머무를 수 있겠습니까?"라 했다. 장령 어른께서 말씀하셨다. "이는 지나친 겸사입니다. 그러나 이런 말씀을 하신다면 반드시 그럴만한 이유가 있겠지요. 나처럼 본래부터 지식이 없는 사람에게 뭐 들을 말이 있겠습니까? 그러나 일찍이 옛사람들에게 들으니 뜻을 세우는 것을 첫째 일로 삼아야 합니다. 뜻은 마음이 가는 곳입니다. 뜻이 진실로 서게 되면 무슨 일을 이루

才定座, 掌令丈先問曰: "未一面矣, 今日遠訪何居" 胤錫曰: "小生先世, 與門下, 事契不淺, 叔祖龜岩公, 於農岩先生, 實以□面已有往復, 癸未又經親灸, 叔祖日記, 先生文集可考. □又於寧邊令公文行, 講好不替, 自少已然. 而庚午又請托子, 則寧邊丈爲, '科學吾幸先進, 而經學有吾再從弟在, 令子若來遨遊, 兩間不亦好乎?' 「字缺」故小生平日, 嚮慕門下倍於他人, 不比尋常流聞而已. 今者來謁, 意盖出此. 非專爲科行也" 掌令丈曰: "先契既然, 則龜巖公見有後承否?" 胤錫曰: "無嗣矣" 掌令丈曰: "龜巖公諱字, 已見先集, 故知之久矣. 中年還往漠然, 不知如何. 今對尊伯季心, 極驚喜. 而無嗣二字, 極令人惻然也"

지 못하겠습니까? 그러나 그 중에도 각각 여러 가지 가닥이 있으니, 문장에 마음을 쓰는 사람이 있는가 하면, 외도에 마음을 쓰는 사람도 있으며, 결단코 성현을 본받는 것으로서 자신의 앞날을 기약하는 사람도 있습니다. 요컨대 활 쏘는 것으로 바꿔 말하면, 적중하기를 결심한 뒤에야 뜻을 세운 것이 됩니다. 혹시나 흔들려 빼앗긴다면 뜻이라 할 수 없습니다. 그래서 공자께서 '나는 15살에 배움에 뜻을 두었다.'라 하셨고 주자께서 그에 대해 주석으로 여러 말씀을 하신 것입니다. 이것은 비록 개인적인 신조지만, 지금까지 뜻을 세우지 않고 성공한 사람은 있지 않았습니다. 살피지 못했습니다만, 그대의 뜻은 어떠한지요?" 또 "학문을 하는 개요는 진실로 『대학』에 갖추어져 있습니다. 그러나 처음에 『소학』에 대한 공부가 없다면 근거할 수 있는 기본이 없을 것입니다. 그대와 같이 박학한 사람은 혹 이런 말을 비웃을 수도 있을 것입니다. 하지만, 이미 물어보셨으니 제 생각에는 『소학』을 읽으라고 권하고 싶습니다."라 하셨다. 나는 "성대한 가르침이 지극합니다."라 했다. 장령 어른께서 "이제 『소학』을 읽으려 한다면 그 중에 「경신」 한 편은 가장 절실하고 중요합니다. 그것을 확충해 나가면 비록 『대학』의 도道일지라도 여기서 벗어나지 않지요. 나의 선조 청음께서는 고산의 찰방이셨을 때도 매일 이 책을 공부해서 읽은 횟수를 계산하셨습니다."라 했다.[5]

5 황윤석, 『이재난고』 1책, 한국정신문화연구원, 1994, 163쪽. (1756년 9월 28일 28세) 又曰: "小生之來, 非特先故, 實有請敎之願矣." 因陳, "前後汎濫諸家之端, 非一. 而畢竟無所得者, 悠悠汎汎, 病痛許多, 何以則得有歸宿?" 掌令丈曰: "此則過謙耳. 然有此言, 亦必有所以然矣. 若我本無識知, 有何可聞? 然嘗聞諸古人, 不過以立志爲第一事. 志者心之所之. 志苟立矣, 何事不成? 然其中亦, 各多端, 有用心於文章者, 有用心於外道者, 有斷然以聖賢自期者. 要替如射之, 必於的然後, 乃爲立志. 厥或撓奪, 則亦不可謂之志. 故孔子曰: '吾十有五而志于學' 朱子釋之云云. 此雖拙法, 而未有不立志而有成者. 不審尊意如何" 又曰: "爲學規模, 固備於大學. 而初無小學工夫, 則亦無根基可據. 如尊博學, 或以此等說爲可嗤者. 而旣有所詢, 竊欲勸讀小學矣" 胤錫曰: "盛敎至矣" 掌令丈曰: "旣欲讀小學, 則其中「敬身」一編, 最爲切要. 擴而充之, 雖大學之道, 亦不外是. 吾先祖淸陰爲

첫 번째 대화에서 김원행의 호의를 느낀 황윤석은 바로 가르침을 청했다. 그는 여러 사상가들의 학설을 둘러보았지만 얻은 것이 없다며 어떡해야 할지를 물었다. 당대의 석학답게 김원행의 대답은 겸손하면서도 논리 정연했다. 그는 옛사람의 말을 인용해서 '뜻 세우기'를 강조하면서 『소학』 공부를 권했다.

주고받은 몇 마디 말에 황윤석의 총명함과 박학함을 간파한 그는 "그대와 같이 박학한 사람은 혹 이런 말을 비웃을 수 있을 것입니다." 라고 말하면서 자신의 선조인 청음 김상헌(1570~1652)도 이 책을 반복해서 읽었다는 말을 곁들였다. 황윤석이 혹시나 『소학』을 권하는 자신의 의도를 오해할까 염려한 것이다.

김원행의 말을 살펴보면, 그는 총명한 제자를 어떻게 지도할지 알고 있는 듯하다. 때문에 황윤석이 거부감을 느끼지 않도록 자신을 낮추고 황윤석을 존중하며 청음의 일화까지 곁들이면서 학문의 기본에 충실할 것을 말하고 있다. 연보에 의하면, 『소학』은 황윤석이 일곱 살 때 읽은 책이다.[6] 김원행이 이러한 방식으로 말하지 않았다면 학문에 대한 자부심이 충만했던 28세의 황윤석이 『소학』 공부를 하라는 김원행의 말에 '성대한 가르침이 지극합니다.'라며 감사를 표했을지 의문이다.

이후에 황윤석은 김원행과 호남의 사제 · 교유관계, 학문에 뜻을 둔 사람, 홍덕의 위치, 집안의 과거급제자 여부 등에 관한 대화를 주고받

高山察訪, 亦嘗日課此書, 計算遍數矣."

6 박순철, 노평규, 김영 역, 「이재선생연보」, 『국역 이재유고 I 』, 신성출판사, 2011, 11쪽. "영조 11년 을묘년(1735) 선생 7세. 『소학小學』을 읽었다. 이때로부터 『사기史記』, 사서오경과 제자백가서를 두루 읽었는데 3~4일 동안 밤을 새워가며 읽을 수 있었고 잠깐 사이에 4~5장을 읽었으며 읽은 것은 잊지 않을 수 있었다."

다가 그의 권유로 석실서원에서 묵었다. 아침에 일어난 황윤석은 석실서원의 묘당에 참배하고 김원행을 다시 방문했다.

> 마침내 묻기를 "제가 먼 지방에 묻혀 살면서 비록 글자를 조금 알아 공부하는 것이 즐길 만 하다는 것을 안다고 할 수 있지만 배움의 길로 들어갈 줄을 모릅니다. 눈 먼 이가 지팡이로 길을 찾듯 이르는 곳 마다 그랬습니다. 그래서 과거시험 한 가지 일에도 힘을 쓰지 못해 10여 년 동안 (과거와 학문) 두 가지 중 이룬 것이 없습니다. 이제 진실로 가르침을 듣고자합니다. 선생님의 문하를 살피지 못했습니다만, 애초에 다른 스승이 있으신 것입니까? 아니면 집안에서 전수받으신 것입니까? 만약 입학의 차례가 있다면 그것을 들었으면 합니다."라 했다. 장령어른께서는 "나는 운명이 기구해서 젊어서 재난을 만나 이리저리 떠돌았습니다. 비록 한 두 사람만 모이는 곳이라 해도 가서 참여하지 않으려했습니다. 그러니 특별히 학문을 받은 곳이 없지요."라고 하시고는 한참을 서글퍼 하시다가 또 말씀하셨다. "집안의 학문은 전할 만 하지만, 선대의 업적이 더럽혀졌으니 어찌 남에게 말할 수 있겠습니까? 입학의 차례와 같은 것도 우리 같은 사람이 감히 말할 것은 아니지요. 그러나 이러한 한 가지 일은 본래부터 선현들의 바꿀 수 없는 가르침이 있었으니 사람 중에 누군들 알지 못하겠습니까? 다만 그것을 하는 데에 힘을 쏟지 않기 때문에 들어갈 방법이 없을 뿐입니다."라 하셨다. 나는 "참으로 그렇습니다."라 했다. 장령어른께서는 "그대는 부모님을 모시고 있는 터라 과거공부를 아직 그만두지 않았습니다. 알지 못하겠습니다만, 과거공부와 학문의 비중을 나눈다면 어느 것이 많은지요?"라고 하셨다. 나는 "저는 어려서부터 어리석게도 원대한 뜻이 있었습니다. 제 뜻이 고상하다는 말씀이 아니라 세상 사람들이 다투는 곳에서 뽑히는 일에 저절로 냉담했습니다. 그래서 비록 문장이라 하더라도 세상 사람들의 풍습에 구질구질하게 억지로 뜻을 둘 수 없었고, 늘 옛 사람을 본받겠다는 바람을 갖고

있었습니다. 만약 과거와 학문 두 가지에서 비중을 따진다면 과거가 1이고 학문은 3~4가 될 듯합니다."라 했다.[7]

황윤석은 어제보다 좀 더 구체적으로 김원행에게 질문을 던졌다. 과거공부와 학문 사이에서 방황했던 자신의 지난날을 거론하며 여러 가지 말을 하고 있지만 그 핵심은 '당신의 제자가 되려면 어떡해야 됩니까?'라는 것이다. 김원행은 이에 대해서도 부드럽지만 단호하게 대답했다.

김원행은 1722년(경종 2) 신임사화 때 할아버지 김창업(1648~1722)이 노론 4대신으로 사사되고, 낳아주신 아버지인 김제겸(1680~1722)과 친형인 김성행(1696~1722)·동생 김탄행(1714~1774) 등이 죽거나 유배를 당했던 젊은 시절을 언급했다. 그런 어린 시절을 보냈으므로 특별히 학문을 전수 받을 겨를이 없었다고 말했다. 그러면서 사승관계를 맺는 법은 옛 선현들이 이미 밝혀 놓았으니 그에 따르면 될 뿐이라고 했다.

7 황윤석, 『이재난고』 1책, 한국정신문화연구원, 1994, 164~165쪽. (1756년 9월 29일 28세) 遂問曰: "小生伏在遐方, 雖曰稍解文字, 得知學問之可樂. 而不知入學門路, 冥行擿埴, 到處因循. 是故科擧一款, 亦未能着力, 十餘年間, 兩無所成. 今實願聞指示之方. 不審門下, 初頭 有師承否? 抑家庭傳授歟? 若其入學次第, 亦願聞之. 掌令丈曰: "吾命度畸窮, 少逢禍難, 流離奔迸. 雖於一兩人會所, 亦不欲往參. 故別無師授處, 因愀然良久" 又曰: "至若家庭之學, 宜若可傳, 而忝墜先業, 有何向人可說? 若其入學次第, 尤非如我人所敢云云. 然此一事, 自有先賢不易之訓, 人熟不知? 但爲之不力, 故無由入道耳" 胤錫曰: "誠然" 掌令丈曰: "尊在侍下, 未廢科業. 則不知科擧之與學問, 其所可欲分數孰多" 胤錫對曰: "小生自幼已有迂遠意思. 非曰志尙之高, 而第於世人奔競處, 自然冷淡. 故雖以文詞, 亦不能屑屑强意於時樣, 每有依倣古人之願. 若就科擧學問兩者, 較其分數, 則科擧一邊, 似爲三四分矣"

에둘러 이야기 했지만 핵심은 '내 제자가 되려면 선현의 예법에 따라 자네가 정성을 들여야 한다.'는 것이다. 즉 선대의 인연만으로는 제자로 삼을 수 없고 자질을 충분히 갖추어야만 사제 관계를 맺을 것이라고 말하는 것이다. '육포 한 묶음'이상의 폐백을 가지고 오면 누구나 가르쳤다는 공자의 가르침에 따라 제자를 받는 데 있어 큰 제약은 두지 않겠지만 자질이 없는 사람을 함부로 받지는 않겠다는 것이다.

김원행의 대답을 듣고 황윤석은 바로 그 뜻을 이해했다. 그래서 김원행의 말에 "참으로 그렇습니다."라며 곧바로 응답할 수 있었던 것이다. 이어서 과거공부와 학문 중에 어느 쪽에 더 비중을 두고 있는지를 묻는 질문에 황윤석은 과거공부가 1이면 학문은 3~4가 될 것이라고 했다. 이후 몇 가지 주제로 더 대화를 나누고 헤어졌는데, 황윤석은 하루를 더 석실서원에 머문 다음 김원행에게 인사를 올리고 귀향길에 올랐다.

황윤석과 김원행의 첫 번째 만남은 이렇게 끝났다. 석실서원에서 이틀을 묵으며 황윤석은 김원행을 스승으로 모시기 위해 여러 가지 질문을 던졌고 김원행은 선현들의 일을 거론하며 응답했다. 대화 속에 나타나는 김원행은 겸손하면서도 대인관계에 밝은 사람으로 보인다. 그리고 김문행의 말과 같이 과거공부 보다는 학문의 본연에 힘쓰기를 지향하는 인물이었다. 황윤석은 이런 성품을 지닌 김원행과 사제관계를 맺기 위해 이후 어떻게 행동했을까?

두 번째 만남, 자기 PR과 진정성의 부각

한 해 뒤, 황윤석은 진사복시에 참여하기 위해 한양으로 가서 과거 시험을 치른 후 다시 김원행을 방문했다. 김원행 댁으로 들어가니 이미 여러 사람들이 김원행의 집을 방문하고 있었다. 황윤석과 김원행의 두 번째 만남은 다음과 같이 시작되었다.

> 인사를 마친 뒤 자리에 앉자, 집의 어른께서 먼저 '지난해 헤어진 뒤 잊을 수 없었다.'고 하셨다. 이에 나는 나라에 상이 났을 때에 선생의 생활은 어떠셨는지 일일이 여쭈어보았다. 집의 어른께서 또 물으셨다. "지난 겨우내 이미 상소문으로 오고간 말이 있었는데도 그 뒤에 한 번도 안부를 물은 적이 없으니 참으로 미안하오. 허나 그대도 또한 소식 한 자 없었으니, 어찌된 영문인지 잘 모르겠구려." 그리고 김필태를 가리키며 내게 말씀하셨다. "조금 전에 이 사람이 하는 얘기를 들으니 남쪽에 전염병이 도는 곳이 많다고 하던데, 그대 집도 혹시 전염병이 있어 편지를 보낼 겨를이 없었던 것은 아니었소?" "저희 집에는 전염병의 우환은 없었습니다만, 그 때 남쪽으로 돌아가다가 길에서 눈보라를 만나 추위에 떤 지 며칠 만에 큰 병을 얻었습니다. 소격서와 송치에서 인편으로 보내주신 부지런한 가르치심이 기억할 만 하다는 것은 알고 있었지만 하루도 탐구하고 이해할 겨를이 없었습니다. 이도 제가 성실하지 못한 탓이겠지요. 금년 봄에 길에서 국상國喪의 일을 듣고 돌아갔다가 선생님께 와서 근심과 부끄러움만 드리게 됐으니 어찌 다 깨우칠 수 있었겠습니까?" 집의 어른께서 "동생은 어째서 오지 못했소?" 하시기에, 대답하기를 "타고 올 말이 없어서 오지 못했습니다."라고 했다.[8]

8 황윤석, 『이재난고』 1책, 한국정신문화연구원, 1994, 178쪽. (1757년 9월 4일 29세)
拜訖就座, 執義丈先叙'前年別後, 不能相忘'之事. 余乃以國哀, 丈席起居, 一一

황윤석이 김원행에게 인사를 마치자 김원행은 고맙게도 '지난 해 헤어진 뒤 잊을 수 없었다.'며 먼저 말을 꺼냈다. 이에 황윤석도 올해 봄에 있었던 국상國喪[9] 때를 비롯하여 그동안의 생활이 어떠셨는지 안부를 물었다. 김원행은 헤어진 뒤로 지난 겨우내 상소문 관련해서 오고 간 말이 있었는데도 안부를 묻지는 못해서 미안하다고 말한 뒤 자신은 그렇다고 하더라도 황윤석 또한 왜 그사이 소식 한 번 전하지 못했는지 의아해했다. 그러면서 혹시 남쪽에 유행했다는 전염병 때문에 소식을 전하지 못한 것인지 걱정했다. 황윤석은 첫 번째 만남이후 큰 병을 앓았었고 보내주신 가르침을 탐구하고 이해하지도 못한 채 또 다시 만나게 되어 공부할 겨를이 없었다고 대답했다. 이에 김원행은 화제를 돌려 황윤석의 아우에 대해 질문을 했다.

첫 번째 만남이 1756년 9월 28일이었고 이번 만남이 1757년 9월 4일이었으니 두 사람이 헤어진 뒤 1년의 시간이 있었던 셈이다. 1년이라는 기간을 고려한다면 추위로 큰 병을 앓았다고 하더라도 그 사이에 안부편지도 못하고 공부도 하지 못한 것에 대한 변명으로는 매우 군색해 보인다. 그래서인지 김원행은 황윤석의 대답에 즉각적인 반응을 보이지 않고 대신 동생의 안부를 물었다. 이후 김원행이 다른 인물과 대화를 나누었으므로 끼어들지 못하고 해질녘까지 가만히 있

奉問. 執義丈又問, "前冬間, 旣有封疏往復之語, 而自此未有一紙探候, 固已可愧. 而尊亦無一字, 未審何故." 因指大來於余曰: "俄聞此公言, 則南中多有癘疫處云, 尊家亦或有此憂, 而無暇於書札上耶?" 對曰: "小生家, 雖無此憂, 而其時南歸, 路值風雪, 觸寒累日, 遂成大病. 固知昭格署松峙之便有勤敎可記, 而一未暇於探知矣. 此亦由於不誠之致. 今春, 則中路聞國喪, 緬歸因指進公悒悒, 何可盡喩?" 執義丈曰: "季氏, 胡爲未來?" 對曰: "無馬不得來矣."

9 영조실록 89권, 영조 33년 2월 15일 정축 1번째 기사. 신시에 중궁전 서씨가 관리합에서 승하하였다. 조선왕조실록(https://sillok.history.go.kr/) 참조.

던 황윤석은 아버지가 준 편지를 김원행에게 전달한 후 하직인사를 올리고 숙소인 석실서원으로 이동했다.

다음 날 아침 여러 사람들과 신알례를 하고 읍례를 나눈 뒤 김원행에게 배례를 올리고 사소한 이야기들을 나누었다. 이 자리에서 황윤석은 김원행에게 『맹자』의 '불가기不可磯'에 대한 질문을 하고 그에 대한 답을 들었다. 얼마간의 대화가 오고간 뒤 김원행은 오늘의 모임을 기념하기 위해 서로 창화시를 지어보자고 했다. 황윤석은 미리 준비한 시들을 꺼내 보여주었다.

김원행은 황윤석의 시를 보고서 '배우는 사람이 이 정도면 충분하지 더 공부할 필요는 없다.'고 평가했다. 황윤석은 이러한 평가에 만족하지 못하고 시를 잘 짓는 법에 대해 가르쳐주기를 청했다. 김원행은 '학문이 원숙하면 문장 또한 좋은 법이니 여기에 대해 더 이상 마음 두지 말고 착실하고 절실하며 가까운 곳에 힘쓰라.'고 말했다.

황윤석은 김원행의 대답을 듣고서 '열 살 무렵에 『서전』을 두 번 읽었고 아버지의 가르침에 따라 중성中星·기삼백朞三百·기형璣衡·율려律呂를 공부했으며 이로부터 확장해서 역易·홍범洪範·경세經世·율력律曆·산수算數 등을 공부했는데 비로소 익숙한 것은 잊기 어렵다[熟處難忘]는 가르침이 실로 속인 것이 아니라는 사실을 알게 되었다.'고 말했다.

황윤석의 말을 들은 김원행은 자신의 경우 이런 문자를 연구할 겨를이 없었지만 주자는 수학과 율려에 두루 통했었고 우암도 초학자에게 이런 문자를 보게 했었다고 말했다. 그리고는 오래 머물면서 그에 대해 강설해주기를 청했다. 황윤석은 자신의 실력이 평범해서 문자만 해석하는 정도라 강설할 자질이 안 된다며 사양했다. 하지만 황윤석의 사양에도 불구하고 김원행은 사람들을 부르고 책을 가지고 와서는 여러 가지를 물었다. 황윤석은 조목에 따라 대략 설명을 했는데 그러다 보니 이미 날이 저물고 말았다.

다음 날 아침 황윤석은 김원행에게 작별인사를 하러 갔다. 이 자리에서 김원행은 '과거공부에서 몸을 빼내기가 어려운가 보오.'라고 했다. 황윤석은 '부모님을 모시고 있는 몸이라 어쩔 수 없습니다.'라고 대답했다. 김원행은 이수理數 · 홍범洪範과 관련해서 다시 질문을 던졌고 황윤석은 아는 대로 대답했다. 황윤석의 대답을 들은 김원행은 어제 부탁했던 창화시를 생각해 봤는지 물었다. 황윤석은 곧바로 써서 김원행에게 보여주었다. 황윤석이 '혹 말이 되지 않는 곳이 있는지 모르겠습니다.'라고 말하자 김원행은 이 시 만으로는 알 수 없으니 전에 지은 것을 몇 편 더 보여 달라고 했다. 황윤석은 예전에 지었던 시 중에서 절구 세 수와 율시 두 수를 써서 다시 김원행에게 올렸다.

김원행은 시들을 살펴보고 몇 가지를 조언한 뒤 '이런 재주와 학문을 가지고서 어찌 평생토록 과거공부에 골몰하는가?'라며 안타까워했다. 그리고는 다시 이수理數 · 역학易學 등에 대해서 강설하라 권하고 『소학』 공부의 중요성을 강조했다. 이어서 다음과 같은 대화가 이어졌다.

"어제 가르쳐주신 사도師道의 말씀은 정말 간곡하고 정성스러웠습니다. 저도 한 말씀 올릴 것이 있습니다. 일찍이 한천 · 여호 두 어른께서 살아계실 때 제 나이 17~8세였는데 이미 스승을 구하려는 뜻이 있었습니다. 어찌 나이가 어리다고 스스로 주저했겠습니까? 다만 생각해보니 몸이 멀리 떨어져 있고 만약 들은 것만 가지고 경솔하게 먼저 자신을

> 버리고 좇다가 다시 깊이 생각해서 잘 처신하지 않는다면 또한 구차하게 될 것 같았습니다. 이런 까닭에 머뭇대며 물러설 수밖에 없었고 지금에 이르렀습니다. 이제 다시 찾아와 뵌 것은 진실로 또한 조심스런 마음에서 나온 것이니 비록 주제 넘는 점이 있더라도 실로 충심에서 나온 것입니다."라 했다. 집의께서는 "그대 말이 참으로 절실하구만."이라 하시고는 부친에게 보내는 답장과 함께 붓과 먹을 각각 하나씩 주셨다.[10]

김원행은 이수理數와 역학易學 등에 관한 황윤석의 학식과 시 창작 능력을 보면서 그의 학문을 칭찬했고 강설까지 부탁했다. 황윤석은 한천 이재와 여호 박필주를 스승으로 모시려고 지나치게 조심하다가 시기를 놓친 어린 시절을 이야기 하면서 두 번째인 이번 방문이 충심에서 나온 것임을 강조했다. 물론 이 충심은 김원행을 스승으로 모시고 싶어 하는 황윤석의 마음을 가리킨다. 그리고 김원행은 긍정적인 반응을 보였다. 이런 대화를 나누는 사이 시간은 벌써 점심나절이 되었고 동행한 벗이 물러나자고 재촉하자 황윤석은 김원행에게 인사를 올리고 자리를 떠났다. 이렇게 두 번째 만남이 끝났다.

10 황윤석, 『이재난고』 1책, 한국정신문화연구원, 1994, 181쪽. (1757년 9월 6일 29세) 胤錫曰: "昨日, 所教師道之說, 既甚丁寧. 小生亦願有一說奉者. 曾於寒泉黎湖兩丈在世, 年方十七八, 已有求師之志. 豈以年幼自沮? 但念身在遐方, 若只取所聞, 徑先委已從之, 不復有以熟思而善處, 則亦苟且而已. 是故不能不低徊退縮, 以至于今. 今此再度來謁, 固亦出於周詳之意, 雖涉僭率, 實由衷曲矣." 執義丈曰: "此誠切實語也." 因出答父親書及筆墨各一, 贈之.

세 번째 만남, 김원행과 사제관계를 맺다

두 번째 만남 이후 2년이 지난 1759년, 31세의 황윤석은 다시 과거 시험을 보기 위해 한양길에 올랐다. 2월 27일에 시험을 치른 황윤석은 3월 2일에 진사복시 합격의 기쁨을 맛보게 되었다. 3월 11일에 입궐해서 백패를 받고 임금을 알현한 황윤석은 3월 16일에 동생 황주석과 함께 김원행을 세 번째로 방문했다.

황윤석은 김원행의 집에 도착해서 먼저 아버지의 편지를 전달했다. 하지만 손님들이 많아 김원행과 대화를 나누지 못하다가 손님들이 물러난 후 곧바로 사제관계를 맺는 예를 올리고 싶으니 허락해달라고 청했다. 그러자 김원행은 자신은 그럴만한 인물이 못된다며 사양했다.

이에 황윤석은 그동안 왕래하며 인사를 올릴 수 있었던 것만도 다행스러운 일이긴 하지만 사제관계를 요청하고 절을 올리는 일은 옛사람들도 소중히 여기던 일이니 허락해달라고 다시 부탁했다. 황윤석의 말에 김원행은 다음과 같이 말했다.

> "그대가 나에게서 얻고자 하는 것이 문자인가? 그렇다면 당대 문장에 능한 사람 중에 적당한 사람이 없지 않다네. 아니면 나이 때문인가? 그렇다면 당대 나이가 나와 같은 사람도 또한 많지. 정녕 그대가 얻고자 하는 것이 이 두 가지에 있는 것은 아니라는 것을 내가 알기에, 나는 진실로 감당치 못할 것 같은데 어찌 '선생이다' '제자이다' 한 뒤에야 서로의 사귐이 비로소 가까워지는 것이겠는가?"[11]

11 황윤석, 『이재난고』 1책, 한국정신문화연구원, 1994, 209쪽. (1759년 3월 16일 31세) 先生曰: "尊之所取於某者, 以其文字歟? 當代能文者不無其人. 以其年齒歟?

김원행은 황윤석이 자신을 스승으로 모시려는 이유가 문자나 나이 때문이 아니라는 것을 안다고 말했다. 그렇다면 황윤석이 자신을 스승으로 모시려는 이유는 성현의 도道를 배우고 실천하기 위해서일 것인데 이런 수준의 스승으로서 자임하기에는 부족하다며 사양했다.

두 번에 걸친 사양에도 불구하고 황윤석은 물러서지 않고 제자로 받아주지 않으시면 집에 돌아가 부친을 뵐 면목이 없다며 다시 허락을 부탁했다. 아버지까지 언급하며 세 번째 요청을 하자 김원행은 선대로부터 내려온 정이 얕지 않고 아버지의 부탁도 있으니 사양할 수 없겠다며 사제관계를 허락했다.

스승이 되어주겠다는 허락을 얻은 황윤석은 사제관계를 맺는 방법에 대해 질문했고 김원행은 『의례』 중 「사상견례士相見禮」에 따라야 한다고 말했다. 황윤석과 아우 황주석은 녹포 10정[12] 1봉을 소반에 올리고 꿇어앉아 책상 위로 드렸다. 김원행은 도포를 입고 서 있었고, 황윤석과 황주석은 문 밖의 헌상軒上에서 네 번 절했다. 김원행은 읍한 뒤 잠시 있다가 그들을 인도하여 자리에 앉게 했다. 황윤석과 황주석은 사례하며 '제자로 받아주시니, 지극한 영광을 이기지 못하겠습니다.'라고 했다. 첫 만남이후 실로 4년 만에 정식으로 사제관계를 맺게 된 것이었다.

사실 두 번째 만남에서 황윤석은 김원행으로부터 이미 신임을 얻었

當代同齒者, 亦多其人. 固知尊之所取, 不在於二者, 而某實有不敢當者, 何必曰師曰弟而後, 交好始密乎?"

12 예전에 집지執贄의 예를 행할 때는 포脯 한 묶음 이상을 가지고 왔다고 한다. 10정脡을 속束이라 하는데, 한 속束의 포脯는 매우 적은 양이다. (『論語集註 · 述而』 子曰: 自行束脩以上, 吾未嘗無誨焉. 脩, 脯也. 十脡爲束. 古者相見, 必執贄以爲禮, 束脩其至薄者.)

다고 할 수 있다. 하지만 세 번째 만남에서도 만나자 마자 바로 사제관계를 맺을 수 있었던 것은 아니었다. 김원행은 세 번째 만남에서 곧바로 제자가 되기를 요청한 황윤석에게 두 번이나 사양의 뜻을 나타냈고 황윤석이 아버지의 명을 거론하며 세 번째 간청을 하자 마지못한 듯 사제관계를 허락했다.

김원행은 두 번에 걸친 만남을 통해 황윤석 정도의 인물이라면 제자로 받아도 될 것이라는 생각을 이미 가지고 있었을 것이다. 하지만 '사제관계는 쉽게 맺어지면 쉽게 끊어진다.'는 생각을 가지고 있던 그는 사제관계를 맺는 마지막 순간까지도 신중한 자세를 유지하려고 노력했던 것으로 보인다.

사실 김원행은 각지에서 올라온 문인들을 통해 지역 선비들의 동향을 살피며 그들의 추이에 지대한 관심을 기울였고, 문인들의 귀향과 강학을 통해 새로운 유풍이 부식되기를 기대했다.[13] 따라서 황윤석과 같이 탁월한 인재가 자신을 찾아온 것은 내심 바라는 일이었을 것이다. 하지만 산림의 선비를 표방하는 김원행이었기에 황윤석을 쉽게 받아들일 수는 없었을 것이다.

황윤석은 이렇게 맺어진 학맥을 통해 대외적인 신임을 얻을 수 있었고 김용겸 · 김이안 · 김이신 등 김원행을 통해 알게 된 안동 김씨들로부터 학문과 관직생활 등에서 도움을 받기도 했다. 당파를 초월해서 두루 친분을 유지하는 것이 황윤석에게는 유리했다. 하지만 김원행이 소론의 인물들과 불편한 관계에 있었기 때문에 평소 교유하고 싶었던 서명응(1716~1787) · 서호수(1736~1799) 등과 함부로 만나지

13 이동구, 「金元行의 實心 강조와 石室書院에서의 교육 활동」, 『진단학보』 제88호, 진단학회, 1999, 244쪽.

못했다. 또 자신의 첫 관직임용에 결정적인 역할을 했던 서지수(1714~1768)와 정홍순(1720~1784)과도 교유할 수 없었다. 다만 김용겸과 조정(1719~1775)으로부터 인정받은 정경순(1721~1795)과만 교유할 수 있을 뿐이었다.

여기서 황윤석의 첫 관직임용부터 이후의 관직임면과 관련된 상황을 살펴보자. 그의 관직임명에 실질적으로 도움을 준 세력은 노론이라기보다는 오히려 정경순으로 대표되는 소론 세력이었다. 목천현감과 전의현감 재직시절에 그를 파직시킨 사람들은 오히려 심이지(1720~1780)와 심환지(1730~1802) 등 노론계 인물이었다.[14]

황윤석은 김원행을 스승으로 모시라는 김문행의 권유를 들은 후에도 6년간의 고민 뒤에 김원행을 처음 방문했다. 처음 방문한 이후 3년간 자신의 학식과 충심을 김원행으로부터 인정받은 다음에야 그의 학맥에 들어갈 수 있었다. 그의 제자가 된 이후로 황윤석이 안동김씨들로부터 여러 가지 도움을 받은 것은 사실이다. 하지만 김원행의 제자라는 사실은 자신의 폭넓은 교유를 제약시키는 걸림돌이 되기도 했다.

14 이에 대해서는 이선아의 연구를 참조. (이선아, 「영조대 정국 동향과 호남지식인 황윤석의 학맥과 관료생활」, 지방사와 지방문화, 13집 2호, 역사문화학회, 2010. ; 이선아, 「18세기 후반기 정국동향과 호남 향유 황윤석의 관직 임면」, 전북사학 39집, 전북사학회, 2011.)

제3장

인맥을 위해 민어를 주고받다

황윤석의 교유관계는 박현순의 연구를 참고할 수 있다. 이 논문에서 그는 황윤석과 경화사족과의 교유 관계를 핵심 인물들과 교유의 성격을 중심으로 세 가지 범주로 나누었는데, 하나는 김원행과의 사제관계에 기초한 안동김씨 및 동문同門들과의 관계이고, 또 하나는 조정·정경순·김이신 등 호남 지방관 출신 인사들로부터 그 주변으로 확대된 관계이며, 마지막 하나는 서울에서 김용겸·정경순 등을 중심으로 책과 박학 지향을 통해 맺어진 관계들이라고 했다.[1]

이 장에서는 황윤석이 누구와 민어를 주고받았으며 어떤 시기에 무슨 의도로 주고받았는지 살펴보고자 한다. 이를 통해 황윤석의 교유 범위를 그가 관직생활을 하며 만나게 된 문벌 가문 출신의 상관들까지 확대했다. 또한 황윤석이 어떤 상황에서 그들과 연락했는지 살펴서 그들과의 교유가 황윤석의 관직생활에 어떤 영향을 미쳤는지 밝히고자 한다.

1 박현순, 「지방 지식인 황윤석과 경화사족의 교유」, 『한국사연구』 제163호, 한국사연구회, 2013, 312쪽.

『이재난고』에 나타난 민어 수수의 양상

왜 민어일까? 『이재난고』를 살펴보면 황윤석은 교유하는 인물들과 담배 · 부채 · 붓 · 먹 · 빗 등을 주고받았다. 그 중 민어는 황윤석의 고향인 서해안과 남해안에 주로 서식하는 물고기로 손님접대나 제사 · 일용의 음식으로 쓰였다. 민어는 담배 · 부채 · 붓 · 먹 · 빗 등의 물건보다 귀한 물건이면서도 지나치게 비싼 음식은 아니었다.

『이재난고』에 기록된 민어의 가격은 세 마리에 2냥 했다는 기록에서부터 세 마리에 6전이라는 기록과 아홉 마리에 1냥 8전이라는 기록 등이 있어 크기에 따라 세 배 정도의 차이가 있었다.[2] 가장 비싼 가격으로 계산하면 민어 한 마리에 6전이 좀 넘었고 가장 싼 가격으로는 한 마리에 2전이었다.

『이재난고』에는 황윤석이 숙소에서 아침 식사비용으로 1전 8푼을 지출했다는 기록이 있다. 이와 비교해보면 가장 싸게 기록된 가격인 마리 당 2전으로 계산할 때 민어 한 마리는 한 끼 식사보다 약간 비싼 정도이고, 가장 비싸게 기록된 가격인 마리 당 6전으로 계산하더라도 민어 한 마리는 세 끼 식사비용이 조금 넘는 수준이었다. 그러니 『이재난고』에 기록된 민어는 고가의 식재료는 아니었다고 볼 수 있다. 그러므로 민어는 일정 정도의 격식을 가지면서도 받는 사람이 부담을 느끼지 않을 정도의 선물에 해당되었던 것으로 보인다. 민어가 이런 특징을 가졌다는 사실을 염두에 두고 황윤석의 민어수수 상황을 살펴

2 황윤석, 『이재난고』 6책, 한국정신문화연구원, 2000, 196쪽. "民魚三介價二兩." ; 황윤석, 『이재난고』 7책, 한국정신문화연구원, 2001, 629쪽. "民魚三尾, 代六錢." ; 황윤석, 『이재난고』 7책, 한국정신문화연구원, 2001, 629쪽. "民魚九尾, 代一兩八錢"

보자. 황윤석이 누구와 언제 민어를 주고받았는지 정리해보면 아래와 같다.

	날짜	황윤석 나이	당시 황윤석의 관직	준사람	받은 사람	출처
1	1764. 7.25	36	없음	황윤석	김원행	1책 4권, 411쪽
2	1767. 2.12	39	장릉참봉	황윤석	김원행	1책 8권, 674쪽
3	1768. 11.4	40	의영고봉사	정경순	황윤석	2책 11권, 301쪽
4	1771. 10.24	43	없음	구성사또	황윤석	4책 19권, 17쪽
5	1775. 7.19	47	없음	황윤석	한광재	4책 20권, 142쪽
6	1778. 2.17	50	사복시주부	황윤석	김용겸	4책 24권, 522쪽
7	1778. 3.17	50	동부도사	황윤석	조진택	4책 24권, 573쪽
8	1779. 1.12	51	장릉령	황윤석	김종수	5책 27권, 403쪽
9	1779. 4.21	51	장릉령	정경순	황윤석	5책 28권, 506쪽
10	1783. 9.7	55	없음	남궁호	황윤석	6책 35권, 484쪽
11	1783. 9.7	55	없음	정읍사또	황윤석	6책 35권, 487쪽
12	1785. 7.13	57	없음	김홍조	황윤석	7책 36권, 72쪽
13	1785. 10.21	57	없음	김택위	황윤석	7책 36권, 96쪽
14	1785. 10.27	57	없음	정응갑	황윤석	7책 36권, 105쪽
15	1787. 1.5	59	전의현감	황윤석	이병정	7책 40권, 562쪽
16	1789. 8.1	61	없음	김성탁	황윤석	8책 44권, 303쪽
17	1790. 7.19	62	없음	김철환	황윤석	8책 46권, 432쪽
18	1790. 7.25	62	없음	김방호	황윤석	8책 46권, 433쪽

위 표는 황윤석이 민어를 주고받은 기록을 연대순으로 정리한 것이다. 위 표에 등장한 인물 중 김원행(1702~1772) · 정경순(1721~1795) ·

한광재 · 김용겸(1702~1789) · 조진택(1746~?) · 김종수(1728~1799) · 이병정(1742년~1804)은 경화사족 혹은 문벌가문 출신이다. 남궁호 · 김홍조 · 김택위 · 정응갑 · 김성탁 · 김철환 · 김방호는 지방양반으로 보이며, 구성사또와 정읍사또는 관직명만 나와 있는 관계로 정확한 신분을 확인하기 어렵다.

민어를 주고받은 기록을 살펴보면, 황윤석이 목천현감이 되었던 1779년 이전에는 황윤석이 주로 민어를 선물했는데, 그의 선물을 받은 인물들은 모두 경화사족이나 문벌가문 출신들이었다. 55세 되던 1783년 이후에는 황윤석이 주로 민어 선물을 받았고 민어를 준 인물들은 대부분 고향 인근의 사람들이었다. 그러면 황윤석이 어떤 상황에서 민어를 주고받았는지 그 의미를 살펴보도록 하자.

민어를 왜 주고 받았을까?

1. 스승에게 드리는 예물

황윤석이 처음 민어를 선물한 것은 1764년 36세 되던 해에 과거시험을 위해 한양에 갔다가 김원행을 방문했을 때였다. 이때는 동생 황주석이 보낸 민어를 대신 김원행에게 전달한 것이었다. 이 선물을 받고 김원행은 황주석에게 답장을 썼고 또한 귀향하는 길에 태인현감 김이신과 보은현감 김정례에게도 편지를 전달해 달라고 황윤석에게 부탁하기도 했다.

황윤석이 다시 김원행에게 민어를 전달한 것은 1767년 2월 11일이었다. 이때는 김원행의 아내가 세상을 떠난 지 얼마 되지 않았을 때였다. 사실 황윤석은 조문을 위해 김원행을 방문한 것이 아니라 장릉에서 근무할 날짜가 되어 한양을 거쳐 올라가던 길에 인사를 드리려던 것이었다. 그런데 한양으로 가던 도중에 뜻하지 않게 스승의 상사喪事를 듣게 되었다. 김원행을 만난 황윤석은 미리 상사喪事를 알지 못했다며 미안해했고 김원행은 거리가 머니 어쩔 수 없는 일이라며 위로했다.

김원행은 황윤석의 스승이었다. 황윤석의 가문은 비록 문행文行이 있다는 명성은 있었지만 호남에 사는 동안 한 명의 과거급제자도 없었다. 그래서 작은할아버지인 구암 황재중(1664~1718)이 김창협(1651~1708)의 문인이었다는 것 외에는 학문적으로 내세울 것은 없었다. 이런 상황에서 아버지 황전은 알고 지내던 경화사족 김문행에게 황윤석을 보내 가르침을 받게 했다.

김문행은 청음 김상헌(1570~1652)의 후손으로 대표적인 경화사족이었다. 황전은 김문행에게 황윤석을 보내며 동봉한 편지에서 '황야를 배회하는 것이 都亭의 쥐만 못하다'는 비유로 '북학北學'의 필요성을 역설했다. 이 사실에서 황전이 한양에서 공부하는 것이 절실하다는 인식을 갖고 있었다는 것을 알 수 있다.

김문행은 황윤석을 지도해달라는 황전의 부탁에 '경학공부는 육촌동생이 있다.'며 김원행을 황윤석의 스승으로 추천했다. 황윤석은 28세 때 처음 김원행을 방문했고, 이후 관계를 계속 유지하다가 31세 때 정식으로 사제 관계를 맺었다. 그러므로 이 때 황윤석이 김원행에게 준 민어는 스승에게 드리는 선물이라고 볼 수 있다.

남궁호가 황윤석에게 민어를 보낸 때는 1783년 9월 7일이었다. 이 때는 황윤석이 목천현감에서 파직되어 흥덕에 살고 있을 무렵이었다.

이에 앞서 남궁호는 1783년 3월 25일에 황윤석을 찾아와서 가르침을 청한 적이 있었는데 황윤석은 허락하지 않았다. 1785년 1월 27일, 남궁호는 다시 황윤석에게 소학수업 받기를 요청했다. 황윤석은 이를 받아들였던지 이후에는 남궁호가 찾아왔다는 기록이 다수 보인다. 이를 통해 유추해보면, 남궁호가 황윤석에게 준 민어는 가르침을 청하는 의미를 가지고 있다고 볼 수 있다.

1788년 10월 30일, 김철환은 황윤석과 사제의 연을 맺으려 했다. 황윤석은 제자를 받으려 하지 않았으므로 폐백은 받지 않고 단지 머물며 책을 읽는 것은 허락했다. 이후 김철환은 황윤석의 집에 머물며 『주역』과 『예기』 등을 읽었다. 이를 통해 보면, 1790년 7월 19일에 김철환이 황윤석에게 민어를 선물한 것은 선생님께 감사의 뜻을 표시한 것이라고 볼 수 있다.

2. 고마움에 대한 사례

정읍사또가 황윤석에게 민어를 보낸 때는 1783년 9월 13일이었다. 황윤석은 당시 고향에서 포의로 있었는데, 일주일 전이던 9월 6일에 정읍사또에게 과량科粮을 빌려준 것에 대해 감사의 편지를 쓰면서 홍시를 보냈었다. 이 편지에서 황윤석은 서장포의 백성들이 땔나무를 파는 시장을 빼앗으려 한다는 제보를 했다. 이에 대해 정읍사또는 서장포로 가는 황윤석의 큰 아들에게 '먼저 서장포로 가서 백성들의 동정을 살펴보고 돌아올 때 다시 만나는 게 좋겠다.'고했다.

이로써 유추해보면 정읍사또는 황윤석이 관직에서 물러나 있었는데도 고을의 안위를 위해 제보를 하는 수고를 마다하지 않은 것에 대한 사례의 뜻으로 민어를 선물한 것이라 볼 수 있다. 달리 생각해보면, 비록 황윤석이 포의의 상태에 있었지만 정읍 지역의 대표적인 양반이고 또 언제 벼슬길에 오를지 알 수 없기 때문에 제보와는 상관없이 그와의 관계를 원만하게 유지하려는 의도로 민어를 보냈다고 생각할 수도 있다.

김홍조가 김홍룡이 보낸 편지와 민어를 황윤석에게 전달한 때는 1785년 7월 13일이다. 이때는 황윤석이 벼슬에서 물러나 여전히 고향에 머물고 있을 무렵이었다. 이 민어는 황윤석이 김홍조 가문의 묘갈문 등을 써주었기 때문에 답례로 보낸 것이었다.

1785년 10월 21일, 김택위가 황윤석에게 편지와 민어를 보냈다. 김택위는 그 해 8월 20일에 있었던 향시를 위해 황윤석의 집에서 14일간 머문 적이 있었는데, 이에 대한 사례로 민어를 보낸 것이 아닌가 생각된다. 1785년 10월 27일에 정응갑은 정운희 행장의 서문을 부탁하며 황윤석에게 민어 등을 보냈다.

1789년 8월 1일에 김성탁과 김성은이 황윤석에게 민어 · 석어 · 닭 등을 보냈다. 이는 황윤석이 그들 집안의 행장을 써주었기 때문이었다. 1790년 7월 25일에 김방호 등이 황윤석에게 민어를 보낸 것은 황윤석이 그들 선세先世의 묘전석상墓前石床에 사용할 글을 써주었기 때문이었다.

3. 문벌가문 출신 지인과 교유를 위한 선물

황윤석이 경화사족이나 문벌가문과 인연을 맺는 방식은 무척이나 조심스러웠다. 그는 비록 자신의 관료생활에 도움을 줄 수 있는 권세가가 자신을 보고 싶어 할 경우에도 함부로 응하지 않았다. 정조의 외조부였던 홍봉한(1713~1778)이 만남을 요청했어도 거절했고, 자신이 처음 출사할 때 도움을 주었던 영의정 서지수(1714~1768)와 이조판서 정홍순(1720~1784)도 따로 만나지 않았다. 여기에는 몇 가지 이유가 있었던 것으로 보인다.

황윤석은 벼슬을 위한 청탁을 좋게 보지 않았기 때문에 오해를 살 수 있는 행동은 하지 않으려고 노력했다. 게다가 스승인 김원행이 소론의 인물들과 황윤석이 어울리는 것을 좋아하지 않았기 때문에 소론에 속한 서지수나 정홍순과 만나는 것이 더욱 조심스러울 수밖에 없었다. 그래서 황윤석은 관직생활을 위해 새로운 관계를 개척하기보다는 사소한 인연을 계기로 삼아 관계를 연장하고 확장하는 데 더욱 집착하는 경향을 보인 듯하다.

황윤석은 이러한 교유성향 속에서 세 갈래로 인맥을 유지했다. 그 하나는 스승 김원행을 통해 알게 된 안동 김씨와의 관계이고, 다른 하나는 관직을 통해 교유하게 된 경우이며, 마지막은 자신의 고향인 흥덕과 그 주변지역의 수령들과 맺은 관계다. 특히 세 번째에 해당하는 인물로는 태인현감 조정(1719~1775)과 김이신(1723~?) · 장성부사 정경순(1721~1795) · 정읍현감 한광재 · 흥덕현감 민수 · 부안현감 이운해(1710~?) 등이 있다. 이 중에서 민어와 관련 있는 인물은 정경순 · 조정 · 한광재다.

1) 정경순

앞선 표에서 본 것과 같이 문벌가문과의 관계에 있어서는 대부분 황윤석이 민어를 선물하는 입장이었다. 그래서 재직 중이던 황윤석에게 민어선물을 준 사람 중 문벌가문 출신은 정경순이 유일하다. 정경순은 두 차례에 걸쳐서 황윤석에게 민어를 선물했다. 그가 처음 황윤석에게 민어를 보낸 것은 1768년 11월 14일, 황윤석이 의영고 봉사로 일하고 있을 때였다.

이 전까지 정경순과 황윤석은 서로 편지로 안부만을 전하는 사이였다. 1768년 6월에 황윤석은 장릉참봉에서 의영고 봉사로 승진했다. 이 사실을 알게 된 정경순은 의영고로 편지와 함께 민어를 비롯한 몇 가지 물품을 보냈다. 따라서 이때의 민어는 황윤석의 승진을 축하하는 선물의 의미로 볼 수 있다.

정경순이 두 번째로 황윤석에게 민어를 보낸 때는 1779년 4월 21일, 황윤석이 장릉령으로 일하고 있을 무렵이었다. 이에 앞선 1778년 3월 18일, 당시 양주목사로 일하고 있었던 정경순은 동부도사의 일을 막 시작한 황윤석을 만났다. 이 자리에서 정경순은 송사를 담당하는 동부도사의 일은 무척 힘들기 때문에 무사히 5~6개월만 버틴다면 당연히 현감으로 승진할 것이라고 말했다. 이에 대해 황윤석이 회의적으로 대답하자 그는 공론이 이미 형성되어 있으니 걱정할 필요 없다며, 반 년 쯤 뒤에 황윤석이 현감으로 진급할 것이라고 확신했다.

그런데 정경순의 말과는 달리 황윤석은 1778년 12월 도목정에서 장릉령으로 떨어지고 말았다. 장릉령을 제수 받자 황윤석은 팔순의 노모를 모시고 있는 사람을 수령으로서 부모님을 모시지도 못하게 한다면서 이조판서를 비판했다. 그리고는 당면한 장릉령의 급한 일만 처리하고 난 뒤 벼슬을 그만두겠다고 다짐했다.

하지만 평생을 소원하던 현감직에 대한 미련 때문에 차마 관직을 버리지 못했다. 황윤석은 정경순으로부터 민어를 받기 3주전 무렵인 1779년 4월 1일, 정경순에게 보낸 편지가 효력을 발휘할지 여부를 점치기도 했다. 황윤석이 정경순에게 보낸 편지는 3월 5일 일기에 기록되어 있다. 편지에는 자신이 바라는 것은 오직 한 읍을 얻어 노모를 모시는 것이라며 '현감이 될 가망성이 있으면 돌아오지 말고 그렇지 않으면 고향으로 내려오라'는 어머니의 말씀까지 인용하면서 자신을 잘 알고 아껴주는 사람은 정경순 당신 밖에 없다는 내용을 담고 있다.[3] 결국 황윤석은 현감에 낙점되지 못했다. 이 즈음인 1779년 4월 21일에 정경순은 황윤석에게 위로의 의미를 담아 민어를 보낸 것이었다.

정경순은 장성부사 시절에 백양산에 갔다가 황윤석이 백양사 승려에게 줬던 시[4]를 봤다. 그 시에 호의를 느낀 정경순은 김이신에게 이 사실을 말했고 그는 이를 계기로 황윤석과 교유하게 되었다. 황윤석의 재능을 높이 평가한 정경순은 황윤석의 산송에 도움을 주기도 했다. 주목할 점은 황윤석이 장릉참봉에 제수될 수 있도록 정경순이 전

3 황윤석, 「與鄭洪州景淳書」, 『이재난고』 5책, 한국정신문화연구원, 1999, 442쪽. "(前略) 然目下至願, 惟在一斗邑榮老母, 相與頌夫仁人君子之卒惠耳. (中略) 況頃母書有云: '使汝有餘望, 則耐苦無歸可矣. 不然, 待僚至決歸可矣. 試以奉質於知汝愛汝之前也.' 嗟乎瞞一世, 而知我之深愛我之甚者, 非令公而誰哉? (후략)"

4 황윤석, 『이재난고』 1책, 한국정신문화연구원, 1994, 582쪽. 정경순이 감탄했다는 황윤석의 시는 다음과 같다. '雲居十載遣心安, 爭似吾家體用完, 至竟功夫渾貴熟, 他時只較穀稊看.'

임 인사권자였던 서지수(1714~1768)와 후임 인사권자였던 정홍순(1720~1784)에게 차례로 황윤석을 추천해서 긍정적인 대답을 얻어냈다는 사실이다.[5] 서지수는 정경순과 고종사촌 사이였고, 정홍순은 정경순과 6촌 관계였기 때문에 사실상 정경순의 추천이 황윤석의 관직 임명에 절대적인 역할을 한 것이었다.

하지만 황윤석은 정경순이 자신의 관직임명에 결정적인 역할을 했음에도 불구하고 당색의 차이 때문에 그와 곧바로 친해지지는 못했다. 그래서 정경순에게 노론과 소론 사이에 있었던 첨예한 정치문제에 대해 질문을 던지면서 그가 어떤 생각을 가지고 있는 인물인지 점검했다. 또 노론의 거물이었던 김용겸과 조정이 정경순을 칭찬하는 말을 듣고서야 안심하고 교유했던 것으로 보인다. 이러한 당색관계 속에서 정경순은 두 차례에 걸쳐 황윤석에게 민어를 선물했다.

2) 김용겸

황윤석이 김용겸(1702~1789)에게 민어를 선물한 때는 그의 나이 50세 되던 1778년 2월 17일이었다. 당시는 황윤석이 7년간 벼슬 없이 있다가 2월 초에 사복시 주부를 제수 받은 무렵이었다. 황윤석은 사복시 주부에 제수되었다는 소식을 듣고 2월 8일에 고향을 출발, 2월 15일에 한양에 도착해서 업무를 시작했다. 그는 이 사실을 김용겸에게 편지로 알리면서 민어를 선물한 것이었다. 김원행과의 인연으로 알게 된 김용겸은 학문 성향이 황윤석과 유사했기 때문에 27살의 나이 차

5 황윤석, 『이재난고』 1책, 한국정신문화연구원, 1994, 574쪽. 황윤석은 장릉참봉에 제수된 다음 달인 7월 11일에 정경순을 방문했다. 이 자리에서 정경순은 자신이 서지수와 정홍순에게 황윤석을 추천한 일의 전말을 자세히 설명했다.

이에도 불구하고 허물없이 교유하며 실질적인 도움을 주었다.

김용겸을 처음 만난 때는 황윤석의 나이 36세 되던 1764년 이었다. 황윤석은 과거시험을 보러 한양에 갔다가 안동김씨 일족인 김이탁을 방문했다. 그곳에서 우연히 김이탁의 6촌인 김용겸을 만났다. 당시에는 그의 이름도 몰랐고 어떤 이력을 가진 인물인지도 몰랐다. 5년이 지난 1769년, 황윤석은 의영고봉사로 재직할 때 정식으로 김용겸을 방문해서 대화를 나누었다.

이 자리에서 황윤석은 당시 장악시정掌樂寺正을 맡고 있던 김용겸이 문곡 김수항(1629~1689)의 손자이고 농암 김창협(1651~1708)과 삼연 김창흡(1653~1722)의 조카이며 포음 김창집(1662~1713)의 아들이란 사실을 알게 되었다. 황윤석은 그를 박식하고 산수를 좋아하면서도 함부로 산림이라 자처하지도 않고 사우들과도 많이 교유하는 인물로 평가했다.

김용겸은 예전부터 황윤석의 이름을 들어서 알고 있었다며 관직의 이력과 나이, 관향貫鄕 · 세덕世德 등을 물었고, 『씨족원류』를 꺼내서 황윤석의 계통을 확인하기도 했다. 또 황윤석의 관향貫鄕인 평해와 고향인 흥덕 부근의 뛰어난 경관을 거론하면서 친근감을 표시하기도 했다. 김용겸은 이어 사역원 안에 있는 열천루를 함께 둘러보자고 약속하기도 하고 『씨족원류』를 빌려주겠다고 말하기도 했다.

김용겸은 김원행과 함께 당대를 대표하는 경화사족이었다. 그는 박학했으며 무엇보다 황윤석에게 큰 호의를 보여주었다. 그래서 황윤석은 김용겸과 가까이 지내며 민감한 정치적 현안이나 첩을 들이는 문제를 의논하기도 했다. 김용겸도 승진을 위해서는 근무지에서 자리를 비우지 말라며 황윤석에게 애정 어린 당부를 하기도 했다. 이후에도 황윤석은 김용겸이 가선대부에 올라 한성우윤이 되었다는 소식이나 부제학이 되어 임금을 모신다는 소식 등을 기록해 놓으며 그의 관직 생활에 지속적인 관심을 보였다. 이처럼 황윤석에게 사심 없이 도움을 주던 인물이었기에 황윤석은 복직과 동시에 그에게 편지와 민어를 보낸 것이었다.

3) 조진택

조진택(1746~?)은 조정(1719~1775)의 아들이다. 조정은 당시 명망 있던 조돈(1716~1790)과 조엄(1719~1777)의 동생이었다. 황윤석은 1778년 3월 17일, 조진택에게 민어를 선물했다. 이 민어는 지난번 김용겸에게 민어를 선물할 때 같이 주려고 했다가 빠뜨린 것이었다. 황윤석이 조진택에게 민어를 선물한 의미를 제대로 파악하기 위해서는 황윤석이 조진택 집안과 맺어온 관계를 살펴볼 필요가 있다.

조진택의 아버지 조정은 황전과의 인연으로 황윤석과 알게 된 인물이다. 황전이 흥덕현감이던 김수, 그리고 태인현감이던 조정과 함께 셋이서 1758~1759년 무렵에 뱃놀이를 했다는 기록이 있다. 이 시기가 황윤석과 조정이 처음 알게 된 시점이 아닐까 생각된다. 황윤석은 조정과 1764년 4월 1일에 있었던 알성시를 함께 치르기도 했다. 조정은 이조좌랑을 맡고 있던 1764년 6월에 당시 이조판서였던 이익보(1708~1767)에게 황전을 호남의 대표적인 선비로 소개하며 추천하기도 했다.

황윤석은 이 해 6월부터 7월에 걸쳐 보름 이상을 조정의 집에서 기숙하기도 했다. 이를 통해 두 집안이 친척 이상으로 가깝게 지냈다는 것을 알 수 있다. 실제로 조정은 황윤석 집안과 자신의 집안이 서로 마음을 터놓고 지내는 친밀한 사이라고 말했다. 항상 아버지 황전의 등용을 소망하던 황윤석은 당시 고위직을 맡고 있던 조정 형제들이 아버지를 추천해 주기를 간절히 바랐다.

조정 집안의 형제들과 가까웠기 때문에 황윤석은 그 아들들과도 자주 교류했는데, 조정의 아들 조진택과는 특히 친하게 지냈다. 조진택은 황윤석보다 17살이나 어렸지만 1773년에 27세의 나이로 증광문과에 병과로 급제해서 사간원정언 · 홍문관교리 · 동부승지 · 좌부승지 · 경상도관찰사 · 암행어사 등 내외의 여러 요직을 거쳤다. 황윤석은 조정의 부탁으로 그의 집에 유숙하며 조진택의 공부를 돌봐주었으며 조진택과 여러 번 과거를 함께 치르기도 했다. 51세에 현감의 욕심을 버리고 귀향할 때에는 그와 슬픔을 나누기도 했다. 이미 위와 같은 교유관계가 있었기 때문에 황윤석은 조정이 별세한 후에도 조진택에게 민어를 보내며 다시 한양에서 벼슬하게 된 사실을 알렸던 것이었다.

4) 이병정

황윤석이 이병정(1742년~1804)에게 민어를 보낸 때는 1787년 1월 5일이다. 당시 황윤석은 전의현감으로 일하고 있었는데, 인근에 유배와 있던 이병정에게 민어를 보낸 것이었다. 이병정은 1786년 8월 13일, 정조 즉위년에 있었던 옥사에 관한 상소를 올렸다가 온 가문을 역적의 당류로 몰아넣었다는 죄로 유배를 오게 되었다.

이병정은 황윤석이 현감직을 맡아 목천에서 일할 때 충청방백을 맡고 있었던 상관이었다. 황윤석과 이병정과의 인연은 1767년 4월 3일,

김원행의 외사촌인 민백순이 자신의 조카이자 이병정의 손자인 이만영과 함께 사군으로 유람 가던 길에 장릉 직소에 있던 황윤석을 방문하면서 처음 맺어진 것으로 보인다.

이후 황윤석은 이병정이 관상감 관원들과 함께 입시했다는 소식, 이병정이 올린 상소의 원본을 부탁했다는 내용, 이병정과 얽힌 상소에 대한 임금의 비답, 지평 이원이 이병정 등을 탄핵한 상소, 이병정을 다시 서용하라는 전교 내용 등을 기록해놓았다.

몇 년이 지난 뒤 황윤석은 이병정이 이조참의에 제수되었다는 소식을 들었다. 또한 현감직을 눈앞에 두고 목천현감과 진보현감 자리에서 모두 탈락했을 무렵에는 이병정이 목천현감의 상관인 충청방백으로 부임하게 되었다는 사실을 알게 되었다. 그런데 당시 목천현감이었던 류한규는 이병정의 외숙이었으므로 류한규는 체직되었고 그 자리에 황윤석이 부임하게 되었다.

목천현감으로 부임한 지 두 달쯤 지난 1779년 10월 15일, 황윤석은 처음으로 충청방백 이병정을 만났다. 이 자리에서 이병정은 황윤석의 명성을 오래 전부터 들어왔다고 말했다. 이어서 지난 기축년(1769)에 황윤석이 칠석제에서 장원을 놓쳤을 때 자신이 시관이었다며 그 일을 안타까워했다. 기축년에 시행된 칠석제에서 황윤석은 장원을 했었는데, 오자가 있어 2등으로 밀린 적이 있었다. 이병정은 10여 년 전에 있었던 일을 거론하며 비록 처음 만나는 사이지만 예전부터 알고 있었다며 친분을 드러냈다. 황윤석은 이병정과 몇 마디 말을 더 나누다가 '현감은 오직 상사의 처분에 따를 뿐'이라고 겸양하며 물러났다.

이 후에도 황윤석은 이병정이 충청방백에서 체직될 것 같다는 내용과 이병정이 부총관이 되었다는 소문 등 그에 대한 소식들을 기록해 두었다. 자신이 관직에서 완전히 떠난 이후에도 그에 대한 소식을 일기에 적어 놓기도 했다. 이처럼 자신을 좋게 평가해주었고 평소 관심을 가지고 있던 상관이었기 때문에 그가 자신의 임지로 유배를 오게 되자 민어 선물을 보내어 그를 위로했던 것이었다.

4. 공적인 추천을 부탁하는 선물

1) 구성사또

구성사또가 황윤석에게 민어를 보낸 때는 1771년 10월 24일로 황윤석이 사포서 별제에서 파직된 지 보름이 좀 넘었을 무렵이었다. 구성사또는 큰 아들을 통해 민어 등을 보내면서 자신을 위해 조병판에게 공론으로 천거해서 12월 도목정 때 영종첨사로 옮길 수 있게 해달라고 부탁하는 내용의 편지를 동봉했다.

이 무렵 병조판서는 구선행(1709~1775)이었으므로 구성사또가 말한 조병판은 황윤석과 친분이 있었던 전前 병조판서 조엄을 가리키는 것으로 보인다. 이에 대해 황윤석은 '나는 조대감과 그냥 아는 사이일 뿐이다. 어찌 청탁을 할 수 있겠는가. 심하구나. 김군의 더러움이여.'라며 완강하게 반대했다.

2) 한광재

황윤석이 한광재에게 민어를 보낸 때는 1774년 7월 19일이었다. 1771년 10월, 사포서 별제에서 파직된 황윤석은 이후 고향에 머물러 있다가 1774년 8월 20일에 있었던 과거를 보기 위해 한양 길에 올라 한광재를 방문했다. 마침 한광재는 순흥부사를 제수 받고 임지로 떠난 상태여서 황윤석은 편지와 민어를 집안식구에게 맡기면서 한광재에게 전달해달라고 부탁했다.

한광재는 정읍현감 시절 황윤석의 집안과 인연을 맺은 인물이었다. 그는 정읍현감 이후 익위사 익찬 · 돈녕판관 · 순흥부사 등 내외직을 역임했는데, 한광재 보다는 동생인 한광회(1715~?)가 더욱 현달한 인물이었다. 한광회는 1738년 식년문과에 장원한 이후 정언 · 지평 · 부수찬 · 교리를 거처 대사성 · 이조참의 · 대사헌 · 이조참판 · 형조판서 · 이조판서 · 한경감사 · 판의금부사 등 주요요직을 두루 거친 인물이었다. 황윤석은 한광재와의 친분을 통해 한광회의 인맥도 활용할 수 있었던 것으로 보인다.

황윤석이 사포서 직장에서 낙직한 지 3년 만에 한광재에게 민어를 전달했다는 사실만으로 이 민어 수수의 의미를 파악하기는 힘들다. 하지만 황윤석과 한광재가 얽힌 다른 일화를 보면 단서를 찾을 수 있을 것 같다. 황윤석이 장릉령으로 일하던 1779년 3월 4일, 예조능색서리가 한양에 있던 황윤석에게 능소로 돌아가라고 청했다. 황윤석은 당장 출발하지 않고 며칠의 말미를 얻어 3월 8일에 출발할 여지를 알아보려고 했는데, 그 이유는 그 사이에 한광재를 만나 수령천거 여부를 자세히 묻기 위해서였다.

이튿날 황윤석은 이조서리였던 장도홍에게 한판서댁에서 수령 천거를 하셨는지 알아보게 했고 장도홍은 황윤석이 수령 천거에 들어가 있다고 회답했다. 황윤석은 수령에 천거되었다는 사실을 확인한 다음, 이튿날인 3월 6일에 한광재에게 수령 추천을 해주셔서 감사하다는 편지와 함께 반찬거리로 소염통을 보냈다.

장도홍이 수령 천거 여부를 알아보았던 한판서댁은 전前 이조판서 한광회를 말하는 것으로 보이고, 황윤석이 한광재에게 소염통을 보낸 것은 한광재가 한광회를 통해 공적인 추천을 해주었다고 생각했기 때문일 것이다. 이를 염두에 둔다면 황윤석이 한광재에게 민어를 보낸 것은 공적인 추천의 기회가 있을 때 자신을 잊지말아달라는 의미를 담고 있던 것으로 짐작된다.

3) 김종수

김종수(1728~1799)에게 민어를 보낸 때는 1779년 1월 12일로, 황윤석이 장릉령으로 일한 지 한 달이 조금 넘었을 무렵이었다. 당시 평안감사를 맡고 있던 김종수가 경향의 지인과 황윤석의 안부를 묻는 편지를 보냈다. 황윤석은 이 편지에 답장을 쓰면서 민어와 여러 물품들을 함께 부쳤다.

김종수는 황윤석이 사복시 주부로 복직할 때 이조판서였다. 황윤석에게는 직속상관이었다. 김종수의 증조는 우의정 김구(1649~1704)이고 조부는 참판 김희로(1673~1753)이며 아버지는 시직을 지낸 김치만(1697~1753)이었다. 김종수는 명문가 출신의 고급관료였던 것이다.

김종수의 경우 비록 황윤석이 먼저 편지를 보낸 것은 아니지만 답장과 함께 황윤석이 민어를 동봉한 시점이 주목된다. 황윤석이 김종수에게 민어를 보낸 1779년 봄은 한광재의 경우에서 살펴본 것과 같이 황윤석이 한창 현감직을 얻기 위해 여러 방향으로 공적인 추천을 유도하던 때였다.

황윤석이 김종수에게 보낸 편지의 내용을 모르기 때문에 그의 정확한 의도를 알 수는 없다. 다만 황윤석은 1786년 6월에도 자신이 전의현감이 되기 위해 김종수가 도움이 될 것이란 말을 기록해 두었다. 이로 보아 황윤석은 민어로 성의를 보이면서 자신의 존재를 전前 이조판서였던 김종수에게 알려서 공적인 추천을 유도했던 것이 아니었을까?

지금까지 황윤석이 사회생활 속에서 민어를 주고받은 상황을 네 가지 유형으로 분류해보았다. 이 중 향촌에서 폐백의 예물로 활용된 경우나 고마움에 대한 사례로 주고받은 경우는 그 수수의 의미가 비교적 분명하다고 할 수 있다. 그런데 황윤석이 노론의 산림 거두인 김원행을 스승으로 모시면서 민어를 선물한 의미와 문벌가문과 교유 속에서 민어를 주고받은 의미는 조금 더 깊이 생각해볼 필요가 있다.

당시의 사회적 상황이나 황전이 김문행에게 보낸 편지의 내용으로 볼 때, 황윤석이 호남의 지역적 한계를 극복하고 주류학맥에 편입하기 위해 선택한 인물이 바로 김원행이라 할 수 있다. 때문에 김원행과 사제관계를 유지하며 그에게 두 차례에 걸쳐 민어를 선물한 것은 그 연장선상의 의미를 담고 있다고 볼 수 있다.

문벌가문과의 교유에서 주고받은 민어 또한 황윤석이 김원행을 스승으로 모신 이유와 유사하다고 볼 수 있다. 김용겸과 조진택의 경우, 각각 안동김씨와 풍양조씨 출신의 유명한 선비였다. 한광재는 동생 한광회와 함께 주요 요직을 두루 거친 고위관료였다. 황윤석이 공을 들인 문벌가문과의 교유는 김용겸이 1769년에 인사담당관에게 말을 넣어 황윤석을 종부시 직장에 추천하고, 조정이 1764년 6월 도목정 때, 황윤석의 아버지 황전을 장릉참봉 추천하면서 실질적인 성과를 보이기도 했다.

이병정은 황윤석의 상관으로 있을 때 황윤석을 높이 평가해 준 사람이었다. 따라서 자신이 다스리는 지역으로 유배 온 이병정에게 성의를 보이는 것은 자연스러운 일이라고 할 수 있다. 게다가 황윤석이 이병정에게 민어를 보낸 한 달 뒤 이병정은 방면되었고 이 후 이병정은 대사헌 · 이조참판 · 홍문관 부제학 · 사간원 대사간 · 한성판윤 · 예조판서 · 함경감사 등을 역임하게 되었다. 황윤석이 유배 온 이병정에게 민어를 보내며 원만한 관계를 유지한 것은 긴 관직생활을 볼 때 현명한 판단이었다고 생각된다.

유일하게 황윤석에게 민어를 선물한 문벌가문 출신 정경순은 어떤 의도로 황윤석에게 민어를 준 것일까? 표면적으로 보면 정경순이 황윤석에게 보낸 첫 번째 민어선물의 의미는 황윤석의 승진을 축하하는 것이었다. 두 번째 민어선물의 의미는 현감진급에 노심초사하고 있는 그에게 좋은 결과가 있을 것이라 격려해주는 의미를 담고 있다고 볼 수 있다. 혹시 그 외에 다른 뜻이 있었던 것은 아닐까?

황윤석은 노론 산림의 종주라 할 수 있는 김원행을 스승으로 모셨다. 또한 노론의 명망가이자 자신의 후원자를 자처한 김용겸과 조정 형제가 황윤석을 위해 공적인 추천을 해주기도 했다. 하지만 30대 중반이 되도록 황윤석에게는 성과가 없었다. 일차적으로는 과거에 합격하지 못한 자신이 문제였다. 그러나 공적인 추천을 통해 벼슬이 가능하던 시기에 노론의 주류와 가깝게 지내고 있음에도 뚜렷한 성과가 없다는 것은 황윤석에게 아쉬운 점이었을 것이다.

이런 시기에 소론의 명망가인 정경순이 자신에게 호의를 보이며 접근해왔다. 황윤석으로서는 이 기회를 놓칠 이유가 없었을 것이다. 애초 관직생활에 도움이 되는 공적인 추천을 위해 황윤석은 당색을 가리지 않고 유대를 쌓고자 했다. 그러나 스승 김원행이 서명응·정홍순 집안과 적대적인 관계에 있었으므로 부득이하게 소론의 인물들과는 마음껏 교유할 수 없었다.

결과적으로 정경순은 황윤석이 소론의 인물들에게 알려지는 창구가 되었던 것으로 보인다. 실제로 황윤석의 관직임면은 소론에서 추천하고 노론 강경파가 반대하는 양상을 보였다. 정경순이 황윤석과 친밀한 관계를 유지한 이유가 그의 정치적 목적 때문이었다고 생각되지는 않는다. 하지만 소론인 정경순과 노론인 황윤석의 긴밀한 관계는 소론과 노론이 대립하고 있던 상황에서 얼마든지 정치적으로 활용될 여지가 있었으리라 짐작된다.

황윤석이 맺은 이런 인맥은 관직생활에서 핵심적인 역할을 했다. 그래서 황윤석은 이들과의 관계를 항상 소중하게 유지했다. 그 결과 첫 관직에서부터 승진에 이르기까지 이들을 통한 공적인 추천의 도움을 받은 것이 한 두 번이 아니었다.

황윤석이 중요하게 생각했던 인맥을 통한 공적인 추천은 오늘날의 관점으로 보았을 때 인사청탁이라고 할 수도 있다. 하지만 『이재난고』에 나타난 조선시대의 청탁은 인사권자에게 직접적으로 부탁하는 경우가 아니라 제3자를 통할 경우에는 문제가 되는 것이 아니었다. 선행연구에서 밝혀진 것처럼 청탁문서 양식이 따로 존재할 정도로 일반적인 행위였으므로 황윤석의 공적 추천에 대한 노력을 비판적으로 볼 필요는 없겠다.

제4장

현감: 봉양과 입신을 위하여

현대사회를 살아가는 우리들은 직장 때문에 여러 도시를 옮겨 다니거나 가족과 떨어져 홀로 지내는 일이 적지 않다. 이 때문에 일 속에 묻혀 지내며 스스로의 정체성을 찾지 못하거나 파편화된 자신의 상황을 돌아보며 소외감을 느끼는 경우도 많다. 그런데 이러한 현실은 녹봉을 받으며 관직에 복무하던 조선시대 선비의 경우도 다를 것이 없었던 것 같다.

젊은 시절의 황윤석은 학문에 전념하는 삶을 살 것인지 아니면 과거시험에 집중해서 관직생활을 도모할 것인지를 고민했다. 관직에 나아간 뒤에는 진급을 기다리며 관직에 계속 머물 것인지 아니면 귀향해서 가족을 돌볼 것인지의 문제를 항상 고민했다. 그는 이런 여러 심정을 담아 평생 동안 1630여제餘題가 넘는 한시를 지었다. 이 중에는 그가 과거시험과 학문 · 관직 생활을 위해 집을 떠났던 22차례의 서행[1]길에서 지은 작품들이 많다. 아래는 서행시기별로 그가 지은 한시

1 여기서 서행은 수도를 향해 가는 것을 뜻하는 말이다. 황윤석은 22차례에 걸친 자신의 한양기행을 꼼꼼하게 기록으로 남긴 뒤, 이를 '西行日曆' · '西遊紀行' · '赴直紀

의 제목 수를 정리한 것이다.

〈서행차수별 제목 수와 해당 서행의 목적 및 상황〉

서행 차수	나이	제목 수	목적 및 상황
1차	24세	37	춘당대정시 응시
2차	28세	22	춘당대정시 응시
3차	29세	17	진사복시 응시
4차 5차	31세	65	춘당대시 응시(합격 3월 2일), 김원행에게 집지(3월 16일), 정시응시
6차	36세	47	알성시 응시
7차	37세	16	경과 응시
8차 9차	38세	87	정과 응시, 장릉참봉 제수(6월 18일)
10차 11차	39세	88	장릉참봉 근무, 춘당대시(알성시) 응시
12차	40세	57	장릉참봉직 및 의영고봉사 직무수행
13차	41세	48	사포서직장 및 종부시직장 직무수행
14차	42세	74	종부시직장 직무수행
15차	43세	21	사포서별제 제수(6월 22일), 10월 7일에 과한過限으로 낙직落職. 12월 부친상
16차	46세	13	김원행묘소참배, 정시 응시
17차	48세	8	익위사익찬 제수, 파직, 아내 사망(9월10일)
18차	49세	5	영조 장례식 참례

行'·'紀行程曆'·'赴直日曆'·'赴臨日曆' 등의 제목을 붙여 구분했는데, 필자는 과거시험과 학업·관직생활을 위해 집을 떠났던 그의 이러한 여행길을 서행으로 통칭했다.

19차 20차	50세	132	사복시주부 제수(2월), 동부도사 제수(3월9일), 장릉령 제수(12월7일)
20차 21차	51세	119	장릉령 사직(8월 17일), 목천현감 제수(8월 29일)
22차	58세	56	전생서주부 제수(4월 8일), 전의현감 제수(6월 29일)

황윤석의 서행은 주로 과거시험이나 관직복무를 위한 것이었다. 때로는 스승이었던 김원행(1702~1772) 밑에서 학업을 닦기 위해서 서행의 기간을 연장하기도 했다. 서행 시기별로 창작한 한시의 제목 수를 보면, 진사시에 합격했을 때인 31세와 처음 관직에 등용된 38세 전후, 그리고 현감에 임용된 51세 전후에 많은 작품이 창작된 것을 볼 수 있다.

이 중 처음 현감이 되었던 51세를 전후해서 가장 많은 시가 창작되었다. 현감이 되기 직전 해인 50세 무렵에는 현감직을 갈망하는 내용의 시를 다수 지었고 현감에 제수된 뒤에는 그에 대한 기쁨을 시로 표현 했다. 그 만큼 황윤석은 현감이라는 직책에 대해 많은 관심을 갖고 있었던 것으로 보인다. 왜 황윤석은 중앙의 요직도 아닌 지방 현감자리를 그렇게 원했던 것일까?

치국治國과 봉양을 위한 최선의 선택

'수신제가치국평천하'로 대표되는 유학의 가르침은 백성을 위해 세상을 경영하는 포부를 가지도록 권유한다. 따라서 경전을 읽고 공자와 맹자의 가르침을 본받고자 하는 선비들은 '수신제가' 이후에 '치국평천하'의 뜻을 펼치고자 했다.

황윤석도 예외는 아니었다. 그런데 황윤석의 삶을 살펴보면 그는 중앙의 요직이 아닌 현감직을 얻기 위해 많은 신경을 쓰고 있었다. 현감은 조선시대 지방 수령 중 가장 낮은 직급이었다. 황윤석은 왜 지방의 현감직에서 경세의 뜻을 펼치고자 했을까? 이에 대한 단서를 아래의 대화에서 찾아볼 수 있다.

> 내가 "겨우겨우 북쪽으로 배우러 다니면서 식량이 없는 것이 걱정이었는데, 이렇게 아껴주심을 받게 되었네요. 만일 한양 가까운 곳에서 교유할 수 있는 곳을 얻었다면 다행이었겠지만, 지금은 이미 이렇게 되어버렸으니 함께 어울릴 수가 없네요. 이윽고 한양 지역과 딱 끊고 멀어져서 그 깊은 산골짜기에 들어가느니보다 차라리 (근무지를) 경기전과 바꾸어 부모님의 처소에 가까운 것이 더 낫지 않겠습니까? 가령 오두미五斗米[2] 속에서 부모님께 올릴 공양 밑천을 얻는다면 좋겠습니다. 어떠신지요?"라고 했다.[3]

38세 되던 1766년 6월18일에 장릉 참봉이라는 첫 벼슬을 받은 황윤석은 7월11일에 자신과 아버지 황전의 천거를 위해 도움을 주었던 정경순(1721~1795)을 찾아가 그간의 사정에 대해 대화를 나누었다.

---

2 '다섯 말의 쌀'이라는 뜻이다. 여기서는 얼마 안 되는 급여를 비유했다.

3 황윤석, 『이재난고』 1책, 한국정신문화연구원, 1994, 573~574쪽. 余曰: "區區北學之志, 當患於無粮, 旣蒙相愛. 若使得近畿, 可以從遊之處, 則幸矣. 今已如此, 故不得從遊矣. 旣已絶遠畿內, 與其深入峽中, 無寧與慶基殿相換, 得近親居? 使於五斗米中, 或得親供之資, 則好矣. 奈何?"

'북쪽으로 배우러 다니면서'라는 것은 자신의 고향인 전북 고창에서 석실서원이 있는 경기와 성균관이 있는 한양을 오가며 공부한 것을 말한다. 자신의 근무지가 한양에서 가까운 경기 지역이라면 한양을 오가며 교유할 수 있을 텐데, 먼 산골짜기 강원도 영월의 장릉에 배치 받게 되었으니 한양으로 교유하러 갈 수가 없다고 안타까워하고 있다.

그래서 이왕 이렇게 한양과 거리가 먼 곳에 있을 바에는 차라리 전북 전주에 있는 경기전으로 근무지를 바꿔서 부모님이라도 가까이에서 모실 수 있을지 문의하고 있는 것이다. 집안의 가장으로서 부모님을 염려하는 황윤석의 마음 씀씀이를 엿볼 수 있다. 이어지는 대화를 살펴보자.

> 내가 "처음에는 다만 그대로 그만두려 했으나 이미 부모의 명이 계셨기에 어쩔 수 없이 한 번 숙배한 후에 지인들과 의논해서 거취를 정할 계획이었습니다."라고 했다. 장성이 "부모님을 모시고 계시면서 왜 그만두려고 하십니까? 거취는 물을 마시는 것과 같아서 차고 더운 것을 저절로 알 수 있습니다. 하지만 가난에서 벗어나기 위해서, 부모님 봉양을 위해서 벼슬하는 것은 옛사람도 실행하신 분이 계셨습니다. 지금 만약 억지로라도 힘을 내어 관직에 나아간다면, 비록 30개월을 채우지 않더라도 내년 12월 도목정(인사고과)에서 봉사로 옮겨가게 되고, 봉사로 옮겼다면 근무연한인 15개월을 채우고, 또 직장으로 옮겨 역시 15개월을 채우고, 또 혹 잇달아 8~9개월을 보내면, 처음 벼슬길에 들어온 지 60개월이 되기 때문에 한 현을 얻어 부모를 봉양할 수 있습니다. 또 참봉이 비록 개월 수를 채우지 못했더라도 봉사·직장이 되었을 때 반드시 그 채우지 못한 개월 수를 채운다면 그가 차례로 승진하게 되었을 때,

비록 원수 집안이라도 막을 수가 없습니다.[4]

'그대로 그만두려 했다'는 말은 아버지 황전이 학행으로 추천되어 벼슬길에 나아가기를 원했는데, 기대와 달리 자신이 먼저 추천되었으므로 민망해서 장릉 참봉직을 거절하려 했다는 말이다. 장성은 장성부사를 지낸 정경순을 가리킨다. 정경순은 부모님과 떨어져 멀리 장릉에서 관직생활을 하게 된 것도 마음에 걸려하고, 아버지 보다 먼저 추천되어 벼슬하게 된 것을 민망하게 여겨 장릉 참봉직에 나아가지 않으려는 황윤석에게 매우 현실적인 조언을 하고 있다. 정경순의 말을 요약하면 장릉 참봉을 시작으로 60개월이라는 근무연한을 잘 채운다면 현감이 될 수 있고, 현감이 된다면 부모님을 모시면서 관직생활을 할 수 있다는 것이다.

이 대화가 오간 다음 황윤석은 장릉 참봉직을 받아들인다. 황윤석은 장릉 참봉의 임기를 마친 다음, 의영고 봉사 · 종부시 직장 등의 일을 했다. 1771년 6월에는 종6품의 사포서 별제를 제수 받았지만 그해 10월 7일에 해직되었다. 설상가상으로 같은 해 12월에는 부친상, 이듬해 7월에는 스승 김원행의 상을 당하게 되면서 이후 1778년까지 벼슬을 떠나게 된다.

4 황윤석, 『이재난고』 1책, 한국정신문화연구원, 1994, 573～574쪽. 余曰: "當初只欲坐停, 旣有親命, 不得不一番肅拜後, 乃議於知舊間, 以爲去就計矣." 長城曰: "侍下何必辭也? 去就如飮水, 冷暖自知. 然爲貧爲養而仕, 古人有行之者. 今若强勉就職, 則雖未準三十朔, 而明年十二月都政, 當遷奉事, 旣遷奉事, 則十五朔, 又遷直長 則亦十五朔, 亦或迤過八九朔, 大抵初入仕六十朔, 可得一縣養親矣. 且參奉, 雖未準朔, 而及爲奉事直長時, 必準其未準之朔數矣, 當其序遷之時, 雖讐家, 不能沮之矣."

8년간의 휴직생활 끝에 황윤석은 50세 되던 1778년 2월, 사복시 주부에 제수되는 것을 시작으로 다시 벼슬살이를 했다. 이 무렵은 현감직을 할 수 있는 근무연한에 가까운 상태였기 때문에 황윤석은 그 어느 때 보다도 현감직에 대한 열망을 강하게 가지고 있었다.

「반촌의 가을 밤 泮中秋夜」

하늘의 교묘함을 사람이 대신하는 것은 옛날부터 그랬는데 天工人代古來然
형감은 맑은 조정에서 누가 제일 뛰어난가? 衡鑑淸朝孰最賢
다만 선택 받는 날 관리가 되면 但得爲官掄選日
온 친족이 비로소 잇닿은 실패에서 벗어나리. 同胞方始免顚連

남포에 오사모 쓴 지 13년이 지나 藍袍烏帽十三年
남으로 바라보니 팔순의 홀어머니 南望萱闈八耋偏
외로운 나그네 신세 어찌 차마 다 말할까? 孤露向來那忍說
하늘에 오직 바라는 건 한 성城을 맡는 것 뿐. 籛天惟願一城專[5]
정조 2년 무술년(1778년 50세)

첫째 수의 '형감'은 '저울과 거울처럼 공정하게 평가하여 처리하는 안목'을 말하는데, 여기서는 '인사권자의 안목'을 가리킨다. 3·4구에서는 자신이 현감이 된다면 온 친족들이 근심에서 벗어날 것이라고 말한다. 둘째 수에서는 팔순이 된 홀어머니의 연세를 거론하며 '하늘에 오직 바라는 건 한 성城을 맡는 것 뿐'이라고 말한다. '한 성을 맡는 것'은 현감

5 황윤석, 『이재난고』 5책, 한국정신문화연구원, 1999, 196~197쪽.

직을 비유적으로 표현한 것이다. 이 시에서 황윤석은 치국治國의 포부를 실현하고 동시에 늙으신 어머님을 곁에서 모시기 위해 현감직에 제수되기를 간절히 원하고 있다. 이어서 1778년 10월 동부도사로 근무하면서 지은 시를 살펴보자.

「속마음을 털어놓다 述懷」

쉰 살의 어리석은 아이 이번 행차 어째서인가? 癡兒五十此行何
팔순의 어머님을 위해서라네. 只爲高堂八耋嬤
병든 몸, 남으로 잠깐 왔다 다시 억지로 북으로 一病乍南還强北
하늘은 내 마음을 알아주려나? 天公能照寸心麽

좋은 세상에도 한 읍 얻기 어려우니 淸時一邑得猶難
부양을 바라는 소박한 충정에 만 가지 생각 떠오르네.
求養微衷凡萬端
부모님이 낳아서 키워주신 이 몸으로 父母生成吾體是
남보고 어찌 차마 비굴한 표정 지으랴? 向人那忍作奴顏

섣달 초봄의 인사발령 시기에 殘臘初春大政期
모과나무 혹시 굴러들어올 때가 있을까? 木瓜容有轉來時
끝내 지극한 소원 이뤄지지 않는다면 到頭至願如終觖
벼슬 그만두고 귀향할 줄 어머니는 아시리. 投紱南歸母氏知[6]
정조 2년 무술년(1778년 10월 26일 50세)

첫째 수에서 동부도사를 위해 떠나는 이 길은 팔순의 어머니를 위

6 황윤석, 『이재난고』 5책, 한국정신문화연구원, 1999, 308쪽.

해서라고 말하고 있다. 둘째 수에서도 '한 읍 얻기 어려우니' · '부양을 바라는 소박한 충정'이라고 하며 현감직을 얻어 어머님을 부양하고자 하는 소망을 드러내고 있다. 셋째 수에 대해서 황윤석은 "속담에 모과가 굴러오는 것을 행운이 오는 것에 비유했다. 내가 어머님께 인사드린 날, 이미 인사발령에 불행이 있다면 곧 마땅히 편안히 돌아오겠다고 말씀드리자 어머니께서는 고개를 끄덕이셨다"라고 주석하고 있다. 현감을 할 수 있는 기한을 채웠는데도 현감직을 얻지 못하자 더 이상 늙으신 어머니 곁을 떠나있을 수 없어 귀향까지 염두에 두고 있는 것이다.

그해 12월 인사발령에서 황윤석은 장릉령이 되었다. 처음에는 현감이 안 되면 귀향하리라 생각했지만 여전히 미련이 남아 차마 귀향하지 못하고 장릉령으로 근무하게 된다. 6개월이 지나 다시 인사철이 되었지만 이번에도 현감직에 제수되지 못하고 장릉령에 유임되었다. 그래서 황윤석은 8월 17일에 장릉령을 사직했다. 그 며칠 전인 8월 13일에 남긴 시를 살펴보자.

「고향의 종이 나귀를 타고 반촌으로 들어왔다가 길을 틀어 능의 아래에 도착해서 기쁘게도 집에서 온 편지를 얻었다. 장차 추석 능제사 뒤에 한양으로 가서 부모님 뵙는다는 명목으로 휴가를 청해 고향으로 돌아갈 것이다. 감정이 일어나 마음대로 적었으니, 때는 8월 13일이다 鄉奴, 以騾入泮, 轉至陵下, 喜得家書. 將以秋夕陵祭後入京, 請暇托覲而歸. 有感漫書, 時八月十三日也.」

하얗게 센 머리로 어머니 그리워하는 마음	白首思親意
어찌해 아직도 돌아가지 못하나?	如何尙未歸

가을도 내일이면 반이 되는데 秋從明日半
이번 달은 망望 드는 날 더디기도 하네.[7] 月待望辰遲
관직이 낮아서 봉양하기 어려운데 官薄難成養
몸은 외로이 얽매여만 있네. 身孤只覺縻
육백 리 떨어진 집에서 온 편지 家書六百里
귀중하고 소중해서 기쁘고도 슬프네. 珍重喜兼悲

무정함을 모르는 저 기러기는 不分無情鴈
나보다 먼저 일찍 남으로 가네. 先吾早已南
말과 노새 오늘 이경二更에 마주 대했고, 馬騾今對二
종과 주인은 늦은 삼경三更까지 연연해했네. 奴主晩依三
뵙는다는 명목으로 영원히 떠나리니 托覲須長往
명성을 구하는 건 원래 탐내지 않았네. 求名未始貪
무슨 인연으로 내 어머니는 이렇게 관대하시나? 何緣寬我母
못나게 늙어가니 더욱 부끄럽네. 迂拙老仍慚[8]
정조 3년 기해년(1779년 8월 13일 51세)

첫째 수에서는 '관직이 낮아서 봉양하기 어려운데'라며 현감직을 얻지 못해 직접 봉양하지 못하는 아픔을 말하고 있다. 둘째 수의 '뵙는다는 명목으로 영원히 떠나리니'는 시 제목에 나와 있는 것처럼 '추석 능제사 뒤에 한양으로 가서 부모님 뵙는다는 명목으로 휴가를 청해 고향으로 돌아가'서 다시는 벼슬에 관심을 두지 않겠다는 말이다. 이

7 황윤석은 이 구절에 대해 "이 달 14일이 추분이고, 17일이 망望이다.[是月十四日秋分, 十七日望.]"라고 주석하고 있다.

8 황윤석, 『이재난고』 6책, 한국정신문화연구원, 2000, 66쪽.

어서 '명성을 구하는 건 원래 탐내지 않았네.'라며 자신의 구직은 권력이나 명성을 위해서가 아니라 '부양'이 큰 비중을 차지하고 있다는 것을 확인하고 있다.

이 시를 지은 나흘 뒤인 8월 17일, 황윤석은 장릉령을 사직하고 고향으로 내려왔다. 아이러니하게도 사직한 지 보름이 지나지 않은 8월 29일에 황윤석은 그렇게 갈망하던 현감직에 임명된다. 목천현감의 직위를 맡게 된 것이다.

목천과 전의의 현감이 되다: 현감이 된 기쁨과 성찰

38세 때 처음 관직에 임용된 뒤 황윤석은 그 감회를 담아 「월주가」라는 9수의 연작시를 지었고 목천현감에 제수된 뒤에는 「목주잡가」라는 28수의 연시조를 짓기도 했다. 여기서는 목천현감이 된 기쁨을 한시로 표현한 작품을 살펴보도록 하자. 황윤석은 현감이 된 감회를 담아 아래의 제목으로 7언절구 9수의 연작시를 지었는데, 그 중 1·6·9수를 살펴보자.

「8월 29일에 목천현감에 제수되었다는 명을 받았다. 30일 일찍 가묘에 고告하면서 감회를 적었다 八月二十九日, 得木川除命. 三十日, 早告廟志感.」

강서로 선조들이 온 지 이제 9대째	江西先祖九傳今
호남 밖으로 가문의 명성 애초에 가라앉았지.	湖外家聲始陸沈
첨정공 이후에 누가 은덕隱德을 칭찬했나?	隱德誰稱僉正後
한 번 떠올릴 때마다 한 번 옷깃 적시네.	追思一度一霑襟

한 성城이 비록 작지만 우리 가문에선 뛰어난 것이니 一城雖小勝吾家
임금께서 주신 영향 그 즐거움 어떠한가? 君賜餘波奈樂何
친척과 자손들은 에워싼 땅 곁에서 伯季孫曾扶繞地
길게 노래하고 미친 듯 춤추며 실컷 자랑하리. 長謠狂舞十分多

성현聖賢 문하의 천 마디 만 마디 말들 千言萬語聖賢門
다만 사람은 먼저 근본을 세워야 한다고. 只欲人先立本根
효도·우애·충성·청렴은 신하의 일이니 孝友忠淸臣子事
남은 해 어찌 감히 하늘과 땅을 저버릴까. 餘年那敢負乾坤[9]
정조 3년 기해년(1779년 8월 30일 51세)

첫 번째 수에서는 자신의 가문이 그 동안 쇠락했다고 말한다. 가까운 선조 중 명성이 있던 분이 없었기 때문에 후손으로서 느끼는 안타까운 마음을 어쩔 수 없었던 것이다.[10]

두 번째 수에서는 현감이라는 직책이 비록 낮기는 하지만 자신의 가문으로서는 큰 영광이라고 말한다. 그 동안 명성을 위해 관직생활

9 황윤석, 『이재난고』 6책, 한국정신문화연구원, 2000, 84~85쪽.

10 황윤석은 고려의 평해군 참찬공 황숙경을 시조로 하는 평해 황씨로 자신은 13세손이였다. 8세조인 종사공 황수평이 비로소 호남의 고부로 내려왔고, 6세조인 첨정공 황처중이 비로소 흥덕에 자리 잡았다. 그는 같은 가문 출신인 황윤구에게 보내는 편지에서 다음과 같이 자신의 가계를 설명하고 있다. "胤錫卽高麗平海君參贊公諱淑卿十三世孫也. 自十一世祖參議公諱坤, 始徙春川, 而因家漢城, 十世祖鎭海公諱允利, 與伯氏襄陽公允元仲氏參議公允亨, 一時科宦, 仍世蟬聯, 八世祖從仕公諱守平, 始葬湖南之古阜, 六世祖僉正公諱處中, 始寓興德, 而從仕公伯氏之裔, 則今在關東春川, 子孫亦不甚少, 惟我興德一枝, 僅僅數十人, 不絶如縷." 황윤석, 「與豐基靈田宗人黃潤九書」, 『이재난고』 1책, 751쪽. (1767년 윤7월 8일)

을 하는 것이 아니고 단지 부양을 위해서라고 말해왔지만 정작 현감이 되자 가문의 명성에도 도움을 주었다는 사실에 자랑스러워하고 있다.

세 번째 수에서는 유학자로서의 기본을 다해서 하늘을 저버리는 일이 없도록 하겠다고 다짐한다. 갈망하던 현감이 되었기에 그에 걸맞은 훌륭한 신하가 되고자 하는 것이다. 그래서 현감이 된 황윤석은 동헌에 자경문을 써서 붙이며 마음을 다잡았는데, 이후에도 스스로 안일함에 빠질까 염려하는 내용의 시를 짓기도 했다.

「요즘 스스로 반성해보니 안일하게 지내면서 품위를 잃은 일이 많았다. 시를 써서 부끄러움을 기록해 둔다 近日自省燕喪威儀者, 多矣. 有詩志愧.」

홀로 일 때 요즘은 만 가지 생각이 어긋나니	幽獨從來萬念差
공부가 이런 지경인데 한가할 수 있을까?	工夫此地在閑邪
때때로 침실에서 더욱 삼가야하니	時時衽席尤須謹
잃은 것 많은 건 쇠퇴한 나이뿐만 아니네.	不但衰齡所損多[11]

정조 3년 기해년(1779년 51세)

그토록 원했던 목표를 성취했으면 좀 쉬어도 될 법한데, 황윤석은 위와 같이 늘 자신을 반성하고 담금질하며 더 좋은 결과를 만들어내기 위해 노력했다. 이런 경향은 두 번째로 현감직을 맡았던 전의현감 시절에도 마찬가지였다.

목천현감에서 파직된 이듬해에 어머니 상까지 당하면서 7년간을 휴

11 황윤석, 『이재난고』 6책, 한국정신문화연구원, 2000, 159쪽.

직상태로 있던 황윤석은 58세 되던 1786년 4월 8일에 전생서 주부에 임명되었고, 두 달 여 뒤인 6월 29일에는 전의현감으로 발령 받았다.

현감직에 다시 오르게 되자, 황윤석은 목천현감 시절에 다하지 못한 치국의 뜻을 펼치려 했다. 그래서 전의현감을 제수 받아 감사를 만나러 가는 길에 다음과 같은 시를 지었다.

「금영에 연명하러 가다가 낮에 궁원에서 쉬며 느낀 바 있어 行赴錦營延命, 晝憩弓院有感」

여유 있게 수레 타고 칠년 만에 돌아오니	悠悠車錦七年還
오늘의 행차 또 이 곳일 줄 누가 알았나.	誰道今行又此間
혹시나 온 집안이 가묘를 받들 수 있을까?	倘得全家能奉廟
고아가 어찌 다시 어리석음 한탄하나?	孤兒那復恨癡頑
교묘함은 인연 따르고 악惡도 인연 따르니	巧因緣是惡因緣
호좌湖左에 다시 온 걸 어찌 하늘에 원망할까?	湖左重來詎怨天
다만 한 마음으로 백성과 관리가 움직여	但願一心民吏動
죄 없이 두터운 은혜 몸에 이르길.	不辜隆渥到身偏[12]

정조 10년 병오년(1786년 7월 16일 58세)

제목의 '연명'은 '고을 수령이 감사를 처음으로 찾아보는 일'을 가리키는데, 여기서는 황윤석이 충청감영으로 감사를 만나러 가는 것을 말한다. 첫째 수에는 부모님이 모두 세상을 떠나 고아가 된 자신이 가묘 걱정이나 하는 어리석음을 말하고 있다.

12 황윤석, 『이재난고』 7책, 한국정신문화연구원, 2001, 383쪽.

둘째 수에서는 백성과 관리가 한 마음이 되기를 기원하고 있다. 지난 목천현감 시절, 황윤석은 서리의 운용을 제대로 하지 못해 세금을 함부로 다루었다는 죄목으로 파직되었다. 그는 지난날의 실패를 거울 삼아 이번에는 백성과 관리가 조화롭게 움직여 죄 없이 임금의 은총을 받을 수 있기를 염원하고 있다.

현감 파직 이후: 감사와 경계

목천현감에서 파직된 황윤석은 그간의 감회를 담아 「폄귀자술貶歸自述」이란 시를 지었는데, 시의 앞에 긴 서문을 적었다. 먼저 「폄귀자술」의 서문을 살펴보자.

> 나는 기해년(1779) 8월 장릉령으로 봉양을 구했으나 되지 않자, 휴가를 핑계로 관직을 버리고 돌아왔는데, 막 7일이 지나서 목천을 얻게 되었다. 9월에 상경해서 사은숙배했고, 10월 4일 근무지에 부임했더니, 고을은 험준하고 아전은 교활해서 다스리기 어려운 줄 이미 알았다. (중략) 15일에 과연 낮은 인사고과를 받았는데, 그 내용에 '몹시 순수해서 귀히 여길 만하나 조세를 함부로 걷어 용서하기 어렵다.'고 했다. '조세를 함부로 한다.'는 것은 내가 정말 엄하게 금지했던 것인데 도리어 죄명이 되었으니 어째서인가? (중략) 내가 이곳에 오고부터 소실이 먼저 병을 앓더니, 작은 아들, 둘째 딸, 둘째 조카, 첫째 사위, 나그네 한 사람 및 나까지 차례로 병들지 않음이 없었다. 심지어는 맏며느리의 부음까지 들었으며, 타고 다니는 말 세 마리조차 모두 병들었으니, 내 여기서 하루라도 마음 편한 날이 없었다. 다만 어머니께서 그럭저럭 강녕하신 것만 기뻤을 따름이다. 아마도 하늘이 우리 일가를 오래 머물게 하지

> 않으시려고 사고를 많게 해서 먼저 병으로 나를 경계하시고 이어서 낮은 인사고과로 나를 보내시니, 내 어찌 잠시라도 지체하겠나? 하지만 관청이 가난해서 힘이 없으니 마부와 말이 정돈되기를 그저 기다린다. 또 어머니와 사당 신주를 경솔히 옮겨 모실 수 없는 까닭에, 우선 이렇게 동헌에 웅크리고 있는데, 하늘이 비를 이처럼 내리시니, 아아! 또한 액운이다. 다만 고을의 어진 사대부 서너 공公이 함께 와서 아직 떠나지 못한 나를 위로하고 애석해했다. 이에 오히려 본심에 부끄러움이 없을 수 있을까? 근심스레 앉아 의지할 데 없이 마침내 시 2수를 짓는다.[13]

서문에서 황윤석은 목천이 원래부터 다스리기 어려운 곳이었고, 자신이 정말 조심했던 '조세를 함부로 한다.'는 말이 오히려 자신의 죄명이 되었다고 말한다. 이어서 목천에 온 이후로 가족들에게 차례로 병이 찾아왔고 맏며느리는 세상을 떠나기까지 했으며 인사고과에서 낮은 평가를 받아 파직되었으니 지체 없이 가야겠다고 말한다. 비록 자신의 의도와는 전혀 다른 방향으로 현감생활이 진행되고 마무리 되었지만 모든 것은 하늘의 뜻이라며 스스로를 다독이고 있다. 서문에 이은 시를 살펴보자.

---

13 황윤석, 『이재난고』 6책, 한국정신문화연구원, 2000, 272~273쪽. 余於己亥八月, 以長陵令求養不得, 托暇棄官而歸, 甫七日得木川. 九月赴京謝恩, 十月四日上官, 則邑岩吏猾, 已知難爲. (中略) 旣十五日, 果聞貶下, 其題曰: '多質可貴, 濫稅難貰' 夫濫稅二字, 吾固所爲嚴禁, 而反以爲罪何也. (中略) 抑自余來此, 小室先病, 而少子二女二甥侄一壻一客, 及余次第無不病者, 甚至聞冢婦喪訃, 而所騎三馬亦皆病, 余於此, 曾無一日可以展眉, 惟喜慈候之粗康耳. 豈非天意不欲吾一家久住多故, 而先以病警余, 因以貶送余, 余尙安可一刻滯淹, 而官貧無力, 坐待夫馬之齊整, 又以慈闈廟版, 不可以屑屑遷動, 故姑此蹲寄東軒, 而天乃雨如此, 噫亦戹矣. 顧以邑之賢士大夫數三公並來, 致慰惜余去未已. 是猶足以無愧本心否乎? 悄坐無俚, 遂賦二詩."

팔순의 홀어머니에 다섯 살 난 작은 아이　　八十偏親五小兒
고을 수령 아홉 달도 긴 시간이었지.　　專城九朔亦多時
어느덧 혹서에 남으로 돌아가는 길,　　居然酷暑南歸路
도리어 인간에게 효도와 자애 있으니 감사하네.　　還謝人間有孝慈

병들고 유랑한 지 지금까지 얼마인가?　　疾病流亡今古何
위응물과 주자가 남긴 말에 탄식하네.　　韋朱遺語使儂嗟
다니고 다니다 도리어 한가해지니　　行行却入閑閑界
긴 장마에 아득히 흰 물결만 두려울 뿐.　　只怕長霖淼白波[14]
정조 4년 경자년(1780년 52세)

그토록 바라던 현감이 되어 가족과 함께 지내며 관직생활을 할 수 있었지만 그 기간은 9개월 정도였을 뿐이었다. 파직된 이후에는 한여름의 따가운 햇살 아래 팔순의 노모와 다섯 살의 어린 아이를 데리고 고향으로 돌아와야만 했다. 하지만 황윤석은 실의에 빠지거나 분노하지 않고 오히려 효도할 수 있는 어머니와 자애를 베풀 어린 자식이 있다며 감사하고 있다. 관직생활의 목적이 애초에 부모님을 편히 모시려던 것이었으니 홀로 남은 어머니만 편안하시다면 관직생활에서 겪는 굴곡은 큰 일이 아니라는 것이다.

둘째 수에서는 옛 사람들의 말에 탄식하며 장마로 불어난 물길을 걱정하고 있다. 둘째 수에 대해 황윤석은 "이때 곡식창고 옥사를 크게 다스리고도 끝내 조세를 함부로 썼다고 모함을 받아 떠나게 되니, 앞의 시가 우연이 아니었다는 걸 알게 되었다. 그래서 또 이것을 기록해

14 황윤석, 『이재난고』 6책, 한국정신문화연구원, 2000, 273쪽.

서 뒷사람들에게 경계와 공감이 되기를 바란다."고 주석하고 있다.

2구의 '위주유어韋朱遺語'는 '위응물(737~804)과 주희(1130~1200)가 남긴 말'로 이해되는데, 주석에서 말한 '앞의 시'와 관련이 있을 것이다. '위주유어'의 정확한 내용에 대해서는 황윤석이 밝혀놓지 않았기 때문에 알 수가 없다. 하지만 그 내용은 바로 위의 구절인 '疾病流亡今古何'와 관련이 있을 것으로 짐작할 수 있다.

위응물의 시에는 "몸에 질병 많으니 고향마을 그립고, 고을에 유망자流亡者가 많으니 녹봉 받기가 부끄럽네."라는 구절이 있다. 시를 쓴 당시 위응물의 처지가 목천에서 물러나던 황윤석의 처지와 매우 유사해 보인다. 그래서 황윤석은 위응물의 이 구절을 빗대어 '위주유어'·'앞의 시'라는 표현을 쓴 것으로 보인다.

목천에서 물러난 이후 7년간 관직을 떠나 있던 황윤석은 58세 되던 1786년에 전생서주부를 거쳐 다시 한 번 현감직을 맡았다. 전의현감에 임명된 것이다. 두 번째 현감직을 맡게 된 황윤석은 목천에서 이루지 못한 치국의 뜻을 펼치기 위해 더욱 노력했다. 하지만 목천과 마찬가지로 1년도 채우지 못하고 파직되었다. 황윤석은 전의에서 파직된 이유와 감정을 아래와 같이 시와 주석으로 기록하고 있다.

「감회가 있어서 네 수 有感四首」

봄 온 뒤에 돌아갈 생각 병과 함께 그대론데,	春來歸思病相仍
삼환三煥 중에 누가 일환一煥을 오르게 했나?	三煥誰敎一煥騰
어쩔 수 없구나, 미친바람 권토중래하는 곳,	不奈狂風來捲地
저물녘 증산 묏부리만 홀로 층층이네.	斜陽甑峀獨層層

구성에서 묵은 감정 공산에서 다하니, 駒城宿憾已公山
손으로 가리키는 사이에도 위엄을 믿는 것이겠지.
夫信威稜直指開
다시 시중드는 사람에게 뇌물 바랄 계획이 있다면,
更有傔人要貨計
주렴 사이 속삭임에도 얼굴 붉게 되겠지. 隔簾纖語可頳顔[15]

시를 읽은 것만으로는 내용을 이해하기 어렵다. 그래서 황윤석은 이 두 수의 시 아래에 다음과 같은 기록을 남겨 놓았다.

> 지난번에 김귀주는 삼왕손 찬禶[16]을 즉위시키려고 도모했었다. 정이환·송환억·심환지는 함께 문객으로 삼환三煥이라 일컬어졌는데 귀주가 무너지자 이환은 혼자 지키고 떠나지 않았다. 환억은 홍국영에게 옮겨 붙었다가 또한 무너졌다. 환지는 스스로 용인으로 달아났는데 또 서명선에게 볶여 산송장이 되었다. 현령 서직수의 할아버지가 버려진 사람을 공주 판관으로 만들어 주었더니 환지는 일어나 어사가 되었는데 비로소 그 한恨을 펴기 시작했다. 전의에 이르러서 동헌에 들어와 있었을 때, 나는 먼저 수십 일을 기약하며 책방에 물러나 있었고 종 백귀가 혼자 동쪽 계단에 서 있었다. 환지의 군관이라는 자가 은밀히 목소리를 낮춰 사방을 둘러보며 소곤거려 말하기를 "관아의 노비냐? 책방이냐? 너의 나리가 여기 머무느냐?" 라고 하였다. 대개 사람이 없는지 두루 살펴보고 뇌물을 요구하는 뜻을 드러낸 것인데 종이 끝내 응답하지 않았다. 누가 어사의 명성을 말하는가? 도리어 한 종놈 보다 못하지 않은가?

15 황윤석, 『이재난고』 7책, 한국정신문화연구원, 2001, 646쪽.
16 사도 세자의 아들인 은전군 이찬李禶(1759~1778)을 가리킨다.

황윤석은 자신을 파직한 어사 심환지(1730~1802)에 대해서 매우 부정적으로 묘사하고 있다. 심환지를 역적 김귀주(1740~1786)의 문객이라고 지목하면서 그가 어사로서 데려 온 군관이라는 자가 황윤석의 종에게 뇌물을 요구하는 뜻을 보였다는 일을 기록하고 있다. 잘못은 파직된 자신에게 있는 것이 아니라 자신을 파직한 심환지에게 있다는 것이다.

둘째 수의 '구성'은 경기도 용인의 북서부에 있는 지명이다. 황윤석의 주석에 따르면 심환지가 용인에서 서명선에서 당한 적이 있었다고 한다. '공산'은 충남 공주에 있는 산인데, 황윤석이 있던 충남 연기와 가깝다. 황윤석은 소론인 서명선에게 좋지 않은 감정을 갖고 있던 심환지가 서명선의 형인 서명응(1716~1787)과 서명응의 아들 서호수(1736~1799) 등 소론의 인물들과 교류가 있다고 알려진 자신에게 해코지를 한 것은 아닌지 의심하고 있다.

산골 마을에 흉년이 드니 초심에 부끄러운데, 巖邑荒年愧初心
구휼하는 마당에 간사한 무리 도리어 수풀처럼 많구나. 賑場奸細卻如林
어깨를 펴고 입에 먹이지만 마음은 외려 부담되니, 肩挑口哺心還負
천도天道는 다른 날 재앙을 안정시키겠지. 天道他時定禍淫

마을 선비 서로 다투는 걸 어찌 선비가 감당하나? 儒鄉相戰詎堪儒
오직 백성을 평안히 해서 감동이 피부에 젖게 할 뿐. 惟有平民感浹膚
어사에게 하소연 하려다 오히려 쫓겨나니, 欲訴行臺還迸逐
주위 사람들 몇몇 곳에서 그의 어리석음 비웃네. 旁人幾處笑渠愚[17]

정조 11년 정미년(1787년 4월 4일 59세)

첫째 수는 흉년이 들어 백성들을 구휼하기 위해 노력했지만 주변에는 간사한 무리들만 넘쳐나고 자신의 노력과 진심은 인정받지 못했다고 말한다. 하지만 하늘의 도리는 언젠가 이런 재앙과 간사함을 안정시키리라 기대하고 있다. 둘째 수는 마을 선비들 사이에 있었던 분쟁에 대해 말하고 있다. 자세한 사항은 알기 어렵다. 그래서 황윤석은 이 시들 아래에도 아래와 같이 주석했다.

> 내가 들으니 호서의 흉년은 호남에는 미치지 않았으나 호서의 가운데 왼쪽 골짜기는 또 내포의 흉년에 비할 것이 아니라고 한다. 그래서 전의 한 읍만 가지고 말한다면 북쪽으로 목천과 남쪽으로 연기는 모두 저 곳이 이 곳 보다 나은 곳이 없다. 그러나 두 수령들은 사정에 익숙해서 구휼을 펴기를 청하지 않았는데 나는 사정에 밝지 않고 다만 가난한 백성을 구제해야 한다는 것만 알아서 순영에 힘써 청하여 구휼을 펴게 하였으니, 지난겨울 순사에게 답한 편지에서 살펴볼 수 있다. 이때부터 차례로 상세히 들어보니, 읍에서 구휼한 것이 비록 열 가구 정도로 작지만 순사가 반드시 왔고, 어사가 반드시 지나갔지만 이미 감히 대응을 꾸짖지 않았다. 그러나 구휼하는 수요에서 묘당과 순영은 함께 줄이는 것을 위주로 했지만 본관은 힘이 약하니 어찌 백성들의 두터운 희망을 조금으로 막을 수 있었겠나? 또 하물며 미곡의 두승斗升은 단지 일 년이면 소모되는데 그 줄어드는 것은 본관의 박봉으로 옮겨 채울 수 있는 것이 아니지 않은가? (중략) 좌수 김두추는 다른 장점이 있는 것이 아니라 특히 성심껏 나를 도왔기 때문에 나 또한 절로 다행히 죄를 얻는데

17 황윤석, 『이재난고』 7책, 한국정신문화연구원, 2001, 646~647쪽.

이르지 않았다. 그래서 사방 이웃들의 여러 입에서 또한 한 마디 말로 한결같이 칭찬하는 것이 많았는데 소서면의 어리석은 백성의 경우에는 혹 나무를 깎아 송덕하기도 했고, 매번 한 번 구휼을 하면 백성 된 자들 중에 절하며 감사하지 않는 자가 없었다. 그런데 이 한 경계 중에 서로 공격하고 편당을 나누는 이른바 유림과 저 향족들이란 자들이 겨우 관문을 나와서는 곧 힘써 김두추를 비방하여 알력을 다투는 습속이 유행하게 되었다. 심할 때는 관가가 이 사람에게 위임했다고 하고 또 흠을 잡을 수 없게 되자 마침내는 서로 두추를 무고로 얽었는데, 어사는 흐르는 소문에서 지나쳐 스스로 자세히 살피지 못하고 두추로 하여금 60일 동안 몸을 병들게 하고 엄한 형벌로 죽음을 드리우게 했다. 그가 번잡한 일들에 근면했다는 것을 생각하니 실로 슬퍼할 만하다. 그 재앙의 기원을 궁구해 보면, 내가 구휼을 청했기 때문이니 내가 어찌 후회가 없을 수 있겠나? 두추가 이미 형문을 받은 뒤 본관 또한 이어서 낭패를 만났는데 한 무리의 평민들이 문밖에서 소리를 높여 크게 부르짖으며 "관가는 은혜롭고 좌수는 정성스러운데, 어사의 도道는 어찌 살피지 못하나?" 라고 했는데 곧 어사의 일행에게 몰려 쫓겨나게 되어 문으로 들어오지 못했다. 어사가 거리에 나서면 또 말머리 마다 하소연 하는 사람들을 당해낼 수 없었다. 저 평민들은 유림 · 향족과 함께 똑같이 구휼해야할 백성일 뿐인데 어찌 공정한 논의는 평민들에게만 붙어 있고 유림과 향족에게는 없는가? 아! 구휼을 베풀기 청한 것은 모두 나의 죄이니 다시 무슨 말을 보태겠나? 우선 기록해 두어 자손 중에 이런 직임을 맡을 사람에게 경계로 삼고자 할 뿐이다.

흉년이 들자 앞 뒤 돌아보지 않고 구휼을 위해 힘썼는데 이를 위해 실무에서 가장 노력했던 사람이 좌수 김두추였다. 황윤석의 결단과 김두추의 성실함에 백성들은 감사의 뜻을 보였지만 유림과 향족들은 묘당과 순영의 수요는 줄이면서 백성들에게만 구휼을 제공하는 황윤석과 김두추의 행정 처리에 많은 불만을 갖고 있었다. 결국 유림과 향족의 말을 백성들의 뜻이라고 받아들인 어사에 의해 김두추는 엄한 형벌을 받았고 황윤석도 직위를 잃게 되었다. 하지만 여러 가지 번거로움을 무릅쓰고 구휼을 결정한 것은 자기 자신이었고 이로 인해 굶주린 백성들의 허기를 달래줄 수 있었으니 구휼 때문에 일어난 유림과 향족의 분쟁과 자신의 파직은 어쩔 수 없는 일이라고 말하고 있다.

대학원에 진학을 할까? 아니면 취업을 할까? 이 직장에서 계속 일해야 하나? 아니면 이직을 할까? 은퇴는 언제 할까? 이런 문제들은 현재를 살고 있는 우리들이 대부분 경험하는 것이다. 황윤석은 호남의 선비가문에서 태어나 타고난 재능으로 주위의 기대를 받으며 성장했다. 학업에 열중하던 10대말과 20대 초에는 순수학문의 추구와 과거시험 준비 사이에서 고민을 했지만 둘 중 어느 하나도 포기하지 않았다. 그에게 과거시험 운은 따라 주지 않아 31세가 되어서야 진사시험에 합격할 수 있었고 38세가 되어서야 장릉 참봉직에 나아갈 수 있었다.

강원도 영월의 장릉에서 첫 벼슬살이를 하게 된 황윤석은 부모님을 모시지 못하는 것이 걱정되었다. 그래서 처음 장릉 참봉에 낙점을 받았을 때 고향집과 가까운 경기전과 근무지를 바꿀 수 있는지 알아보기도 했었다. 부모님의 기대와 가문의 명예 · 집안의 부양 등 황윤석의 관직생활이 갖는 의미는 여러 가지가 있었지만 그는 부모님의 부양 문제를 항상 염두에 두고 있었다.

이를 알고 있던 정경순은 황윤석이 장릉참봉을 시작한 이후 60개월의 기한을 채우면 현감이 될 자격이 되니 그러면 부모님을 모시면서 벼슬생활을 할 수 있다고 알려주었다. 치국治國의 꿈을 펼치는 것과 부모님 봉양 모두를 놓치고 싶지 않았던 황윤석에게 현감직은 가장 현실적인 선택지였던 것으로 보인다.

황윤석이 고위직을 바라지 않고 지방 현감 정도만을 원했던 것은 그에게 관직욕이 없었기 때문일까? 황윤석도 "어찌 동량될 재질이 부족하리요? 뿌리 품어줄 흙이 없으니 어쩌나?"라는 시를 지을 만큼 나라의 큰 인재가 되려는 소망을 갖고 있었다. 단지 치국의 뜻을 펼치면서도 부모님을 가까이에서 모시고 싶었을 뿐이었다.

그래서 목천현감에서 파직되었을 때에도 아쉬움만 드러내기 보다는 어머님이 여전히 강녕하시다는 사실을 위안으로 삼았고 전의현감에서 파직되었을 때에는 억울함과 분노에 휩싸이기 보다는 사실 관계를 기록해서 후손들에게 경계를 삼도록 하는 현실적인 대응을 했다.

부동산과 주식이 들썩이면 많은 사람들이 일희일비한다. 정치권·재계·연예계 등에서 이슈가 터지면 그 사건에 주의를 빼앗기기도 한다. 이처럼 우리들은 다사다난한 일상에 휩싸여서 소중한 나 자신의 행복과 내 가족의 평안을 놓치고 살아가는 경우가 적지 않다. 사람들은 생계를 위해서 혹은 나의 꿈을 위해서 돈이나 권력 또는 명예를 추구하며 살아간다. 그런 치열한 삶 속에서도 자신을 진정 행복하게 하는 것이 무엇인지를 황윤석의 삶 속에서 반조해볼 수 있었으면 한다.

제5장

공직에 남을까? 집으로 돌아갈까?

황윤석의 일생을 전반적으로 관통하고 있는 문제의식은 무엇이고, 이러한 문제의식은 그의 시에서 어떤 모습으로 형상화되고 있을까? 이 장에서는 황윤석의 일생을 관통하고 있는 문제의식을 먼저 파악하고자 했다.

이를 위해 필자는 『이재난고』와 그 속에 등장하는 시를 읽어가면서 황윤석이라는 인물의 일생을 통시적으로 살펴보고자 노력했다. 이 과정에서 그가 가지고 있던 주요한 문제의식을 세 가지 정도로 정리할 수 있었다.

> 첫째, 학문에만 전념할 것인가? 아니면 과거공부에 집중할 것인가?
>
> 둘째, 학업이나 과거 혹은 벼슬을 위해 자신이 집을 떠나있는 동안 고향에 남겨진 부모님과 아내와 자식은 어떡할 것인가?
>
> 셋째, 진급을 장담할 수 없는 상황에서 고향을 떠나 관직 생활을 지속해야만 하는가?

이 중 첫 번째 문제의식은 그의 청년기를 지배했던 고민이었고 두 번째와 세 번째 문제의식은 과거시험과 학업 · 공직생활을 위해 한양을 오가기 시작한 24세 이후부터 전의현감을 끝으로 관직 생활을 떠났던 59세 무렵까지 그를 고민하게 했던 문제였다.

이 세 가지 문제는 사실상 첫 번째 문제의식 한 가지가 파생된 것에 불과하다. 황윤석은 첫 번째 문제에 대해 결론을 내린 이후, 어쩔 수 없이 두 번째와 세 번째 문제를 안고 살아가야만 했다. 이 중 이 장에서는 세 번째 문제의식에 집중해서 살펴보도록 하자.

세 번째 문제의식에 관해 조사하는 과정에서 그가 학문이나 공직에 대해 가졌던 구체적인 고민의 양상과 그 극복과정을 살펴볼 수 있었다. 또한 그가 수학이나 역학易學, 서양의 천문 · 역법曆法 등에 깊은 관심을 가졌던 이유도 이 같은 문제의식과 밀접한 관계가 있을 것으로 추론할 수 있었다.[1] 그러면 자세한 내용을 본문을 통해 살펴보자.

공적인 생활 자세 유지

황윤석은 아버지의 영향으로 어려서부터 학문에 뜻을 두었는데 타고난 총명함과 부지런함으로 7세 때 이미 『소학』 · 『사기』 · 사서오경 · 제자백가를 읽었고, 잠깐 사이 4~5장을 읽었으며 읽은 것은 잊지 않을 수 있었다고 한다. 이처럼 총명함이 빛을 발했던 젊은 시절의

1 기존의 연구에서는 황윤석이 수학이나 역학, 서양의 천문 · 역법 등에 깊은 관심을 가졌던 이유를 그의 박학적인 성향 때문만으로 보는 견해가 많았다. 하지만, 『이재난고』에 기록된 그의 행적과 시들을 살펴보면 그가 관직에 등용되는 데 도움을 얻기 위해 그런 학문들을 익혔을 것이라고 추론할 수 있는 단서들을 적잖이 찾아볼 수 있다. 자세한 사항은 뒤에서 살펴보도록 하자.

황윤석은 어떤 마음가짐을 하고 있었을까?

「잡시 雜詩」

자시子時에 자고 인시寅時에 일어난 지 십삼년	子眠寅起十三朞
달빛 창문에서 무얼 했나 물어보네.	月屋螢窓問底爲
온갖 일 중 유예遊藝 말고는 구한 것 없고	萬事不求遊藝外
한 마음 오로지 붙여 책을 볼 때에	一心惟着檢書時
일찍이 바란 건, 널리 배워 천지를 연구하는 것	曾要博學窮天地
외려 부끄러운 건, 어두워서 길을 잃은 것.	還愧冥行失路歧
평생 무얼 했나 묵묵히 헤아려보니	嘿算平生何所了
이름만 헛되게 대남아大男兒라 불렸네.	名稱徒當大男兒[2]

영조 24년 무진년(1748년 20세)

1748년 황윤석이 20세에 지은 시다. 전체 내용은 열심히 공부했지만 헛된 명성 외에는 이룬 것이 없다고 말하고 있다. 그런데 여기에서 황윤석이 어떻게 학문에 정진했었는지 그 단면을 살펴볼 수 있다. 황윤석은 십 삼년 간 인시寅時(새벽 3~5시)에 일어나서 자시子時(오후 11시~새벽 1시)까지 공부했다고 한다. 이때가 20살이었으니 대략 7살 때부터 하루에 너 댓 시간만 자면서 학문에 열중했음을 알 수 있다. 이 무렵 황윤석은 밤잠을 줄여가며 공부하고 초록했기 때문에 10대에 눈병이 생기기도 했다. '유예遊藝'만을 추구했다고 했으니 그가 '육예六藝' 곧 예禮·악樂·사射·어御·서書·수數에 치중했음을 알 수 있다. 또한 '널리 배워 천지를 연구했다.'고 했으니 천문학이나 역학·성

2 황윤석, 『이재난고』 1책, 한국정신문화연구원, 1994, 85쪽.

리학 등에 마음을 두었음을 짐작할 수 있다.

실제로 황윤석은 10여세 무렵에 이미 성리학에 관심을 가졌다고 했다. 14세에 임영(1649~1696)의 『창계집』을 읽고 이학理學에 관심을 가지기 시작했으며, 16세에는 '이수理藪'[3]라는 이름으로 이학에 관한 책을 집필하기 시작해서 후에 『이수신편』이란 이름으로 완성하기도 했다. 이처럼 황윤석은 어린 시절부터 학문에 뜻을 두어 남들보다 많은 노력을 기울이며 공부했다. 그의 사상적 바탕은 유학이었으며 특히 성리학과 역학·수리분야에 관심을 두고 있었다.

황윤석은 아버지의 권유로 14세에 『서경』 '기삼백'의 의미를 추론했다고 했다. 이것이 천지운행의 원리에 대해 관심을 가지게 된 최초의 계기가 된 것으로 보인다. 그리고 그는 표연말(1449~1498)과 구숙손(?~?)이 『주역』에 통달해서 성종의 총애를 받게 된 야사를 꼼꼼하게 기록해 놓았다. 이런 사실로 볼 때, 뛰어난 인재가 드물었던 역학이나 수리 등의 분야에서 탁월한 실력을 쌓아서 관직 등용의 기회를 넓히려고 했던 것 같다.

황윤석은 위와 같이 학문에 대해 관심과 재능을 보이고 있었다. 동시에 유학자로서 갖추어야 할 덕목인 지조와 절개 등 공적인 생활 자세에 대해서도 개인적인 견해를 드러냈다. 그에 대한 내용을 보여주는 시를 살펴보자.

3 '이수理藪'는 '이학理學의 총체', '물리物理의 연원淵源'이란 뜻이다.

「편지를 대신해서 19수를 정사도에게 부치다 代簡十九首, 寄丁師道」

무성한 남산의 소나무	蔥蒨南山松
울창한 북쪽 언덕 대나무.	修森北岸竹
귀한 건 만년晩年의 절개 지키는 것이니	所貴保晩節
눈서리 하얀 것을 두려워 말자.	不怕霜雪白[4]

영조 25년 기사년(1749년 21세)

친구인 정사도에게 시를 대신해서 보낸 19수의 절구 시 중 18번째 수이다. 세한의 절개를 상징하는 소나무와 선비의 지조를 상징하는 대나무에 빗대어 늙어서도 절개를 지켜나가자고 말하고 있다. 이처럼 올곧은 선비의 덕목인 지조와 절개의 견지는 황윤석이 젊은 시절부터 만년에 이르기까지 늘 마음에 두고 있던 것으로 보인다. 아래에서 그가 공직자의 지조와 관련해서 구체적으로 진술한 내용을 살펴보자.

> 내가 대감 서명응이 금년에 연경으로부터 돌아와서 계품한 별단別單을 보니, 청나라 왕이 전겸익의 문집을 불태워 훼손했다는 설화를 기록하고 있었다. 그 내용은 전겸익이 청나라 초기에 투항했으니 이미 큰 절개를 잃었는데, 사적으로 전한 문집에서는 청나라를 비방하고 모욕하였으니 이것은 백세를 속이려는 계책에서 나왔을 뿐이라고 낱낱이 거론하고 있었다. (중략)만약 전겸익이 탁월하게 절개를 지키면서 금나라 말기의 원호문과 송나라 말기의 문천상을 고고하게 배웠다면 저들이 비록 삼척의 주둥이를 가지고 쪼아댄다 하더라도 어찌 모욕과 배척을 받았겠는가? 지금 용모를 아름답게 꾸민 음란한 여인 있는데 사내가 혹여

4 황윤석, 『이재난고』 1책, 한국정신문화연구원, 1994, 88쪽.

> 그녀를 유혹한다면 이것은 단지 한 때의 정욕이 그렇게 만든 것이지 그녀를 돈독히 사랑하여 오래도록 잊지 않으려는 것이 아니다. 하늘의 이치는 본래 밝게 드러나서 일이 지난 뒤에 곧 부끄러움을 느끼게 되는 법이다. 신하로서 절개를 잃은 자가 또한 어찌 새 조정의 영명한 군주에게 깊은 사랑을 받겠는가? 백세 이후에도 본보기로 삼을 만하다.[5]

전겸익(1582~1664)은 명나라 말기에 관료로 있으면서 청나라 군대가 강남으로 쳐들어 왔을 때 항복해서 그들 밑에서 벼슬을 했었다. 황윤석은 이런 전겸익의 태도에 깊은 유감을 드러낸다. 그는 만약 전겸익이 청나라 왕조가 들어섰을 때 조정을 떠나 지조를 지키면서 금나라 말기의 원호문(1190~1257)이나 송나라 말기의 문천상(1236~1282)처럼 행동했다면 뭇사람들의 비난을 받지 않았을 것이라 말하고 있다. 그리고 마지막 문장에서 '백세 이후에도 본보기로 삼을 만하다.'며 공직자가 지켜야 할 지조와 절개의 중요성에 대해 다시 한 번 강조하고 있다. 지조와 절개 등 공적인 자세에 대한 황윤석의 관점을 보여주는 시를 한 편 더 살펴보자.

5 박순철 · 노평규 · 김영 옮김, 『국역 이재만록(하)』, 신성출판사, 2013, 28~29쪽. 번역과 표점은 조금 윤색했다. "余觀徐台命膺, 今年自燕來啓別單, 記淸主燒毁錢謙益文集說話. 其言歷擧謙益投順淸初, 大節已虧, 而乃以私傳文集, 詆辱淸家, 此出於矯誣百世之計耳. (中略) 而然使謙益, 表表守節, 孤學金餘之元好問, 宋末之文天祥, 則彼雖喙三尺, 豈容侮斥? 今有淫婦冶容, 人或挑而誘之, 此特一時情慾使然, 未有能愛之篤, 而久不忘者. 蓋天理本自昭著, 事過輒覺羞惡. 人臣失節者, 亦豈爲新朝英主, 所深愛哉? 百世之下, 可以鑑矣."

「창절사 彰節祠」

일찍이 노량진 강가 사당을 참배할 때	曾拜鷺梁江上祠
남쪽 언덕의 의총疑塚 지금도 슬프구나.	南崖疑塚至今悲
천지가 뒤집혀진 상전벽해의 세상	天翻地覆滄桑世
눈서리가 송백松栢의 자태를 짓눌러 기만했지.	雪壓霜欺松栢姿
물 같은 정신, 없는 곳 없기에	如水精神無不在
이 나라의 향불이 다시 마땅해졌네.	此邦香火更相宜
응당 알겠네, 밤마다 배견루 달빛이	應知夜夜鵑樓月
장릉을 오르내리며 길이 비춰줄 줄을.	長照莊陵陟降時[6]

영조 42년 병술년(1766년 38세) 9월 7일

인용한 시는 사육신과 단종을 추모하는 내용을 담고 있다. 특히 3·4구에서 의롭지 못한 행동을 한 세조 일파들과 사육신을 설상雪霜과 송백松柏으로 대비하고, 설상雪霜이 송백松柏을 '누르고 기만했다.'며 강한 어조로 비판하고 있다. 이 구절에서 당시 선비들이 가지고 있었던 인간적 도리·지조와 절개 등에 대한 관점을 황윤석 또한 공감하고 있었다는 것을 볼 수 있다.

젊은 시절에 간헐적으로 보이던 공적인 자세와 관련된 시는 38세에 장릉참봉으로 복무하게 되면서 갑자기 그 수가 늘어난다. 그 이유는 장릉 부근에 사육신을 배향한 창절사와 민충사가 있었기 때문이었다. 또한 자기 자신이 직접 관직에 몸담게 되면서 공적인 자세를 견지해야 할 상황들이 발생했기 때문이었다. 다음의 글을 보자.

6 황윤석, 『이재난고』 1책, 한국정신문화연구원, 1994, 639쪽. 이 시의 주석에 "祠前有拜鵑樓"라고 되어있다.

> 서울의 사대부 중에 한두 번 나를 만나자고 청한 사람이 없지 않았지만 나는 도리어 어리석고 못났다고 생각해서 스스로 선을 긋고 감히 그 문에 한 번도 자취를 남기지 않았다. (중략)홍상국(봉한)의 경우 저쪽에서 만나 보자고 부지런히 청하지 않은 것이 아니지만 나는 끝내 한 번도 대면하려고 하지 않았다. (중략)병술년에 벼슬에 나아간 이래로 서문청(지수) · 정판서(홍순)와 같은 사람들은 진실로 추천의 공력이 있었는데, 내가 혼자서 '공적으로 벼슬을 받고 사적으로 사은하는 것은 옛 사람이 재임할 때 재상을 대했던 도리가 아니다.'라고 생각해서 찾아뵙지 않았다. (중략)세상에 나와서 이와 같이 행동하니 벼슬하는 데 무슨 도움이 되겠나? (중략)애오라지 대략을 기록해서 두 아들에게 보여주니 후세의 자손들이 내가 비록 늦게 벼슬살이를 했지만 오히려 스스로를 귀중히 여기는 것이 이와 같았다는 것을 알아주기 바란다.[7]

자신이 관직생활 중에 했던 처세를 후손에게 보여주기 위해 기록한 글이다. 여기서 그가 신념을 가지고 공정하게 관직생활을 하려했던 노력의 흔적을 엿볼 수 있다. 정조의 외조부였던 홍봉한(1713~1778)이 자신을 불렀지만 정당한 사유를 가지고 만남을 청한 것이 아니라서 만나지 않았고, 자신이 관직을 얻을 수 있도록 추천해 준 영의정 서지수(1714~1768)와 이조판서 정홍순(1720~1784)까지도 공적인 도리에 어긋날까봐 사적으로는 만나지 않았다고 말하고 있다. 여기에 '세상에 나와서 이와 같이 행동하니 벼슬하는 데 무슨 도움이 되겠나?'

7 박순철 · 노평규 · 김영 옮김, 『국역 이재만록(중)』, 신성출판사, 2012, 11~15쪽. 번역과 표점은 조금 윤색했다. "余於京士大夫, 非無一二見邀者, 顧以愚拙自畫, 不敢一跡其門. (中略)如于洪相國(鳳漢), 非不見邀之勤, 而終不肯一面是也. 自丙戌筮仕以來, 如徐文淸(志修) · 鄭判書(弘淳), 固有推薦之力, 而區區獨以爲, '受爵公朝, 謝恩私室, 非古人待時宰之道', 故亦不往. (中略)出世如此, 從仕何益? (中略)聊誌大略, 以示二子, 庶令後世子雲, 知余雖晩生, 猶自貴重云爾."

라고 덧붙여 자신의 이러한 행동이 관직생활에 보탬이 되지 않는다는 것을 알고 있었다고 말한다.

황윤석의 이런 모습은 흔들리기 쉬운 관료사회에서 자신만이라도 원칙을 고수하고자 했던 절제의 의지를 보여준다고 할 수 있다. 성공적인 관직생활을 위해서는 권력자들과 일정정도 친분관계를 유지하는 것이 유리하다는 점을 알고 있었기에 황윤석은 학맥과 인맥 등을 통해 당대 벌열이었던 안동 김씨 · 달성 서씨 · 풍양 조씨 등과 교류를 하고 있었다.

하지만 황윤석은 이들에게 당시 관례에 따라 공적인 추천을 부탁하기는 했어도 인사권자에게 직접적으로 벼슬을 청탁하거나 이권을 얻기 위한 부탁을 하지는 않았다. 이는 그가 공적인 사항에 있어서 최소한의 공정함을 지키려는 의지를 가지고 있었기 때문이라 생각된다.

집착의 제거와 삶에 대한 여유

학문에 대한 열정으로 10대 시절을 보낸 황윤석은 20살 되던 정월에 창원 정씨와 혼인해서 처가인 남원 월곡에서 신혼생활을 시작한다. 황윤석의 시 전체를 살펴보면 혼인을 한 20대 초반에 자신의 일상적인 감정이나 자연의 경치를 노래한 시가 많이 창작되었음을 볼 수 있다. 이는 학문에 대한 의지를 담은 시가 다수였던 앞선 시기와는 사뭇 다른 양상이다.

이러한 변화를 가져오게 된 결정적인 요인은 아무래도 혼인이 아니었을까 생각된다. 학업에만 신경 써도 되던 10대 시절과는 달리 혼인으로 인해 가장이 되고 또한 인간관계도 넓어지면서 사람에 대한 이해의 폭이 다소 넓어졌기 때문으로 보인다. 또한 남원에 있는 처가와 흥덕 본가를 자주 오가면서 자연경관과 사적을 만나게 된 것도 황윤석 시의 내용에 변화를 준 요인이라고 생각된다. 때문에 이 시기부터는 여유를 가지고 인생을 바라보는 시들이 등장한다. 아래의 시를 보자.

「정월 5일 도연명 문집의 유사천운遊斜川韻에 차운하다 正月五日次陶集遊斜川韻」

새해 열리고 5일이 지났건만	開歲條五日
눈 그칠 기미는 아직도 보이질 않고	雪意猶不休
새벽에 일어나 들판을 보니	晨起望郊原
넓고 아득해 멀리 노닐고 싶네.	曠邈懷遠遊
(중략)	
천추千秋의 정중곡郢中曲을	千秋郢中曲
홀로 노래하니 누가 화답하나?	獨唱誰和酬
혹시 달관한 사람 있어	儻有達觀人
내 평소 마음 알아주려나.	知我素心不
시 읊으며 신교神交에 기대어	吟詩託神交
오로지 깊은 근심 흩으려네.	聊以散幽憂
내 분수는 내가 다하는 것이니	己分吾自盡
몸 밖에서 또 무얼 구할까?	身外又何求[8]

영조 27년 신미년(년(1751년 1월 5일 23세)

8 황윤석, 『이재난고』 1책, 한국정신문화연구원, 1994, 94쪽.

23세 되던 1751년 1월 5일에 지은 시다. 새해 첫날부터 내리던 눈은 그칠 기미를 보이지 않는다. 황윤석은 새벽에 눈 내리는 벌판을 바라보며 멀리 노닐고 싶어 한다. 홀로 읊조리며 화답할 사람을 구하지만 이런 때에 황윤석을 위해 화답할 사람이 있을 리 없다. 그래서 세상에 대해 달관한 마음을 가지고 있는 사람을 상정해서 그와 함께 정신적인 교분을 맺고자 한다.

특히 주목할 곳은 마지막 두 구절이다. 이보다 어린 시절의 황윤석은 학문에 대해 진지하게 접근하며 자신의 부족한 점을 냉정하게 반성하는 시를 지었다. 그런데 이 구절에서는 그 양상이 조금 다르다. 학업 성취를 위해 더욱 노력하고 게으르지 말아야겠다는 등의 내용이 아니라 내 앞날은 나의 행동에 의해 결정되는 것이므로 내 몸 밖에서 어떤 다른 것을 바라지 말자고 말한다. 눈앞의 공부와 유도儒道의 이상향에 집착하던 어린 시절의 모습에서 벗어나 삶을 전반적으로 조망할 줄 아는 안목이 생긴 것이다. 이어지는 시를 보자.

「신미년 춘축 辛未春祝」

새 봄 문 위에 도부桃符 붙이고	新春楣額貼桃符
봄의 신神께 물으니, 마음에 드시는지?	爲問青皇會意無
인간 세상 헛된 영화엔 전혀 관심 없으니	人世浮榮渾不管
백년토록 노래자 병아리 희롱하리.	百年長弄老萊雛[9]

영조 27년 신미년(1751년 입춘 23세)

9 황윤석, 『이재난고』 1책, 한국정신문화연구원, 1994, 95쪽.

23세에 맞이한 입춘의 행운을 기원하는 글이다. '도부桃符'는 새해에 악귀를 물리치려고 붙이던 부적을 가리킨다. 1 · 2구에서는 입춘을 맞아 문의 윗부분에 부적을 써서 붙이고는 봄의 신神에게 마음에 드는지 묻고 있다. 이 시에서 가장 핵심이 되는 내용은 3 · 4구다.

입춘의 행운을 기원하는 글은 일반적으로 한 해에 대한 소망과 기원을 담는다. 황윤석은 23살 한 해에 대한 기원으로 인간 세상의 뜬구름 같은 부귀영화에는 관여하지 않고, 살아 있는 동안 효도에 힘쓰겠다고 말한다. 10대 때 보여주었던 학문에 대한 열정과 비교해 볼 때 삶을 대하는 태도가 많이 원숙해진 모습이다.

처음 학업에 열중하고 과거준비를 하던 무렵의 황윤석은 자신의 재능과 노력에 대한 자부심이 충만해 있었다. 하지만 지금 이 축원시에서는 과거에 꼭 급제하겠다는 생각에서 한 걸음 물러나 있는 모습을 보인다. 황윤석은 이미 20세 때 "과거 제도가 이미 무너져, 돈이 있으면 높은 벼슬한다네.[科制已墜頹, 有錢靑雲貴.]"라고 읊은 적이 있었다. 이로써 볼 때, 과거급제가 실력만으로 되지는 않는다고 생각했던 것 같다. 과거시험과 공직의 현실에 대해 다음과 같은 견해를 드러내기도 했기 때문이다.

> 사대부가 처음 벼슬해서 소속되는 관청으로는 승문원을 첫째로 여기고 성균관을 다음으로 여겼다. 대개 조선 초에 인물을 등용하는 것은 오히려 문벌에 구애받지 않아서 나이가 어리고 재주가 뛰어난 자는 승문원에 보직을 받을 수 있었고 나이가 많고 지식이 깊은 자는 성균관에 보직을 받을 수 있었는데 그들이 옥당으로 함께 돌아오는 것은 동일했다. 명종과 선조 때에는 더욱 경학을 숭상해서 소소한 집안의 자제들이

벼슬에 나가 청현에 오르는 데 무슨 제한이 있었겠나? 유독 계해반정 이후로 여러 훈신들이 자기 자손들만을 위한 터전으로 삼아서 일체 청현의 관직은 도성문 밖에서 배출되는 경우가 드물었고, 경외 각 아문 관원들도 도성 안 둘레 30리 내에 있는 수십 대가를 벗어나 배출되지 않았다. '어진 이를 등용하는 데에는 출신의 제약이 없다.'는 말이 참으로 이런 것일까?[10]

황윤석은 인용문에서 조선 건국 초에는 과거에 급제하고 청현직에 오르는 것이 개인의 능력으로 가능했는데, 1623년에 있었던 인조반정 이후로는 반정의 훈신들이 중요한 관직 자리를 자기 자손들만을 위한 것으로 전용하면서 '어진 이를 등용하는 데에는 출신의 제약이 없다.'는 공정한 인사 정책이 사라져버렸다고 말한다. 이처럼 당시 관료조직의 문제를 인식하고 있었기 때문에 황윤석은 과거에 급제해서 고위직에 오르고 부모님께 그 영광을 돌리고자 했던 자신의 의지가 쉽게 성취될 수 없다는 사실을 짐작하고 있었던 것으로 보인다.

그렇다면 자신이 할 수 있는 일은 그저 부모님을 편히 모실 수 있도록 노력하는 것뿐이었다. 때문에 기약할 수 없는 입신양명에 연연하기보다 지금 당장 부모님께 효도하는 것을 한 해의 기원으로 삼은 것이다. 불투명한 앞날 때문에 괴로워하는 것 보다는 현실을 있는 그대로 받아들이면서 가족과 자신이 직면한 하루하루에 최선을 다하는 것

10 박순철 · 노평규 · 김영 옮김, 『국역 이재만록(중)』, 신성출판사, 2012, 38쪽. 번역과 표점은 조금 윤색했다. "士大夫所初隷者, 承文院爲先, 而成均館次之. 盖國初用人, 猶不拘門地, 苟其人年少才秀者, 得補承文, 年老識邃者, 得補成均, 而其同歸於玉堂, 則一爾. 明宣之際, 尤尙經學, 小家子發身淸顯, 何限? 獨自癸亥反正以後, 諸勳臣, 只爲子孫地, 一切淸顯之官, 鮮出都城門外, 而京外各衙門官員, 不越乎都城以內周三十里, 數十大家耳. 立賢無方, 誠若是耶?"

이 올바른 삶의 자세라고 생각했던 것이다.

끝없는 노력과 초심의 회복

38세에 장릉참봉에 임명되면서 관직생활의 첫 발을 딛게 된 황윤석은 43세가 되어서야 6품직에 올라 사포서 별제가 되었다. 황윤석은 더딘 관직생활 속에서 승진에 대해 목말라하기도 했지만, 동시에 그런 욕망을 일상의 생활 속에서 극복하는 모습을 보여주기도 했다. 아래의 절구 세 수에 이런 황윤석의 모습이 잘 드러나 있다. 이 시에 대한 짧은 서문부터 먼저 살펴보자.

> 새벽이 되기 전에 꿈속에서 아버님을 뵈었는데 아버님께서 가르침을 주시길 "네가 장릉 참봉이 된 이래로 과연 경敬을 가지고 몸가짐을 했느냐? 이른바 경敬이라는 것이 무슨 뜻이냐?"라고 하셨다. 내가 대답하기를 "마음에 잡념이 없는 것을 말하는 듯합니다."라고 했는데, 말을 채 마치기도 전에 꿈에서 깼다. 두려워하며 깨어 있다가 새벽이 되어 삼가 시로써 기록한다.[11]

이 때 황윤석은 50세였다. 이 무렵 그는 현감진급이 뜻처럼 되지 않아 전전긍긍하고 있었다. 관직생활을 한 지 어느덧 십수 년이 지났지만 명문가의 자식들은 쳐다보지도 않는다는 지방 현감 자리 하나를

11 황윤석, 『이재난고』 5책, 한국정신문화연구원, 1999, 330쪽. "曉前夢拜先子, 先子敎曰: "爾自作陵官, 果能持己以敬乎? 所謂敬者何義也?" 不肖對曰: "似是心無雜念之謂也." 言未畢而覺. 兢耿達曉, 謹志以詩."

얻지 못해 안타까워하고 있는 상황이었다. 적지 않은 나이에도 불구하고 진급하지 못해 스스로 많은 자괴감을 느끼고 있었고 그 때문에 수시로 모든 것을 집어치우고 귀향하겠다는 뜻을 피력하던 시기였다. 그러면 시 내용을 보자.

「꿈을 기록하다 記夢」

지금까지 경敬 하나를 몸에 지녀	從來一敬可持身
마음으로 그것을 주재主宰하던 나날이었는데	方寸須渠主宰辰
그윽이 유독 지금 잡념이 꿈틀거려	幽獨秖今浮念動
거울 속 먼지 됨을 견딜 수 없네.	不堪因作鏡中塵[12]

정조 2년 무술년(1778년 50세)

1·2구에서는 지금까지 항상 경敬을 지니면서 살아왔다고 말한다. 마음이 사람의 말과 행동을 지배하는 법인데, 자신은 지금까지 경敬 하나를 몸에 지니고 있으면서 그것으로써 매일매일 내 몸을 단속해왔다는 것이다. 3구에서는 매일매일 경敬으로써 자신의 몸가짐을 바로잡았지만 유독 지금 잡념들이 꿈틀거린다고 말한다. 이즈음의 일기를 살펴보면, 이 잡념들은 오래 전부터 소망해왔던 현감진급을 눈앞에 두고도 성취하지 못하는 안타까운 현실 때문에 생긴 것으로 보인다.

이어 4구에서는 꿈틀거리는 이 잡념들이 맑은 마음 속 거울에 티끌로 얼룩질까 염려하고 있다. '거울'은 사념이 없는 깨끗한 마음을 비유하는 '명경지수明鏡止水'의 의미다. 그동안 깨끗하게 잘 유지해왔던 마음의 거울에 진급에 대한 조바심으로 집착과 잡념이라는 티끌이 묻

12 황윤석, 『이재난고』 5책, 한국정신문화연구원, 1999, 330쪽.

을까 걱정하는 것이다. 이어지는 둘째 수를 보자.

의관입고 바라보면 사람 속이기 쉽지만 衣冠瞻視易欺人
스스로 반성하기는 암실 속 어버이 같음이 없네. 自省無如闇室親
어찌하면 이 마음 비우고 다시 곧게 세워 安得此心虛更直
백발에라도 끝내 하늘 저버림을 면할 수 있을까? 白頭終免負洪匀[13]

1 · 2구에서는 평소 관복을 입고 사람들을 대할 때면 선비의 자세를 올바로 갖춘 척하기 쉬웠는데, 어두운 방 꿈속에서 돌아가신 아버님을 뵙게 되니 저절로 성찰하는 마음이 생겼다고 말한다. 3 · 4구에서는 진급에 대한 소망과 조바심으로 얼룩진 마음을 다시 비우고 바로 세워 늙어 백발이 될 때까지 자연의 이치에 어긋나지 않기를 바라고 있다. 마지막 셋째 수를 보자.

또한 알겠네, 아버님 가르침은 예전에 말하셨던 것 亦知先訓舊曾申
밤에 자며 끙끙대다 그대로 새벽 됐네. 宵寐淵冰立到晨
맑은 기운에 시 짓는 건 원래 성격 아니지만 淸氣賦時非收質
백배 천배 공부해서 어짊을 구하려네. 工夫千百庶求仁[14]

이 무렵 황윤석은 바로 눈앞까지 다가온 현감에 대한 갈망과 모든 걸 포기하고 고향으로 돌아가려는 마음 사이에서 많은 갈등을 겪고 있었다. 그런데 때마침 꿈속에 찾아온 아버지는 그런 황윤석에게 유

13 황윤석, 『이재난고』 5책, 한국정신문화연구원, 1999, 330쪽.
14 황윤석, 『이재난고』 5책, 한국정신문화연구원, 1999, 330쪽.

도儒道의 기본 가르침인 경敬에 대해서 질문했다. 황윤석은 이 일을 계기로 세 수의 절구를 지으며 다시 자신의 마음을 돌아보았다. 특히 마지막 수에서는 흔들렸던 마음을 추스르며 인仁으로 돌아가겠다는 의지를 보여준다.

자신의 신념이 흔들리거나 자신의 소망이 현실의 벽 앞에 좌절되는 일은 삶의 과정에서 늘 일어나곤 한다. 이런 상황에 어떻게 대처하는지의 여부가 개인의 인생을 결정한다고 볼 수 있다. 황윤석은 이 같은 갈등의 상황에서 꿈이라는 일상적인 현상을 매개로 자신을 돌아보며 초심을 다지고 있다. 다음 시를 보자.

「짹짹 울음소리 嚶鳴」

짹짹 우는 산새 또 무얼 하나?	嚶鳴山鳥亦何爲
날아가고 날아오며 귀를 시끄럽게 할 때.	飛去飛來聒耳時
사물마다 천기天機는 원래 자연스러우니	物物天機元自爾
잊고 앉아 시 읊는 것만 같지 못하네.	不如相忘坐吟詩[15]

정조 3년 기해년(1779년 51세)

이 시를 지을 무렵, 황윤석은 여전히 현감이 되지 못하고 장릉령으로 일하고 있었다. 그래서 하루 빨리 현감이 되기를 소망하는 시들을 짓기도 했다. 하지만 위의 시에서는 그런 내용이 보이지 않는다. 그저 눈앞에 지저귀는 새들을 바라보며 사색하고 있다. 그러면서 새들이 천기天機에 따른 것처럼 인생의 굴곡도 자연스런 천기의 운행일 뿐이라고 인식하고 있다.

15 황윤석, 『이재난고』 5책, 한국정신문화연구원, 1999, 513쪽.

마지막 구절에서는 번잡스러운 생각들은 내버려 두고 조용히 앉아 시를 읊고자 한다. 지금 자신이 할 수 있는 일을 하는 것이 불필요한 걱정을 하느라 시간을 허비하는 것보다 현명한 자세라는 것이다. 현감진급과 귀향, 그 어느 쪽에도 안달하지 않고 일상 속에서 마음의 평안을 찾으려 노력하는 황윤석의 모습을 엿볼 수 있다. 이와 유사한 마음가짐을 다음의 글에서도 찾아볼 수 있다.

> 나라엔 치란흥망이 있고 사람에겐 생로병사가 있고 심지어 초목·곤충·금수에 있어서도 혹 일 년 만에 변하는 것이 있고 혹 하루 만에 변하는 것이 있어 모양을 바꾸며 변천하는 것을 이루 다 기록할 수 없다. 아아, 득상得喪·영욕榮辱·비태否泰·박복剝復은 한 틀에 묶여있을 뿐이니 무엇을 슬퍼하고 무엇을 기뻐할까? 다만 아직 심하게 변하지 않았을 때에 자기 분수에 따라서 힘을 다해서 천지와 더불어 삼재三才가 되는데 부끄럽지 않게 한다면 도道에 가까울 것이다.[16]

득상得喪·영욕榮辱·비태否泰·박복剝復이 한 틀에 묶여 있다는 것은 나라의 치란흥망治亂興亡과 사람의 생로병사처럼 이 모든 일들이 원래부터 하나로 연결되어 있다는 말이다. 때가 되면 태어나고 때가 되면 자라며 때가 되면 병들고 때가 되면 세상을 떠나는 것이 정해진 이치라는 것이다. 이런 과정에서는 일희일비 할 필요 없이 자신의 분수에 따라 자연의 법칙과 함께 어울려 살려고 노력하면 된다는 것

16 박순철·노평규·김영 옮김, 『국역 이재만록(중)』, 신성출판사, 2012, 63~64쪽. 번역과 표점은 조금 윤색했다. "國有治亂興亡, 人有生老病死, 甚至草木·昆蟲·禽獸, 或有一年之變, 或有一日之變, 迭相變遷, 不可勝紀. 噫, 得喪·榮辱·否泰·剝復, 一機緘耳, 何戚何欣? 惟當及其未甚變也, 隨分致力, 不愧參爲三才, 則幾矣."

이다.

평생의 소원이었던 현감진급이 좌절된 무렵에도 황윤석은 꿈속의 내용이나 산새들의 지저귐과 같은 일상적인 일들 속에서 자신의 마음을 다독였다. 이런 모습은 청년기 때부터 자주 보이는 것이었는데, 만년에도 이런 성향은 그대로 유지되었다.

「61세 생일에 감회를 기록하다 六十一晬辰志感」

나 태어나 다시 기유년	我生重己酉
천지의 한 기인畸人이라네.	天地一畸人
어느새 이 순양純陽의 달은	忽此純陽月
널리 나열한 별들과 마주하는데	方當列宿辰
상봉桑蓬은 생일날 부끄럽고	桑蓬愧初度
아울莪蔚에 죽을 때 까지 감동하네.	莪蔚感終身
여전히 이정頤貞의 가르침 있으니	尙有頤貞訓
단정히 날마다 나를 새롭게 하리.	端須日自新[17]

정조 13년 기유년(1789년 4월 28일 61세)

자신의 환갑날이던 4월 28일에 지은 시다. 2구의 '기인畸人'은 『장자』에 나오는 말로 독특한 지행志行으로 세속과 섞이지 못하는 사람을 뜻한다. '순양純陽의 달'은 여름이 시작되는 음력 4월을 가리키는 말이다. 주역의 건괘(☰☰)에 해당하므로 '순양純陽'이라 했다. '상봉桑蓬'은 뽕나무로 만든 활과 쑥대로 만든 화살을 말한다. 고대에 사내아이가 태어나면 뽕나무 활에 쑥대 화살을 메워서 천지 사방에 쏘면서

17 황윤석, 『이재난고』 8책, 한국정신문화연구원, 2002, 251쪽.

장차 천하에 원대한 일을 할 것을 기대했던 고사에서 유래했다. 의미가 확장되어 천하를 경영하려는 남아의 큰 포부를 뜻한다. 그러므로 5구는 젊은 날 자신이 가졌던 커다란 포부를 이루지 못한 것 같다는 아쉬움을 표현하고 있는 것이다.

'아울莪蔚'은 『시경·소아』「요아蓼莪」에 나오는 말이다. 「요아蓼莪」는 부모님께서 힘들게 길러주셨지만 자식이 그에 대해 보답하지 못한 것을 슬퍼하는 내용이다. 따라서 6구는 부모님의 은혜에 제대로 보답하지 못한 황윤석의 슬픔을 나타낸다. 7구에 나온 '이정頤貞의 가르침'은 『주역』 이괘頤卦의 "이頤는 정貞하면 길하니, 길러 주며 스스로 음식을 찾는 것을 살펴봐야 한다."는 내용이다. 황윤석의 아버지는 그에게 일찍이 이 가르침을 주었고, 황윤석은 그 가르침을 가슴에 새기기 위해 자신의 호를 이재頤齋라고 했다. 따라서 마지막 두 구절은 돌아가신 아버지의 유훈이 여전히 남아있으니 날마다 그 가르침을 되새기며 자신을 새롭게 하겠다고 다짐하는 것이다.

이 날은 황윤석의 환갑날이었다. 이런 경사스런 날에도 그는 지난날을 반성하고 돌아가신 아버지의 유훈을 되새기며 일신日新하겠다고 말한다. 어느덧 환갑이 되었지만 청년기 때 가졌던 성찰의 마음과 초심을 회복하려는 의지를 그대로 보여준다.

황윤석은 젊은 시절 누구보다 열심히 공부했다. 선비로서의 명예를 저버리지 않기 위해 공적인 태도를 항상 유지했고 평생의 소원이었던 현감 자리에 올라 어머니를 부양했으니 시골 선비로써 할 수 있는 최소한의 성취를 모두 이루었다고 할 수 있다.

그가 가문이나 출신지역이 가진 한계를 극복하고 이러한 성취를 이룰 수 있었던 것은 기본적으로 타고한 재능과 성실성이 큰 몫을 차지했을 것이다. 하지만 더딘 진급을 견뎌내고 고된 타향생활을 극복하며 오랫동안 때를 기다릴 수 있었던 것은 현실생활 속에서 항상 자신을 돌아보고 공적인 자세를 견지하며 초심을 잃지 않으려고 노력했던 그의 마음자세도 큰 역할을 했을 것이다.

황윤석의 인생을 관통하고 있는 정체성은 주자학을 숭상하는 유학자라고 할 수 있다. 가학家學과 스승 김원행의 영향으로 이런 성향은 어려서부터 그가 생을 마감할 때 까지 지속되었다. 황윤석은 10대 시절에 자신이 좋아하는 학문의 추구와 과거공부 사이에서 갈등하기도 했고, 하루 빨리 입신양명하기 위해 오직 과거공부에만 열중하기도 했다.

그런데 20세에 혼례를 올리고 사회의 흐름을 인식하면서 공부에만 매몰되어 있던 태도에 변화를 보이기 시작한다. 벌열가문 출신도 아니고 특별히 끌어 줄 인맥도 없는 자신의 현실에서는 과거에 급제해서 요직에 오르는 것이 쉽지 않다는 것을 인식했기 때문이었다.

주어진 현실은 밝지 않았지만 황윤석은 이런 현실에 대해 비판만 하거나 좌절하면서 시간을 허비하지 않았다. 오히려 현실을 있는 그대로 받아들이면서 자신이 할 수 있는 대안을 찾으려고 했다. 때문에 20대 이후부터 50세 초까지는 학문의 성취나 입신양명 등에 대한 집착을 점점 줄여가면서 삶을 폭넓게 바라보려고 노력하는 시들을 남겼다.

제6장
「월주가」에 담은 가족사랑

황윤석은 24세에 과거시험을 보기위해 상경 한 이래 학업이나 과거시험을 위해 자주 한양을 오갔다. 38세에 장릉참봉에 제수된 이후에도 59세에 전의현감을 끝으로 완전히 은퇴하기 전까지는 벼슬살이를 위해 다시 한양을 오갔다. 이처럼 생애의 상당부분을 고향을 떠나서 생활했기 때문에 황윤석이 남긴 시 중에서 고향에 대한 그리움과 가족에 대한 사랑을 주제로 삼은 것이 많은 분량을 차지한다.

가족애를 담은 시는 20세에 혼례를 올리고 처가인 남원을 오가면서부터 본격적으로 등장한다. 그는 부모님 · 동생 · 아내 · 자녀 등에 대한 그리움에서부터 먼 친척에 이르기까지 다양한 인물들을 대상으로 작품을 남기고 있다. 이 중 38세 때 처음 관직에 나아가 장릉참봉이 된 후 지은 「월주가越州歌」에는 그의 가족에 대한 사랑이 총체적으로 나타나있다.

「월주가」는 총 9장章으로 이루어져 있고 각 장은 10구로 구성되어 있다. 「월주가」라는 제목은 자신의 근무지인 영월에서 따왔다. 비슷한 경우로 51세에 목천현감이 된 뒤에는 「목주잡가」라는 시조를 짓기도 했다. 「월주가」에서는 자신을 비롯해 아버지 · 어머니 · 동생 · 누이 · 아내 · 아들 · 딸을 차례로 노래하고 있다. 때문에 이 장에서는 「월주가」를 기본으로 해서 가족애가 그의 시 속에서 어떻게 형상화 되고 있는 지 살펴보고자 한다.

객客으로서의 삶과 부모님

「월주가 越州歌」

동쪽에서 노니는 나그네 자字는 영수인데　　有客東游字永叟
반평생 장맛비에 거꾸러져 남에게 밟혀도 달게 여겼지.
　　半生潦倒甘人蹂
천 권의 독서를 과연 어디에 쓸까?　　讀書千卷果安用
권세가 향해 손대려 하지 않는데.　　不向朱門肯炙手
그래도 기쁜 것은 하늘에 힘입은 이후로　　尙喜伊來賴天靈
입신해서 사우師友에게 보탬될 수 있다는 것.　　將身可以資師友
누가 오사모를 문득 머리에 보냈나?　　誰遣烏紗便到頭
우혈禹穴은 아득한 요해遼海에 있어 나그네 얼굴은 추해진다.
　　禹穴迢遼旅顔醜
오호라! 첫째 노래여! 노래 처음 내놓으니　　嗚呼一歌兮歌初放
남으로 고향 산 바라보며 빈 창가에서 근심하네.
　　南望鄕山悄虛牖[18]

영조 42년 병술년(1766년 8월 24일 38세)

18 황윤석, 『이재난고』 1책, 한국정신문화연구원, 1994, 628쪽.

「월주가」 첫 번째 장에서 황윤석은 자신의 인생을 노래했다. 1·2구에서는 학업과 벼슬을 위해 평생 고향을 떠나 떠돌아다닌 자신의 처지를 한탄하고 있다. 길바닥 물에 넘어져 남에게 밟혀도 달게 여겼다는 것은 자신이 가지고 있던 높은 뜻과는 달리 과거에 급제하지도 못하고 한양과 고향을 전전하는 자신의 처지를 표현한 것이다.

3·4구에서는 많은 책을 읽으며 학식을 쌓았지만 권세가와 친하게 지낼 줄 모르기 때문에 고위직에 나아갈 수 없다고 말한다. 5·6구에서는 하늘의 도움으로 벼슬을 얻어 스승과 벗에게 도움을 줄 수 있는 위치가 되었다고 말한다. 7·8구에서는 뜻밖에 객지에서 벼슬살이를 하게 되어 근심만 늘어났다고 말하고 있다.

황윤석은 공적인 추천에 의해 강원도 영월에서 장릉참봉의 직분을 맡게 되었다. 그러나 고향인 전북 흥덕과는 너무 멀리 떨어져 있어 늘 근심스러웠다. 우혈禹穴은 월나라 회계산에 있는 지명인데 마침 황윤석이 벼슬한 영월에도 회계산이 있었으므로 우혈禹穴로써 자신의 근무지를 나타낸 것이다. 9구는 다른 구절과는 달리 8자로 되어있다. 황윤석은 이와 동일한 형식으로 월주가 9장의 모든 아홉째 구를 장식하고 있다. 이 형식은 노래를 정리하면서 독자를 마지막 10구에 집중시키는 역할을 한다. 10구에서는 객지에서 벼슬살이 하면서 고향을 그리워하는 자신의 모습을 그렸다.

황윤석은 호남의 양반 가문에 태어났다. 어려서부터 총명했기에 집안의 기대를 받으며 성장했고 스스로도 학문에 대한 자부심이 있었다. 하지만 31세가 되어서야 간신히 진사복시에 합격했고 38세가 되도록 대과에는 급제하지 못한 상황이었다. 총명하고 학식이 높다는 세간의 평가와는 상반된 결과였다. 그런 즈음에 장릉참봉에 추천되어 벼슬을 시작하게 되었다.

24세에 과거시험을 위해 상경하게 된 이후 완전히 벼슬에서 물러난 59세까지 황윤석은 생애의 많은 시간을 고향을 떠나 생활했다. 그래서 황윤석은 스스로를 나그네로 자주 묘사했다. 벼슬을 위해 끊임없이 한양과 고향을 오갔던 삶. 유학자로서 성현을 본받고자 하는 마음을 가지고 있기는 했지만, 가문의 기대에 부응하고 경세제민의 이상을 펼치기 위해 황윤석은 나그네로서의 삶을 인내하며 살았던 것으로 보인다. 이러한 삶을 살았던 황윤석에게 아버지는 학문과 삶의 지침이 되어주었다. 아버지를 노래한 「월주가」 2장을 살펴보자.

부친은 올해 연세가 예순 셋, 有父今年六十三
흰 머리칼로 집안에 계셔도 빛을 머금으셨지. 白首家食光因含
명성이 우연히 들어가 임금도 들으셨건만, 名聲偶入君王聞
공론은 어찌 차마 빈말이 되었나? 公議豈忍成空談
가르침 받으며 간고幹蠱 아닌 줄 알았으니, 趍庭自知非幹蠱
옛사람의 한 번 봉양에 참으로 많이 부끄럽네. 古人一養誠多慚
혼정신성해서 모시고 떠나지 않는다면, 若敎晨昏侍不離
의리로 행실 바루며 마음 따라 적시련만. 義方亦足從心涵
오호라! 둘째 노래여! 노래 차츰 길어지니 嗚呼再歌兮歌漸長
꿈에 귀향했던 어젯밤은 재갈에서 벗어난 듯했었지. 夢歸昨夜如脫銜[19]

2장에서는 아버지 황전을 노래하고 있다. 3·4구는 부친이 몇 차례

19 황윤석, 『이재난고』 1책, 한국정신문화연구원, 1994, 628쪽.

임명의 기회를 얻었지만 끝내 관직에 나아가지 못했던 사실을 나타낸다. 5구의 '추정趨庭'은 『논어』「계씨」에 나오는 말로 아들이 어버이에게 가르침을 받는 것을 말한다. '간고幹蠱'는 '간부지고幹父之蠱'의 준말로 아들이 부친의 뜻을 계승 발전시키는 것을 말한다. 따라서 5·6구는 집안에서 가르침을 받을 때부터 자신은 부친의 학문을 뛰어넘지 못할 것을 알았다면서, 결과적으로 물질적인 봉양도 해드리지 못하고 또 입신양명을 바라시는 아버지의 뜻도 받들지 못했다고 반성하고 있다.

7·8구에서는 이미 입신양명의 효도는 어렵게 되었으니 차라리 부친의 곁에서 혼정신성하며 모신다면 오히려 자신을 수양하며 마음껏 아버님의 가르침을 받을 수 있을 것이라 말하고 있다. 혼정신성은 '밤에는 부모의 잠자리를 보아 드리고 이른 아침에는 부모의 밤새 안부를 묻는다.'는 뜻으로, 부모를 잘 섬기고 효성을 다하는 것을 가리킨다. '의방義方'은 『주역』의 '敬以直內, 義以方外.'에서 가져온 것으로 보인다. 마지막 10구에서는 어젯밤 꿈에 아버지를 뵌 것은 마치 물렸던 재갈에서 벗어난 듯 후련했다고 말한다. 그간 부친에게 아무것도 해드린 것이 없었기 때문에 꿈에서나마 찾아뵐 수 있어서 마음이 후련했다는 것이다.

「월주가」 2장에서는 높은 학식에도 불구하고 세상에 그 재주를 펼치지 못한 아버지의 모습과 그런 아버지를 제대로 모시지 못하는 자신의 현실을 아쉬워하고 있다. 황윤석의 아버지인 만은공 황전은 황윤석의 총명함을 일찍 알아보고 그가 학문에 매진할 수 있도록 독려해주었다. 또한 당시 산림의 거목이었던 김원행을 스승으로 모실 수 있는 계기를 마련해주기도 했다. 황윤석은 이처럼 학문의 길을 인도

해준 아버지를 존경하고 따랐다. 그래서 관직생활 중에 고민되는 일이 있으면 아버지와 상의해서 판단하기도 했다.

만은공의 보살핌은 학업의 시작부터 관료생활에 이르기까지 도움이 되었기에 황윤석은 아버지에 대한 고마운 마음이 남달랐던 것으로 보인다. 만은공은 황윤석이 43세 때 세상을 떠났다. 이후로 황윤석은 아버지 기일이 되거나 꿈에서라도 아버지를 만날 때면 떠오르는 감회를 시로 기록해두기도 했다. 황윤석이 장릉령으로 일하던 51세에 꿈에서 돌아가신 아버지를 만나고 지은 시를 잠깐 살펴보자.

「꿈속에서 아버님을 뵙고 이어서 동생을 만나다 夢拜先子, 因遇溫弟」

엄숙한 얼굴, 하얀 머리칼 꿈에서도 그대로니	嚴顔華髮夢依然
믿지 못하겠네, 흐르는 세월 이미 9년인 것을	不信流光已九年
한 성城에서 영화로운 제사 어떡해야 이룰까?	榮享一城那得致
산 가득한 비바람 보며 눈물 줄줄 흘리네.	滿山風雨對漣漣[20]

정조 3년 기해년(1779년 51세)

꿈속에서 돌아가신 아버지와 동생을 만나 절구 두 수를 지었다. 위 시는 그 중 첫 번째 수다. 관직생활을 하던 황윤석이 가장 소망했던 것은 현감이 되어 부모님을 모시는 것이었다. 당시는 황윤석이 벼슬한 지도 십 수 년이 지나 현감 진급을 눈앞에 두고 있던 때였다. 하지만 여러 번 진급에서 누락되어 아쉬움을 안고 있었다.

3구에서는 이런 안타까움을 담아 현감이 되어 그곳에서 아버님께 제사를 올릴 수 있었으면 좋겠다고 말한다. 마지막 4구에서는 그런

20 황윤석, 『이재난고』 5책, 한국정신문화연구원, 1999, 534쪽.

자신의 소망을 이루지 못하고 있는 현실 속에서 아버지에 대한 그리움으로 눈물을 흘리고 있다. 다음으로 어머니를 노래한 「월주가」 3장을 살펴보자.

어머니는 부친보다 네 살 연상이신데,	有母于父齒加四
9년 동안 눈이 안 보인 건 풍병이 빌미였지.	九載眼障風爲祟
집안 지키며 다스리느라 몸과 마음 약해졌고,	持門久令心力損
큰 아이는 의술로도 치료하지 못했네.	兒大不能收醫治
덕 갖추고 자엄慈嚴하시나 끝내 누가 알아줄까	德備慈嚴竟誰識
남은 경사 분명히 대대로 이어지리.	餘慶分明世世庇
평범한 봉양도 이미 부족했는데,	尋常菽水已云歉
하물며 천 리 떨어져 공무를 맡았으니	況乃千里當王事
오호라! 셋째 노래여! 노래 다시 커지니	嗚呼三歌兮歌更浩
마디마디 손금마다 공연히 어머니 기억나네.	寸寸手線空內記[21]

「월주가」 3장은 어머니 김씨를 노래하고 있다. 황윤석의 어머니는 눈병으로 오랫동안 고생하고 있었다. 2구에서는 그 원인이 풍병風病에 있었다고 말한다. '아대兒大'는 어려서 세상을 떠난 황윤석의 형을 말한다. 즉 4구는 어린 장남을 잃은 어머니의 슬픔을 묘사한 것이다. 5·6구에서는 어머니의 후덕하고 자애로우며 때로는 엄격한 성품을 세상 사람들이 모두 알 수는 없겠지만 어머니가 쌓은 이런 음덕은 분명히 대대로 황씨 집안에 드리워질 것이라고 말하고 있다.

7구의 '숙수菽水'는 『예기·단궁하』의 '啜菽飮水盡其歡, 斯之謂孝.'

21 황윤석, 『이재난고』 1책, 한국정신문화연구원, 1994, 628쪽.

에서 나온 말로 가난한 가정에서도 효성을 다하는 것을 말한다. 평소 집안에서 어머니를 모실 때도 제대로 봉양하질 못했는데 관직생활로 타지를 떠돌고 있는 지금은 더욱 말할 것이 못 된다는 것이다. 10구에서는 손바닥 마디마디의 손금을 떠올릴 때 마다 어머니의 모습이 떠오른다고 말한다. 투박한 손마디와 어지러운 손금에서 자신을 낳아 힘겹게 키워주신 어머니의 고단했던 삶이 떠오른다는 것이다.

「월주가」 3장은 어머니의 신체적 · 정신적 고통을 진술하면서 그런 가운데 보여 주셨던 아내와 어머니로서의 모습을 찬양하고 있다. 가까이에서 부모님을 모시지 못하고 여기저기를 떠돌며 벼슬살이를 했던 황윤석은 부양의 책임감 때문에 늘 불편한 마음을 가지고 있었다. 그래서 가족 중에서도 특히 어머니에 대한 그리움이나 고마운 마음을 표현한 시들을 많이 남겼다. 그 중 한 수를 살펴보자.

「집 떠날 때 일을 기록하다 辭家志事」

백발의 어머님 나를 위로하실 때	白髮慈親慰我時
병환 뒤라 죽장 짚고 겨우 몸 가누셨지.	病餘笻竹得扶持
“네가 가도 네 아내가 곁에 있으니	爾行尙有孺人在
나랏일에 힘쓰고 슬퍼하지 말거라.”	王事驅馳不用悲[22]

영조 44년 무자년(1768년 5월 12일 40세)

황윤석이 영월로 가기위해 집을 떠날 때 있었던 일을 기록한 시다. 관직생활 3년차에 아직도 첫 근무지인 장릉을 벗어나지 못하고 있었

22 황윤석, 『이재난고』 2책, 한국정신문화연구원, 1995, 74쪽.

다. 진급의 시기가 되었건만 여전히 강원도로 가야만 했다. 편찮으신 어머니를 두고 가려하니 발길은 떨어지지 않고 안타까운 마음만 들었다. 이런 황윤석의 마음을 헤아린 어머니는 불편한 몸을 이끌고 마중 나오셔서는 "네 아내가 내 곁에 있으니 걱정 말고 나랏일 열심히 해라."며 위로해 주셨다.

자신을 늘 먼저 배려해주시는 어머니와 아내 덕택에 황윤석은 벼슬생활에 매진할 수 있었다. 그렇다고 해서 가까이에서 그들을 보살펴 주지 못한다는 자책감이 사라지는 것은 아니었다. 그래서 황윤석이 가족에 대한 그리움이나 벼슬살이에 대한 회의를 담은 시들을 많이 남겼는지도 모르겠다.

황윤석은 51세 되던 1779년 8월 29일에 목천현감에 제수되어 업무를 보다가 이듬해 6월에 관찰사의 인사고과에서 낮은 등급을 받아 파직된다. 따라서 현감이 되어 어머니를 모시고 가족들과 함께 생활하고자 했던 평소의 꿈은 겨우 몇 달 만에 끝이 나고 말았다. 그리고 현감에서 파직된 이듬해 12월 모친상을 당한다.

어머니를 모시고 현감생활을 하고자 했던 꿈을 이루기는 했지만 그 기간은 너무나 짧았다. 고생스럽게 목천과 홍덕을 오가신 어머니가 이듬해 세상을 떠나시면서 황윤석은 계획했던 효도를 실행하지도 못한 채 부모님을 모두 잃게 되었다. 그는 어머니를 여읜 지 6년이 지났을 때 꿈에서 부모님을 만났다. 황윤석은 그 일을 이렇게 기록하고 있다.

> 새벽이 되기 전에 꿈을 꾸었는데 돌아가신 아버지께서 병환 중에 머무셨던 내악방의 동쪽 창문에 남쪽으로 머리를 두고 계셨다. 덮고 계신

> 큰 이불은 헤진 곳이 많았는데 돌아가신 어머니께서 손수 깁고 계셨다. 온전히 말씀을 받들다가 놀라 깨어났는데 가슴속이 은근하게 아팠고 지는 달은 이미 서루에 한참 기울어 있었다. 아마도 못난 아들이 망령되게 이 길을 떠나, 귀향하고자 하면서도 귀향하지 못하자 돌아가신 부모님께서 모습을 보여주면서 위로하시는 것이 아닐까?[23]

당시 황윤석은 58세였고 전생서 주부를 명받아 일을 시작한 지 20일째 되던 날이었다. 52세에 목천현감에서 파직된 후 53세에 어머니를 여의어 3년 상을 마쳤고, 56세에 다시 벼슬을 받았지만 장악원 주부·창릉령 등 지난날의 벼슬만 못한 것들이었다. 그러다가 다시 전생서 주부를 임명받자 황윤석은 이 업무를 받아들일지 말지 무척이나 고민했었다. 그러다가 다시 한 번 현감이 되기 위해서 억지로 일을 하고 있던 상황이었다. 그러던 중에 우연히 꿈속에서 돌아가신 부모님을 만났던 것이었다. 이날 일기를 보면 이런 상황에서 부모님이 꿈속에 나타나신 것은 어려운 처지에 있는 자신을 위로하기 위해서라고 생각하고 있다. 황윤석의 생각이 옳았는지 이 꿈을 꾼 다음달 29일에 황윤석은 전의현감에 임명되었다.

23 황윤석, 『이재난고』 7책, 한국정신문화연구원, 2001, 276쪽. "曉前, 夢先子, 病處內樂房之東窓邊南首. 所覆大衾多弊, 先妣手自縫補. 都丞言, 蘧然驚覺, 心肚隱痛, 落月已滿西樓矣. 豈小子不肖, 妄作此行, 欲歸未歸, 而考妣爲示儀容以慰之耶?"

친구 같은 남동생과 가련한 누이들

황윤석에게는 두 살 어린 동생 황주석과 일곱 살 많은 누나, 그리고 다섯 살 어린 여동생이 있었다. 두 살 터울의 황주석은 황윤석에게 동생이면서 학문의 동반자였고 두 명의 누이는 늘 마음이 쓰이던 가족이었다. 이 중 특히 황주석과는 함께 공부하면서 과거시험을 보러 다녔기 때문에 그와 관련된 다수의 시를 남기고 있다. 먼저 「월주가」에 나타난 남동생의 모습부터 살펴보자.

동생이 태어나 두 해 차이 나는데,	有弟生來差二歲
나와 함께 학업 닦아 공손함에 힘썼네.	連業與我敦恭悌
청년기에 발해發解했지만 외려 넘어졌으니,	青陽發解還蹭蹬
가여워라! 한 번 든 병 이제 작은 일 아니네.	惜哉一疾今非細
슬하에서 무슨 인연으로 아버지 말씀 들었나?	膝下何緣聽喚爺
문을 나가 억지로 웃다가 몸 돌려 우네.	出戶强笑回身涕
시간은 머물지 않아 쉬이 늙음이 걱정되니,	光陰不住愁易老
아름다운 자질도 모름지기 갈고 다듬어야 하네.	美質猶須加鏃礪
오호라! 넷째 노래여! 노래 매우 슬프니	嗚呼四歌兮歌孔哀
어찌 해야 높이 날아 화목한 형제애 이을까?	安得奮飛聯棠棣[24]

「월주가」 4장이다. 황주석은 황윤석과 마찬가지로 김원행 문하에 있었는데, 김원행으로부터 자질이 뛰어나다고 칭찬을 받기도 했다. 3구의 '발해發解'는 과거시험의 초시에 급제하는 것을 말한다. 황주석은 청년기에 과거 초시에 합격해서 학문적 재능을 인정받았지만 끝내

24 황윤석, 『이재난고』 1책, 한국정신문화연구원, 1994, 628쪽.

대과에는 급제하지 못했기 때문에 '외려 넘어졌으니'라고 했다. 4구에서는 황주석의 건강이 좋지 못했다고 말하고 있다.

5·6구에서는 동생에 대한 염려로 흐르는 눈물을 참을 수 없다고 말한다. 연이어 과거시험에 실패했고 게다가 병약하다는 현실이 동생을 힘겹게 하고 있었기 때문이었다. 7·8구에서 황윤석은 그런 상황을 이겨낼 방법으로 꾸준히 노력하는 자세를 말하고 있다. 황윤석은 위 시에서 정신적으로나 육체적으로 곤란함 속에 있는 동생에게 지치지 말고 계속 노력하라고 조언하고 있다. 시간은 항상 미래를 향해 흘러가고 사람도 그 시간과 함께 나이가 들어 생을 마감한다. 이런 상황에서 선비가 해야 될 일은 끊임없이 자신을 단련하는 것뿐이다. 진정한 선비로서의 삶을 살아가길 희망했던 황윤석은 동생도 위와 같은 선비의 길을 가기를 염원했던 것이다.

그리고 마지막 구절에서는 형제의 정을 더욱 돈독하게 쌓고자 한다. 여기서 '분비奮飛'는 황윤석이 고위직에 오르는 것을 비유한다. 황윤석은 지금 갓 벼슬길에 올랐다. 하지만 미관말직이라 강원도 영월에서 능참봉을 맡고 있을 뿐이었다. 만약 자신이 좀 더 고위직에 올라 가문의 명예를 높일 수 있다면 가정을 더 화목하게 만들 수 있으리라 생각했다. 그래서 '분비奮飛'해서 형제애를 잇겠다고 말한 것이다.

『이재난고』에 남겨진 기록을 보면, 황윤석과 황주석은 어려서부터 함께 공부했고 과거시험을 같이 보러 다녔으며 스승 김원행에게도 함께 배웠다. 늘 함께 했기에 누구보다 서로에 대해 잘 알고 있었다. 황윤석은 동생과 함께 과거시험에서 떨어졌을 때 자신보다 동생을 위로했고 황주석이 아플 때면 치료법을 찾기 위해 노력했다. 마찬가지로 황주석도 황윤석에게 일이 생길 때면 자신의 일처럼 걱정하며 조언을 아끼지 않았다. 둘은 친구 같은 형제였다. 다음으로 누나와 여동생을 노래한 「월주가」 5장과 6장을 보자.

노씨 사내와 혼인한 누나 있는데,	有姊嫁與盧氏郎
뽕나무 울타리에 밤나무 정원 있는 아천 북쪽에 사네.	柘籬栗園鵝川陽
베틀 북은 철컥철컥, 울어 쉬지 않지만,	機杼唧唧鳴不休
다섯 새끼 감싸느라 몸엔 치마도 못 걸치네.	帡幪五雛身無裳
이별한 지 오래니 추억으로 견뎌야지	一别多時正堪憶
부모님 뵈러 와서 중당에서 절했던.	歸覲欣然拜中堂
상봉한 지 얼마 못 되 남북으로 나뉘었지만	相逢詎幾旋北南
내 말[馬]이 지쳤으니 누가 갈 수 있을까?	我馬瘏矣誰能將
오호라! 다섯째 노래여! 노래 더욱 괴로우니	嗚呼五歌兮歌轉苦
잠시라도 머물러 마음 상하지 않기만 바라네.	只願少留毋令傷[25]

「월주가」 5장은 7살 연상인 누나를 노래했다. 누나는 노엽과 혼인했는데 그의 이름이 사마방목에 없는 것으로 보아 관직생활을 하지는 못한 것 같다. 그래서인지 3 · 4구에서는 열심히 일을 하지만 정작 자신이 입을 변변한 옷조차 없는 누이의 안타까운 모습을 묘사하고 있다. '병몽帡幪'은 고대의 장막을 가리키는데 여기서는 자식들을 돌본다는 뜻으로 쓰였다.

5 · 6구에서는 자주 볼 수 없는 누나를 추억하고 있다. 지난 날 누나가 홍덕의 본가로 와서 기쁘게 중당에서 절을 했던 기억을 되새기며

25 황윤석, 『이재난고』 1책, 한국정신문화연구원, 1994, 628쪽.

보고 싶은 마음을 달래고 있다. 7 · 8구에서는 만남의 기쁨도 잠시 뿐, 각자 남쪽과 북쪽으로 헤어져 다시 만나기 어려운 상황을 말하고 있다. 말[馬]이 지쳐 갈 수 없다고 핑계대고 있지만, 사실은 여러 가지 여건상 자신이 쉽게 누나의 집에 갈 수도 없고 누나 역시 시댁을 떠나 자신을 쉽게 방문할 수 없는 현실을 말하고 있다. 마지막 10구에서는 잠시라도 머물며 누나를 볼 수 있기를 기원하고 있다.

『이재난고』에 기록된 누나와 관련된 내용은 '누나와 편지를 주고받았다.'거나 '누나의 집안이 평안하다고 한다.'는 등이 주를 이룬다. 그런데 다섯 살 연하의 여동생과 관련해서는 여동생이 황윤석에게 말[馬]과 교자모장轎子毛帳을 빌려달라는 내용도 있고 '여동생은 임신이 아니라고 하지만 임신인 것 같다.'는 기록도 있으며 꿈에서 여동생이 소복을 입은 모습을 보고 걱정하는 등의 기록들이 있다. 아무래도 여동생이기에 더욱 마음이 쓰였던 모양이다. 그러면 이처럼 마음에 두고 걱정하던 여동생에 관해 노래한 「월주가」 6장을 살펴보자.

오래 굶주린 여동생 오산에 있는데, 有妹長飢在鼇山
낡은 집은 추우면 눈발이 빗장에 떨어지지. 老屋天寒雪拒門
아들 울고 딸도 울어 견디기 어렵지만, 男叫女呱不自耐
남편은 옥같이 깨끗해 항상 환한 얼굴이네. 良人玉潔常歡顔
멀리 서로 헤어져 여러 해 지났건만, 莽蒼相分逮經年
올 때의 짧은 편지는 되돌아올 뿐. 來時小札徒回還
내가 받는 박봉으로 어찌 도우랴? 身沾寸祿亦何助
이 마음 확연히 맺혀 지우기 어렵네. 此心耿結難爲刪
오호라! 여섯째 노래여! 노래 정녕 힘드니 嗚呼六歌兮歌正勞
네게 장차 조씨 집안 반소 본받기를 기대하네. 期爾且師曹家班[26]

「월주가」 6장은 다섯 살 어린 여동생을 노래하고 있다. 여동생은 하서 후손인 김익휴와 혼인했는데 집이 가난했던지 1구에서 직접적으로 굶주리고 있다고 말한다. 김익휴는 학업과 품행이 독실한 선비였다. 때문에 4구에서 김익휴의 이런 면모를 묘사하고 있다. 5·6구에서는 서로 사는 곳이 멀어 몇 해가 지나도록 한 번도 만나질 못했고 편지 왕래도 원활하지 못했다고 말하고 있다. 7·8구에서는 여동생에게 도움을 주고 싶지만 자신의 박봉으로는 도움을 주기 어렵다며 가슴아파하고 있다.

마지막 구의 '조가반曹家班'은 조씨 집안에 시집간 반소(45~117?)를 말한다. 반소는 한나라 반표(3~54)의 딸이자 반고(32~92)의 누이동생이며, 조세숙의 아내다. 『후한서』 「열녀전」에 의하면 반소는 박학하고 재주가 탁월했는데 조세숙이 일찍 죽자 절개를 지켰다고 한다. 또 반고가 『한서』를 짓다가 8표表와 천문지天文志를 미처 마치지 못하고 죽자 소제가 반소를 불러 동관에 나가서 계속 『한서』를 완성하게 했다. 소제는 그녀를 자주 궁중으로 불러들여 황후와 귀인을 가르치게 했는데 그래서 그녀를 대가大家라 불렀다고 한다.

황윤석은 여동생이 비록 끼니 걱정을 할 만큼 어려운 처지였지만 반소처럼 훌륭한 대가로 성장하기를 바라는 마음을 담아 노래했다. 표면적으로는 여동생의 학문 성취를 바란 듯이 보인다. 하지만 실제로는 가난의 고통을 덜어주지도 못하는 현실에서 여동생이 곧은 정신으로 가난을 극복해가기를 염원한 것이다.

황윤석의 염원에도 불구하고 매제 김익휴는 관직에 오르지 못한 채

26 황윤석, 『이재난고』 1책, 한국정신문화연구원, 1994, 628~629쪽.

49세의 나이로 세상을 떠났다. 여동생 또한 1790년에 황윤석보다 먼저 57세의 나이로 세상을 떠났다. 이 때 황윤석은 62세였는데 여동생이 세상을 떠난 날, 그는 '이날 술시戌時에 회촌晦村의 여동생이 세상을 떠났다. 통곡하고 통곡한다.'라고 기록하고 있다.

헌신적인 아내와 사랑스런 자식들

황윤석은 20살 되던 해에 동갑내기 아내와 혼례를 올렸다. 결혼 초기에 처가와 본가를 오가다가 본가에 정착한 이후로 아내는 거의 모든 살림을 도맡아 했다. 왜냐하면 황윤석이 학업과 과거시험 · 관직생활을 이유로 오랜 기간 동안 고향을 떠나 있었기 때문이었다. 그래서 그는 아내에게 늘 미안한 마음을 가지고 있었다.

황윤석은 아내와의 사이에서 2남 2녀를 두었다. 원래는 3남 4녀였지만 아들 한 명은 8개월 만에, 딸 둘은 각각 여덟 살과 열한 살 때 병으로 잃었다. 나머지 아이들은 비록 건강하게 성장해 주었지만 곁에서 지켜주지 못했기에 아내에게 느꼈던 마음과 마찬가지로 미안한 마음을 가지고 있었다. 황윤석에게 늘 힘이 되어 주었던 아내를 노래한 「월주가」 7장부터 보도록 하자.

머리카락 반쯤 센 조강지처,	有妻糟糠髮半宣
젊어서 초췌하더니 이에 병석에 누웠지.	少也枯悴仍沈綿
농가의 온갖 일 달게만 여길 뿐,	農家百事只甛耳
종일 주방에 있어도 죽조차 차지 못하네.	永日入廚無餘饘
세상에서 물정 어둡고 게으른 자 누가 나와 같을까?	

	世間迂慵孰似我
잠시도 그대를 편히 해주지 못했네.	使君不曾晷刻便
해마다 서행하니 재봉할 일 넘쳐나,	西行歲歲漫裁縫
등잔 아래 다듬잇돌 옆, 멀리서도 가련하네.	燈下砧邊遙可憐
오호라! 일곱째 노래여! 노래 더욱 괴로우나	嗚呼七歌兮歌益厲
목을 빼고 겨울옷 오기만 기다리노라.	引領但俟寒衣傳[27]

「월주가」 7장은 아내를 노래했다. 처음 네 구절에서는 수고로운 삶을 살아가는 아내의 모습을 묘사하고 있다. 5·6구에서는 아내에 대해 미안한 마음을 표현하고 있다. 벼슬을 얻기 위해 세상과 타협했다면 아내의 고생을 덜어줄 수도 있었다. 하지만 황윤석은 선비로서의 절개를 버리면서까지 벼슬을 구하고 싶지 않았다. 게다가 과거급제는 벌열가문 출신이거나 따로 끌어주는 인맥이 없으면 쉽지 않은 것이 당대의 현실이었다. 그럼에도 불구하고 따로 살 길을 찾지 않고 고지식하게 학업에만 열중해서 아내를 고생시킨 자신을 반성하고 있다. 7·8구에서는 벼슬살이를 위한 객지생활로 아내에게 일감만 더 늘인 것을 미안해하고 있다. 이어 마지막 구에서는 그럼에도 불구하고 겨울을 나기 위해 하루 빨리 집에서 겨울옷이 도착하기를 바랄 수밖에 없는 자신의 처지를 묘사하고 있다.

황윤석의 아내인 정씨는 동갑으로 20세에 혼인해서 생애의 대부분을 시부모를 모시면서 지냈다. 특히 황윤석이 장릉참봉으로 벼슬살이를 시작한 38세부터 6년간은 한 해 중에 70일을 제외하고는 혼자서 시부모와 가족들을 돌보았는데도 낯빛이나 말에 슬퍼하는 기색을 보

27 황윤석, 『이재난고』 1책, 한국정신문화연구원, 1994, 629쪽.

이지 않았다고 한다. 하지만 안타깝게도 황윤석이 현감이 된 모습을 보지도 못한 채 48세의 나이로 세상을 떠났다.

정씨를 떠나보낸 뒤 지은 「기망실생졸記亡室生卒」에는 아내의 출생에서부터 혼례의 과정 · 결혼생활 그리고 세상을 떠난 무렵의 상황까지 기록하고 있다. 황윤석은 이 글의 곳곳에서 아내의 성품을 칭찬하고 그녀의 배려에 감사하고 있다. 황윤석은 이 글에서 아내에 대해 묘사하기를 "성품이 유순하고 위엄 있는 몸가짐은 넉넉해서 털끝만큼도 남에게 각박하거나 해치려는 마음이 없었고 한 번도 경박하거나 경솔한 행동이 없었다."고 했다.

『이재난고』에 따르면 황윤석이 벼슬살이를 하면서 소망했던 것은 현감이 되어 부모님을 모시는 것이었다. 황윤석이 평탄하지 않은 벼슬살이를 하면서도 포기하지 않고 때를 기다릴 수 있었던 것은 이런 아내의 뒷받침이 있었기에 가능했을 것이다. 다음으로 아들과 딸을 노래한 「월주가」 8장과 9장을 살펴보자.

할아버지 곁에 남아 의지하는 아들 있으니,	有子留依祖翁側
이별한 뒤 차례로 얼굴모습 그려보네.	別後森然想顏色
큰 애는 열다섯이라 글을 아는데	大者十五能觚翰
다섯 살짜리 작은 애는 손님 오면 숨는다네.	小者五齡逢客匿
예전의 가르친 시詩 · 서書를 버리지 않는다면,	詩書舊種或不絶
가르침 이루어져 마침내 조심하고 경계하리.	成教終當服謹飭
삼가 한가하게 네 아비를 닮아	愼莫悠悠學乃爺
들어가선 음식도 못 올리고 나가서는 벼슬에 병들지 마라.	入未供膳出瘝職
오호라! 여덟째 노래여! 노래 다시 일어나니	嗚呼八歌兮歌復起

새벽부터 머뭇대다 해가 그만 지고 마네. 天曉踟躕至日稷[28]

「월주가」 8장이다. 황윤석은 아내와의 사이에서 세 아들을 두었는데 둘째 아들 수표는 한 해를 못 넘기고 세상을 떠나 수룡(관명은 일한)과 두룡(관명은 칠한) 두 아들만 남게 되었다. 5·6구에서는 자신이 예전에 가르쳤던 시詩·서書를 아이들이 져버리지 않는다면 언젠가는 삼가고 경계할 줄 아는 인물로 성장하리라 기대하고 있다.

7·8구에서는 효도와 입신양명 둘 중 어느 하나도 제대로 이루지 못한 자신을 본받지 말라고 당부한다. 황윤석은 부모에게 충분히 효도하지도 못하고 경세제민도 제대로 하지 못한 자신의 처지가 아쉽게 느껴졌다. 그래서 두 아들 만큼은 인간다운 삶을 살기를 기원하고 있는 것이다. 마지막 구에서는 가족들 생각에 마음 졸이다 어느새 해질 녘이 되었다고 말한다. 하루 종일 가족생각 뿐인 자신의 일상을 묘사하고 있다.

맏아들 일한은 황윤석이 24살 때 얻었다. 황윤석은 과거시험이나 학업을 위해 한양을 오가느라 자녀를 잘 돌볼 수 없었다. 그래서 장난치는 아이를 꿈속에서 보기도 하고 고향을 떠나있는 동안 알게 된 자녀들의 소식을 일기에 적어두기도 했다. 객지에서 아이의 생일을 맞이할 때면 그 감정을 시로 남기기도 했고 아이가 어느 정도 공부가 된 뒤에는 과거에 합격한 시권을 베껴 아이에게 보여주기도 했다. 그리고 일한이 여전히 10대 중반의 청소년임에도 불구하고 장래를 위해 관례나 혼례 때 쓸 물품들을 미리 구입하기도 했다. 일한이 장성한 다

28 황윤석, 『이재난고』 1책, 한국정신문화연구원, 1994, 629쪽.

음에는 객지에 있으면서도 그의 혼사를 위해 여러 사람들과 혼례와 관련된 편지를 주고받기도 하고 그의 학업과 과거시험에 항상 관심을 보였다.

막내아들 칠한은 황윤석이 34세 때 태어났다. 벼슬을 시작한 38세에는 겨우 다섯 살로 「월주가」에서도 '손님 오면 숨는다네.'라고 하며 어린 아들의 모습을 묘사하고 있었다. 칠한이 한창 성장할 무렵, 황윤석은 갓 시작한 벼슬살이로 예전보다 더욱 분주하게 이곳저곳을 오가야만 했다. 따라서 칠한의 생일이 되면 그 사실을 일기에 기록해 두기도 하고 고향을 오가는 편지 속에서 아들 소식을 기다리기도 했다.

별점이나 사주에 밝은 사람을 만나면 일한과 칠한의 앞날을 묻기도 했고 칠한의 허리띠와 신발을 사기도 했다. 칠한은 글재주가 있어서 그가 지은 시를 따로 적어 두기도 했고 칠한의 시를 주위 벗들에게 보여주며 흐뭇해하기도 했다. 또 칠한이 학업에 진전이 있을 무렵에는 그가 무슨 책을 어디까지 보고 있는지 기록했고, 가끔 칠한이 편지로 학업에 관련한 질문을 할 때면 성심껏 답변하기도 했다.

가장인 자신을 위해 끊임없이 도움을 주었던 아내, 그리고 함께 있어주지 못했지만 아버지를 원망하지 않고 잘 성장해준 아들들. 이들 모두가 황윤석에게는 마음의 위안과 힘의 원천이 되어 오랜 세월동안 그가 지치지 않고 학업과 공직에 매진할 수 있는 바탕이 되었던 것으로 보인다. 마지막으로 두 딸을 노래한 「월주가」 9장을 살펴보자.

규방의 딸들은 예쁘고 어리석지만,	有女閨中秀而癡
일찍이 할머니께 배워 그릇된 행동 없다네.	早學王母無非儀
아월이는 재잘재잘 훈민정음 읽고,	阿月咿唔訓民音

아갑이는 마침내 시詩 외울 줄 아네.	阿甲居然知誦詩
바늘 잡고 터진 옷 꿰매기 사양하지 않았고	不辭拈針試補綻
옷 당기며 내게 언제 돌아오나 묻는데	牽衣問我歸來期
지금은 산과 물이 길고도 멀어,	秖今山長水亦遠
가을 기운에 애처로이 떨며 눈썹을 찡그린다.	秋氣憭慄嚬人眉
오호라! 아홉째 노래여! 노래 이제 마치나니	嗚呼九歌兮歌已闋
예로부터 집 떠난 것보다 슬픈 일이 없으리.	終古莫如離家悲[29]

아월은 첫째 딸 월항을 말하고 아갑은 둘째 딸 갑항을 말하는데, 갑항은 황윤석이 영월에 있을 때 여덟 살의 나이로 천연두에 걸려 세상을 떠난다. 갑항이는 「월주가」에서 언급한 것처럼 시를 외울 줄 알 정도로 총명해서 아버지 황전과 황윤석이 특별히 아꼈던 아이였다. 황윤석이 요절한 갑항을 회상하며 쓴 구절을 보면,

> 우리 집안의 요절한 갑은 태어나서 말을 배울 때 지혜롭게 깨우쳤고 6~7세에 이미 여인의 덕성이 있었다. 어린 동생 두아와 날마다 연로한 아버지 슬하에서 재롱부리며 놀았는데 두아가 문자를 배우면 갑이 옆에서 몰래 기억하고 암송해내니 한 글자도 틀리지 않았다. 그래서 연로한 아버지께서는 그가 아들이 아닌 것을 아쉬워하셨다. 또 '이 아이에게 조부父祖와 선세先世의 족보와 행장을 가르칠 만하다.'라 하시고 바로 함께 가르치셨다. 당인唐人의 소시小詩 한 책을 두루 읽고 빨리 『소학』으로 넘어가 겸해서 사자寫字까지 통하려 하자 내외의 친척들이 모두 특이하게 여겼다. 내가 생각할 때, 갑은 천부적인 재주가 안은 밝고 밖은 두터웠으니 어찌 다만 숙녀나 이름난 재원들과 천고를 다툴 뿐이었겠

29 황윤석, 『이재난고』 1책, 한국정신문화연구원, 1994, 629쪽.

> 나? 다른 날 어른이 된다면 장차 장수를 누리고 복을 받을 것은 의심할 것이 없다. 내가 장릉참봉에 부임했을 때 갑이 천연두에 걸려 요절하니 겨우 여덟 살이었다. 내가 애초에 그 소식을 듣지 못하고 관청의 하인을 보내어 육포를 가져다가 어머니의 반찬거리로 삼기를 바랐는데 연로한 어머니께서는 갑을 장사지낼 때 바로 그 육포를 사용하고 글을 지어 제사를 지내셨으니 갑이 글자를 모르지 않았기 때문이었다. 매번 그 일을 생각할 때마다 가슴이 아프다. 이를 통해 볼 때, 이른바 '복福이 드물다.'는 말이 또한 맞는 것일까? 아니면 변방의 나라에서 풍속에 구속되어 보호하며 길러내지 못한 것일까? 또 아니면 내가 일찍이 헛된 명성을 훔쳐서 조물주가 꺼린 때문일까?[30]

요절한 갑항이는 남동생이 글자를 배울 때 옆에서 슬쩍 보고 외울 정도로 총명한 아이여서 황전이 글을 가르치게 되었다고 한다. 그래서 황윤석은 만약 갑항이가 환생해서 어른이 된다면 분명 역사상 뛰어난 여인들과 비교해도 손색없는 인물이 되리라 확신하고 있다.

갑항이가 세상을 떠날 때 황윤석은 아이의 곁에 없었다. 때문에 아이가 세상을 떠난 지도 모른 채 어머니의 반찬거리로 고향에 육포를 보냈고, 나중에 그 육포가 아이의 제사를 위해 쓰였다는 사실을 알게

30 박순철 · 노평규 · 김영 옮김, 『국역 이재만록(하)』, 신성출판사, 2013, 40~41쪽. 변역과 표점은 조금 윤색했다. "吾家甲殤生學語, 已慧悟, 旣六七歲, 已有婦德. 與其小弟斗兒, 日戲嬉老親膝下, 斗兒學文字, 甲輒從旁暗認朗誦, 不差一字. 老親惜其非男也. 且曰: '使之識父祖先世譜系事行, 足矣.' 乃幷敎之, 讀遍唐人小詩一冊, 將駸駸小學, 兼通寫字, 內外族黨, 咸異之. 余意甲天賦內明外厚, 豈直與淑女名媛頡頏千古? 異日成人, 將亦壽而福也無疑. 余赴直莊陵, 甲乃患痘而夭, 纔八歲耳. 余初莫之聞, 走官隷, 供肉脯, 庶備親饌, 而老親方以甲葬焉, 乃用脯爲文而祭之, 爲甲非不識字故也. 每思之痛心. 以此觀之, 所謂'鮮福', 亦或然歟? 抑偏邦風氣所拘, 無所保育歟? 將余早竊虛名, 造物忌之故歟?"

된 후 그 슬픔을 감당할 수 없었다. '재인박복才人薄福'이라고 했던가? 황윤석은 총명한 딸의 요절이 혹시나 이 말 때문이 아닌지 의심한다. 그리고는 다시 자기가 헛된 명성을 세상에 퍼뜨린 것이 하늘의 노여움을 사서 딸아이를 일찍 잃게 된 것이 아닌지 생각하고 있다. 이런 슬픔과 상념에 사로잡혀 있던 황윤석은 이런 마음들을 정리해서 「갑상甲殤」이란 시를 지었다.

「갑항이를 잃고 甲殤」

10년 전 무인년에 태어난 아이 생각하니	十年長憶戊寅兒
튀어나온 이마 불룩한 미간, 꿈에서도 슬프네.	犀角珠庭入夢悲
어여쁜 넌 사내 아니나 날 닮았으니,	憐爾非男猶肖貌
남은 인연 내세에 이어짐을 의심치 않네.	餘緣轉世不須疑
어머니 회갑 년이 태어난 때라	王慈週甲是生時
하늘이 내게 다시 이괘离卦를 찾게 했지.	天遣吾身再索离
몇 번이나 상 잡고 내 무릎 안았나?	幾度扶牀因繞膝
돌이키는 생각마다 눈물만 흐르네.	回思種種只漣洏
아침저녁 낭랑하게 고시古詩를 왼 건	朝夕琅然誦古詩
공부방에서 동생 데리고 아비한테 배웠나?	文房將弟學爺爲
백발의 할아버지 매우 편애했으니	祖翁白髮偏深愛
어떻게 잊고서 문득 버린 듯 하리?	如何相忘忽如遺
여덟 살의 용모와 덕행 온 친척이 알아	八齡容德一門知
다 자라면 다른 집 부인될 건 당연했지.	成長他家母婦宜

누가 알았나? 동으로 와서 돌아가지 못한 날	誰意東來未歸日
딸 붙잡는 말로 애 끊게 될 줄.	教人腸斷女挐詞
섬돌 앞 뜰 이별이 쓰려 이상했었고	曾怪階庭苦惜離
눈 녹고 구름 개도 말[馬] 더디더니	雪殘雲散馬遲遲
까닭 없이 마마는 어찌 날 미워하나?	無端聖痘胡憎我
저 멀리 딸 생각에 홀로 미간 찌푸리네.	遙想渠孃獨蹙眉
산 나무 짙푸르고 강 물결 이는데,	山木青蒼江水漪
나그네 시름겨워 곳곳마다 머뭇대네.	客愁隨處步躕踟
답장 보낸 천리 밖, 달은 응당 밝겠지만,	書回千里月應白
서쪽 누각 자규새 울음 참기 힘드네.	不耐西樓又子規[31]

영조 43년 정해년(1767년 39세)

총명했던 갑항이의 요절 소식을 멀리 강원도 영월 근무지에서 듣고 슬픔을 주체하지 못해 지은 절구 여섯 수다. 첫째 수의 두 구절에서는 황윤석이 30살에 잃었던 둘째 아들 수표를 언급했다. 관상학에서 귀한 얼굴이라 여기는 튀어나온 이마와 불룩한 미간을 가졌던 둘째 아들을 태어난 지 8개월 만에 떠나보내고 황윤석은 커다란 슬픔에 잠겼었다. 그런데 지금 또 총명했던 어린 딸을 떠나보내게 되자 수표를 잃었던 지난날이 생각난 것이다.

시 전편에 걸쳐 갑항이와 얽힌 추억들을 되새기며 마음 아파하고 있다. 특히 다섯째 수에서 유난히 마음 아팠던 마지막 이별 장면과 고향을 떠나 근무지에 오기까지 날씨가 좋았지만 말이 더뎠던 사실을

31 황윤석, 『이재난고』 1책, 한국정신문화연구원, 1994, 723쪽.

기억하며 그 모든 것들이 죽음의 징조였다고 생각하고 있다. 마지막 수에서는 영월의 자연은 여전히 아름답지만 사랑하던 딸자식을 떠나보낸 아버지의 가슴은 저녁 무렵 들리는 자규 소리를 견딜 수 없다며 애끊는 심정을 토로하고 있다.

기존의 연구에서 황윤석은 주로 박학하다거나 호남 출신 선비라는 측면에서 분석되고 있었다. 그는 분명 박학한 호남선비였다. 하지만 학업과 관직생활을 위해 평생을 지속했던 여정과 그 여정에서 남긴 한시를 살펴볼 때, 그는 인생을 노래한 시인이었다. 그리고 그의 시에서 가장 두드러지는 점은 가족에 대한 사랑이라고 말할 수 있다.

제7장

평생의 후원자였던 고마운 아내

이 장에서는 황윤석(1729~1791)이 아내와 소실에 대해 남긴 기록을 통해 그가 자신의 배우자에 대해 어떤 생각을 가지고 있었고 어떻게 애정을 표현했는지 그의 한시를 중심으로 살펴보고자 한다.

황윤석은 호남을 대표하는 박학한 선비로 24세 때부터 과거시험·학업·관직생활을 위해 한양과 고향을 오가는 삶을 살다가 59세가 되어서야 고향에 정착했다. 생애 중 많은 기간 동안 고향을 떠나 홀로 지냈기 때문에 그가 창작한 시 중에서 많은 분량이 고향을 떠난 슬픔이나 관직생활의 어려움·가족에 대한 그리움을 담고 있다.

이 장에서는 황윤석이 가족을 그리워하며 남긴 시 중에서 특히 아내와 소실을 대상으로 지은 작품에 주목했다. 황윤석은 20세에 남원에 살던 창원 정씨와 혼례를 올렸다. 그는 24세부터 과거와 학업으로 아내와 떨어져 지냈고, 38세에 장릉 참봉의 일을 하게 되면서 부터는 집안일은 아내에게 맡긴 채 객지생활을 할 수 밖에 없었다.

때문에 부모님을 모시지 못하는 아쉬움과 어린 자식들이 커나가는 모습을 지켜보지 못하는 서글픔, 모든 가정사를 홀로 도맡아 책임지고 있는 아내에 대한 미안함과 고마움이 그가 남긴 일기의 곳곳에서 드러난다.

아내는 일상적인 가정사 이외에도 황윤석이 객지에 머무는 동안 출산이나 사산·어린 자식의 요절 등 큰 어려움들을 홀로 견뎌내야 했다. 아내는 이처럼 홀로 고생만 하다가 48세의 나이로 먼저 세상을 떠났다. 따라서 황윤석이 현감이 되었을 때는 정작 그 영광을 함께 누릴 수 없었다. 황윤석은 이점을 무엇보다 아쉬워했다. 그래서 아내가 세상을 떠난 뒤 아내의 생일이나 기일이 되면 지난날을 돌이키며 그녀를 추모하곤 했다.

황윤석은 38세에 장릉 참봉으로 벼슬을 시작하면서 6개월에서부터 1년 이상까지 장기간 객지에 머물며 생활해야 했다. 이는 여행 중의 상황과는 달라서 기본적인 의식주에 있어서 여러 불편한 점을 감수해야만 했다. 값을 치르고 머무르는 집의 주인이 자신과 잘 맞을 경우는 그래도 견딜 만 했지만 주인이 지나치게 돈을 밝힌다거나 불친절할 경우에는 객지생활 자체에 환멸을 느낄 정도였다.

그래서 장릉 참봉에 재직할 무렵부터 주위 사람들은 황윤석에게 근무지에 첩을 들여 의식주를 돌보게 하라고 권했다. 당시에는 황윤석도 첩을 들이는 일에 대해 고민하기도 했다. 하지만 가족들과의 관계나 경제적인 문제 때문에 차일피일 미루다가 아내가 세상을 떠나고 상례 기한을 마친 뒤에야 소실을 맞이하게 되었다.

소실은 황윤석과 함께 머무는 것이 아니라 고향의 집에 머물며 며느리의 빈자리를 대신해야 했다. 그래서 황윤석은 여전히 홀로 객지에서 벼슬살이를 할 수 밖에 없었다. 다행스럽게도 소실을 들인 2년 뒤에 목천현감이 되어 어머니·자식들과 함께 소실도 목천현에서 함께 살게 되었다. 하지만 소실은 이 무렵부터 앓기 시작해서 현감생활 내내 치료를 받아야 하는 처지가 되었다.

황윤석은 소실의 병에 지속적으로 관심을 가지면서 의원을 초빙하고 탕약을 제공하며 성심껏 보살폈다. 소실 역시 병중에도 안주인의 역할을 다하기 위해 노력했다. 황윤석은 목천현에서 파직되고 수년간 고향에 머물다가 다시 전의현감이 되었다. 전의현감이 된 이듬해 최종적으로 벼슬을 떠나 고향에 머무를 때까지 소실은 황윤석의 곁에서 아내의 역할을 충실하게 했다. 이런 소실에 대해 황윤석은 고마운 마음을 가질 수밖에 없었다.

이 장에서는 황윤석이 아내와 소실에 대해 가졌던 사랑과 애정이 드러나는 시들과 주변 상황, 그리고 아내와 소실에 대한 기록 등을 살펴보겠다. 이를 통해 평생 동안 벼슬을 위해 떠돌았던 호남의 한 선비가 자신의 동반자에게 어떤 마음을 가지고 생활했는지 그 일면을 살펴볼 수 있을 것이다.

혼례 무렵의 정황과 아내를 노래한 시

황윤석은 20세가 되던 1748년(영조 24) 정월에 원혁의 딸이며 장자구의 외손녀인 창원 정씨와 결혼 했다. 18세기 조선은 고구려 시대 이후 계속 되어왔던 결혼제도인 남귀여가제도와 『예기』에 근거한 친영제의 중간단계인 반친영의 결혼제도가 일반화 되어 있던 시기였다. 황윤석은 이 반친영의 결혼풍습에 따라 처가로 혼례를 치르기 위해 떠났다. 황윤석은 혼례를 위해 떠나는 날부터 혼례 이후 며칠 까지 동안 짧은 기록과 함께 시를 남기고 있다. 이즈음의 시들을 살펴보면서 그가 혼례와 아내에 대해 어떤 생각을 하고 있었는지 살펴보자.

「무진년 정월 초하루 비로소 용성으로 출발했다. 용두산을 지나다가 아버지 말씀을 기억하고 감회가 있었다 戊辰正朝, 始啓龍城行. 過龍頭山, 記家君語有感.」

아산과 월곡 두 마을로 가는 길	鵝山月谷兩村行
선영 아래 구불구불 외길의 여정.	塋下邐迤一路程
오가며 하는 참배 누가 시켜서일까?	來謁去參誰所使
저승에도 손자의 정이 있다네.	九泉應係祖孫情[1]

영조 24년 무진년(1748년 1월 1일 20세)

혼례를 올리기 위해 집을 떠나 처가가 있는 용성으로 출발하는 날 지은 시다. 용성은 남원의 옛 지명이다. 첫 구의 아산은 황윤석의 선산이 있던 태인 용두산 일대를 가리키는 것으로 보인다. 월곡은 남원에 있는 처가 마을의 이름이다. 3구에서 '래알거참來謁去參'이라고 한 것은 혼례를 올리기 위한 여정을 떠나기 전에 선산에 참배한 것을 말하는 듯하다. 시 속에서 혼례와 관련된 내용은 드러나지 않는다. 제목에서도 용성으로 간다는 내용이 있을 뿐, 용성이 어떤 곳인지는 말하지 않고 있다. 정월 초하루에 혼례를 위한 여정을 떠난 황윤석은 초사흘에 처가인 남원 월곡에서 혼례를 올린 것으로 보인다. 그가 초이튿날 새벽에 지은 시를 살펴보자.

1 황윤석, 『이재난고』 1책, 한국정신문화연구원, 1994, 64쪽.

「나그네 마음 客懷」

객관에서 설날을 보내고 나서	客舘經元日
비로소 서쪽 달을 쳐다보네.	初看月在庚
마음은 서해로 가는 길속에	意中西海路
시름은 저 멀리 강 소리 너머에.	愁外遠江聲
굿하는 북소리 마을의 어느 곳인가?	儺鼓村何處
새벽 거위소리에 꿈도 쉬이 깼네.	晨鵝夢易驚
작은 병풍의 남은 촛불 그림자	小屛殘燭影
거의 다 귀향 바라는 마음이라네.	太半是歸情[2]
영조 24년 무진년(1748년 1월 2일 20세)	

이 시에 대해서 황윤석은 "정월 초사흘, 이날 저녁 깊이 잠들지 못했다. 김설산 아저씨와 노엽 형은 요객繞客인데 같은 성씨를 가진 가족이 없다는 것이 아쉽다."라고 주석하고 있다. '요객繞客'은 '의빈儀賓'이라고도 하는데, 혼례를 위해 신랑과 같이 온 사람을 말한다.

『국역 이재유고Ⅰ』의 이재선생연보에 의하면 황윤석은 1748년 20살 되던 해 정월에 창원 정씨와 혼인했다고 한다. 이를 참고 한다면 앞서 지은 시는 혼례를 치르기 위해 집을 떠나면서 지었고, 이 시는 혼례 하루 전날에 지었다. 특이한 점은 두 시 모두 혼례에 대한 직접적인 언급이 없다는 것이다.

이 두 시詩 사이에 있는 몇 편의 시들도 주위 경관과 고향에 대한 그리움을 노래했을 뿐, 배우자에 대해 궁금한 점이나 앞으로의 결혼생활에 대한 언급이 하나도 없다. 그래서 이 시 또한 연보에서 얻은

2 황윤석, 『이재난고』 1책, 한국정신문화연구원, 1994, 65쪽.

사전 정보와 '설날[元日]'이라는 단어가 없다면 그저 여행길에서 고향을 그리워하는 내용으로 볼 수 있다.

이 무렵이 황윤석이 혼례를 올린 시기라는 것을 확인하기 위해 아래의 시를 살펴보도록 하자. 『이재난고』를 보면 정월 초나흘 날 취한 손님이 황윤석에게 운자를 부르고 황윤석이 이에 답하는 장면이 등장한다. 아래의 시는 서로 두 번씩 시를 주고받은 다음 세 번째 운에 황윤석이 응답한 시다.

「절구 絕句」

어느 때 월하노인 서책 살펴서	何時月老撿冊書
지금 맑은 강 강가 초막에 왔나?	今到淸江江上廬
여러 현인 마주해서 좋은 말로 접대하니	共對諸賢接軟語
내 마음 산해에서 제서除鋤를 얻었네.	寸心山海得除鋤[3]

영조 24년 무진년(1748년 1월 4일 20세)

앞서 두 차례 시를 주고받은 뒤 손님은 다시 "어제 길례吉禮를 뜻으로 삼아 짓는 것이 좋겠다."라고 하면서 운자를 불렀다.[4] 이에 황윤석은 위의 시를 지었다. 시에 등장하는 월하노인이란 단어나 운자를 부른 손님의 말을 통해서 보면 정월 초사흘에 혼례를 올린 것이 분명하다.

앞서 언급한 것과 같이, 혼례라는 중대한 일을 치르면서도 황윤석은 결혼생활에 대한 마음가짐이나 아내에 관련된 내용을 한 줄도 남

3 황윤석, 『이재난고』 1책, 한국정신문화연구원, 1994, 65쪽.

4 이 시의 주석에 "又呼三字曰: '以昨日吉禮爲義可也.'"라고 되어있다.

기지 않았다. 황윤석은 당시 어떤 마음이었을까? 왜 황윤석은 결혼에 대해 말하지 않았을까?

예로부터 혼례는 인생에 있어 중요한 과정이며 설렘과 부담을 동시에 느끼게 한다. 새로운 인생의 출발점이 된다는 설렘도 있지만 그에 상응하는 책임을 져야한다는 부담감 또한 느끼기 마련이다. 황윤석은 20살의 청년이었다. 호남의 양반가에서 태어나 어릴 적부터 총명함으로 주목받으며 학업과 과거준비에 매진했다.

하지만 아직 과거에 급제하지 못한 상태였고 시간은 흘러 어느덧 혼례를 올릴 나이가 되었다. 집안에서 맺어준 처녀와 혼례를 치르기 위해 남원으로 향했지만 학문에 대한 자부심이 높았던 황윤석은 이루어 놓은 것 없이 혼례를 올리는 것에 대해 상당히 부담을 느꼈을 것이다. 또한 이 날은 신랑이 어떤 사람인지 시험을 받는 긴장된 자리기도 했다. 때문에 시詩에서도 결혼생활에 대해 불필요한 언급을 하지 않은 것 같다.

이후 『이재난고』에 기록된 아내에 대한 언급을 살펴보면, 아내가 사산한 뒤에 건강이 좋지 않다는 기록이 있고, 꿈속에서 병색이 있는 아내를 만나고는 혹시 무슨 일이 있는 건 아닌지 걱정하기도 했으며, 부인과 질환을 앓고 있는 아내가 고생한다는 소식을 듣고 마음아파하기도 했다. 아내는 황윤석의 염려에도 불구하고 1776년 9월 10일 48세의 나이로 황윤석보다 먼저 세상을 떠나게 된다.

세상을 떠난 아내에 대한 추모

아내는 남편과 떨어져 홀로 시부모를 모시며 평생을 보냈고 그런 가운데서도 낯빛이나 말에 슬퍼하는 기색을 보이지 않았다. 이처럼 고마운 아내였기에 황윤석은 아내가 세상을 떠난 다음 「기망실생졸記亡室生卒」이라는 글을 지어 아내를 추모했다.

이 글은 아내의 출생에서부터 혼례의 과정 · 결혼생활 그리고 세상을 떠난 무렵의 상황까지 기록하고 있다. 특히 이 글에서 아내에 대해 묘사하기를 "성품이 유순하고 위엄 있는 몸가짐은 넉넉해서 털끝만큼도 남에게 각박하거나 해치려는 마음이 없었고 한 번도 경박하거나 경솔한 행동이 없었다."고 했다. 「기망실생졸」을 지은 다음, 황윤석은 아내의 시신과 함께 넣을 체계 · 복주감투 · 반지 · 언문편지 등을 챙기고 나서 아래의 시를 썼다.

「죽은 아내가 남긴 물품을 보며 짓다 亡室遺具小題」

백세로 죽을 때까지 함께하려 했건만	百歲終偕盡
삶과 죽음은 누가 길고 짧은가?	存亡孰短長
오직 함께 묻히자는 약속 따라	惟應同穴約
하피霞帔와 반대鞶帶[5] 길이 잊지 않으리.	帔鞶永無忘[6]

영조 52년 병신년(1776년 48세)

「기망실생졸」로 이미 아내와의 만남부터 이별까지를 자세히 기록

5 '하피霞帔'는 부인의 예복 장식이다. '반대鞶帶'는 옷을 묶는 띠 종류인 듯하다.
6 황윤석, 『이재난고』 4책, 한국정신문화연구원, 1998, 411쪽.

했기 때문에 시는 길게 쓰지 않았다. 그저 먼저 떠난 아내를 영원히 잊지 않겠다고 약속하고 있다. 짧은 오언시에서 28년을 함께 한 아내에 대한 깊은 사랑을 느낄 수 있다. 황윤석은 아내를 떠나보낸 뒤에도 꿈속에서 아내를 만나거나 아내의 생일이나 기일이 되면 시를 지어 그 감정을 표현하기도 했다.

「17일 새벽에 대궐에 가서 사은숙배 하려는데 홀연히 죽은 아내 숙인이 곁에 있는 꿈을 꾸고 잠에서 깬 후 감정을 기록했다 十七曉, 將詣闕肅謝, 忽夢亡室淑人在側, 覺後志感」

그 누가 천리 먼 길 따라오게 했을까? 誰敎千里遠來隨
성근 머릿결 넉넉한 모습 완연히 젊은 시절이네. 疎髻豊儀宛少時
삼년간 땅 속에 있다가 오늘 밤 만난 것은 地下三年今夜面
당연히 내가 왕 앞에 가는 걸 기뻐하는 것이겠지. 秪應嘉我赴丹墀

서반의 남은 밤, 달도 이미 저물었고 西泮殘更月已低
백산에는 새 풀 자라 꿈에서도 길 못 찾네. 栢山新草夢仍迷
다른 날 한 잔 술이 어찌 관청의 술일까? 他時一酹何官酒
백발 되어도 마음을 몰아 또 홀로 시를 짓네. 白首羈懷且獨題[7]
정조 2년 무술년(1778년 2월 17일 50세)

황윤석은 38세에 장릉참봉으로 처음 벼슬한 이후 계속 공직생활을 했다. 그는 43세 때 사포서별제에 임명되지만 일을 시작하기도 전에 기한을 넘겼다는 이유로 파직 당한다. 이때의 파직 이후 이 해 12월에

7 황윤석, 『이재난고』 4책, 한국정신문화연구원, 1998, 521쪽.

부친상을 당하고 이듬해 7월에는 스승인 김원행(1702~1772)마저 세상을 떠났다. 황윤석에게는 시련의 연속이었던 때였다.

아버지 상을 마친 뒤, 1774년 46세 때 응시했던 정시에 낙방을 했다. 이듬해에는 자신의 관직 생활에 많은 도움을 주었던 조정(1719~1775)이 사망했다는 소식을 들었다. 1776년 1월 5일, 익위사익찬에 임명되었다는 소식을 듣게 되지만 몇 가지 이유로 부임하기도 전에 파직 당했다. 그리고 이 해 9월 10일에는 아내가 세상을 떠났다.

이처럼 불운이 계속되던 가운데 1778년 초에 사복시주부에 임명되고 2월 17일에 숙배를 하게 되었다. 숙배하는 날 새벽꿈에 아내가 나타났던 것이다. 숙배는 관원이 근무지로 가기 전에 임금에게 인사하는 것을 말한다. 황윤석은 어려운 시기를 극복하고 다시 벼슬을 하게 된 것을 축하하기 위해 아내가 삼년 만에 꿈속에 나타난 것이라 생각하고 있다.

이 외에도 황윤석은 장릉령 시절에 꿈에서 아내를 만난 뒤, '헤어진 지 3년에 4번 꿈꾸니, 저승과 이승 마음 전부 식진 않았네.'라며 아내를 그리워하기도 했고, 1778년 9월 10일 객지에서 맞은 아내에 기일에는 '함께 살며 늙어가자 약속했더니, 그댈 보내고 이제 벌써 일 년 되었네. 무정한 세상일은 악마의 장난인가? 내일 새벽 네 아이 생각에 오래도록 슬퍼하네.'라며 아내의 제사를 챙기지 못하는 무력함과 아비 없이 어머니 제사를 올릴 자식들 생각에 슬퍼하기도 했다.

하지만 황윤석이 무엇보다 슬펐던 것은 현감이 된 자신의 모습을 아내가 보지 못했다는 사실이었다. 아내가 떠난 3년 뒤인 1779년 8월에 황윤석은 목천현감에 임명되었다. 그는 고향에서 올라오시는 어머님을 맞을 준비를 한창 하고 있던 10월 22일 새벽에 아내를 만나는 꿈을 꾸고는 다음과 같이 기록해 놓았다.

> 이날 밤, 새벽이 될 무렵에 죽은 아내 숙인이 젊은 날의 용모와 옷차림으로 나와 함께 어머니 처소로 가는 꿈을 꾸다가 갑자기 깨어났다. 서글픔이 얼마나 극심했던지. 내가 이제 관아에서 부모님 맞을 행차를 감독하면서 죽은 아내의 신주 또한 배행해오려고 했다. 아마도 저승과 이승 사이에 이치상 서로 감응하는 점이 있어서 그런 것일까? 나 혼자 머물며 잠 못 이루다가 우연히 이런 꿈을 꾸게 되었으니, 아침을 기다려 기록해 두고 잊지 않으려 함을 나타내고자 한다.[8]

이렇듯 현감이 된 뒤에도 꿈에서 조차 아내를 잊지 못하던 황윤석은 현감이 된 이후 처음 맞이한 아내의 생일에 다음과 같은 시를 남겼다.

「2월 4일은 죽은 아내의 생일이다. 병중이지만 감정이 일어나 절구 2수를 쓴다 二月四日, 卽亡室生辰也. 病枕興感, 爰有二絕」

그대 아는지? 생일이 바로 오늘인 것을.	知君懸帨卽今辰
이백산 서쪽에 풀은 다시 봄이네.	二柏山西草又春
두랑斗郎[9]은 와서 나를 지켜 주지만	惟有斗郎來守我
지난 세월 슬픔을 서로 감당 못하네.	不堪相對悵前塵

8 황윤석, 『이재난고』 6책, 한국정신문화연구원, 2000, 126쪽. (1779년 10월 22일 51세) "是夜向曉夢, 亡室淑人, 以少日容服, 與余偕詣大夫人所, 遽然而覺. 愴然何極. 余今方自衙上, 董治迎親之行, 而亡室神主, 亦將陪發, 豈幽明之間, 理有相感而然歟? 余旣獨處無寐, 偶得此夢, 待朝記之, 以示不忘."

9 당시 18세였던 황윤석의 둘째 아들 두룡斗龍을 가리키는 것으로 보인다.

조강지처 29년 동안	糟糠二十九年間
이별에 신음하며 괴롭기만 했지.	離別呻啾只苦顏
녹봉은 끝끝내 소실에게 돌아가니	淸俸到頭還小室
아득한 하늘 뜻은 무정하기만 하네.	悠悠天意亦無端[10]
정조 4년 경자년(1780년 2월 4일 52세)	

처음 혼례를 올릴 무렵부터 38세에 장릉참봉으로 출사하기 전까지 황윤석은 아내에 대한 기록을 많이 남기지 않았다. 때문에 아내에 대한 고마움도 그다지 드러나지 않았다. 아내를 살뜰하게 챙기고 애정을 표시하는 것은 당시 양반들로서는 어색한 일이었기에 황윤석 또한 자신의 감정을 쉽게 드러내지는 못했을 것이다.

하지만 오랜 고생 끝에 장릉참봉으로 출사하면서 부터는 아내에 대한 감사와 애정을 조금씩 나타내기 시작했다. 특히 사산과 자식의 요절을 겪게 되면서부터는 더욱 아내에 대해 염려하고 걱정하는 모습을 보였다. 그리고 이러한 애정은 아내가 세상을 떠난 이후에도 꿈속에서 아내를 만나거나 아내의 기일·생일 등을 맞을 때면 자주 표출되었다.

아내는 혼례를 올린 20살 때부터 세상을 떠난 48세까지, 벼슬살이 때문에 객지를 떠도는 남편을 위해 홀로 시부모를 모시고 자식들을 돌보며 생애를 보냈다. 두 차례나 사산을 겪었고 출산한 3남 4녀 중 1남 2녀를 일찍 잃었지만 슬픔을 이겨내고 가정에 헌신해 주었다. 고생 끝에 황윤석이 처음 벼슬하게 되었을 때에도 가문을 위해 노력해 달라고 격려해 주었을 뿐 어떤 불평의 말도 하지 않았다.

10 황윤석, 『이재난고』 6책, 한국정신문화연구원, 2000, 195쪽.

그런 아내였기에 곁에서 도움을 주지 못하고 벼슬살이로 떠돌기 만한 황윤석으로서는 고마운 마음뿐이었다. 그래서 아내가 살아 있었을 때에도 아내가 세상을 떠난 후에도 늘 마음 한편에는 아내에 대해 고마운 마음을 가지고 있었다. 황윤석이 더뎠던 출사와 평탄치 않았던 벼슬살이 속에서도 길을 잃지 않고 견뎌 나갈 수 있었던 것은 이러한 아내의 사랑과 희생이 큰 힘이 되었기 때문이라고 생각된다.

소실에 대한 애정과 고마움

소실은 정식 아내 외에 함께 사는 여자를 가리키는 말로 첩·별실·부실·작은집 등과 통용되는 말이다. 황윤석은 장릉참봉 시절이던 39세 무렵부터 의식주 문제를 해결하기 위해 소실을 두는 것을 고려했다. 하지만 고향의 가족들도 마음에 걸리고 경제적인 사정도 여의치 않아 차일피일 미루다가 아내가 세상을 떠나고 상례 기일을 마친 49세가 되어서야 면앙정 송순(1493~1583)의 후손을 소실로 들였다.

선행연구에 따르면 "초취 부인이 사망해도 그 시기가 50대 후반이라면 재혼 사례는 많지 않고, 30대 초반에 정처正妻가 사망하면 재혼이건 삼혼이건 관계없이 다시 혼인을 감행하는 것이 일반적인 관례였던 것이다."라고 했다.[11] 황윤석의 경우 아내를 잃었을 때 48세였고, 아내와의 사이에서 2남 2녀를 이미 두고 있었으므로 재혼을 하지 않고 소실을 들였던 것으로 보인다.

11 문숙자, 「조선후기 양반의 일상과 가족내외의 남녀관계－노상추의 〈일기(1763-1829)〉를 중심으로－」, 『고문서연구』 28집, 한국고문서학회, 2006, 15쪽 참조.

소실을 들였던 1777년 12월은 황윤석이 휴직 상태였으므로 소실과 함께 생활을 했다. 이듬해 2월에 사복시주부로 임명되면서 황윤석은 다시 홀로 객지생활을 해야 했다. 소실은 아내가 떠난 자리를 대신해서 고향 본가의 일을 돌봐야했기 때문이었다.

황윤석이 처음 소실을 언급한 것은 그가 사복시주부에 임명되고 얼마 되지 않아 지은 「사교음沙橋吟」이란 작품에서였다. 황윤석은 43살에 사포서별제에서 해임된 이후 횟수로 8년 만인 50세가 되어서야 복직을 했다. 이런 과정에 대한 감회를 담은 이 장편시에서 황윤석은 '동서남북 사이에, 누가 내 즐거움을 틀렸다 할까? 아내 있어 부엌에서 밥을 잘 짓고, 아들 있어 산에서 땔나무 잘 하는데.'라며 아내의 자리를 대신하는 소실의 삶을 노래했다.

그런데 소실은 건강이 좋지 않았던 것 같다. 4개월 뒤인 6월 19일에 동부도사로 재직하면서 지은 시에서는 '약한 아내 병 많고 작은 아이 혼자인데, 내 동생은 쇠약한 나이라 또한 매우 곤란하네.'라며 소실의 건강을 염려하고 있다. 황윤석은 소실의 건강을 염려했지만 소실은 편치 않은 몸에도 불구하고 고향에서부터 필요한 물품을 만들어 보내며 그를 도왔다. 그로부터 두 달 뒤 황윤석은 아래의 시를 지었다.

「새벽에 소실 꿈을 꾸고. 절구 두 수 曉夢小室. 二絕」

줄 끊어진 3년간 봉鳳은 황凰을 곡하더니	絃斷三年鳳哭凰
흰머리로 위로하는 건 소실小室에 의지하네.	白頭相慰賴秋娘
하늘 끝 멀다고 어찌 정情도 없으랴?	天涯豈是無情緖
등불 켠 새벽에 홀로 방에 있네.	燈髩殘更忽在旁

팔순의 어머니를 너도 알겠지.	八耋高堂爾亦知
부양하려는 이 마음 기약 어겨 어쩌나?	此心求養奈愆期
헛된 밥 먹으며 홀로 가을비에 싸여	虛食獨擁涼秋雨
한 뜨락 성긴 낙엽 창자를 어지럽히네.	一庭疎葉攪腸時[12]
정조 2년 무술년(1778년 8월 9일 50세)	

첫째 수에서는 3년 전 아내를 잃은 슬픔을 언급하면서 백발이 된 지금에 와서 자신을 위로해줄 사람은 소실밖에 없다고 말한다. 둘째 수에서는 지금까지 벼슬을 위해 떠돌고 있는 이유는 모두 어머니 부양 때문이라면서 소실에게 그 마음을 알아달라고 부탁하고 있다.

시 속에서 황윤석은 아내가 떠난 슬픔을 소실의 존재로 대신하면서 아내가 어머니를 봉양한 것처럼 소실 또한 어머니를 잘 봉양해주길 바라고 있다. 황윤석이 소실과 함께 생활한 기간은 얼마 되지 않았다. 자신은 다시 객지생활을 하고 있지만 그 빈자리를 소실이 채워줄 것이라 기대하고 있다.

황윤석은 소실의 사촌들과도 가족처럼 교유하며 지냈고 소실의 사촌들도 황윤석이 근무지로 떠날 때 전송하며 친분을 유지했다. 『이재난고』에는 황윤석이 소실을 위해 가락지를 사며 즐거워한 기록도 있다. 이 무렵에 황윤석은 장릉령에 임명되었다.

동부도사의 임기가 끝나면 현감으로 진급될 것으로 기대했던 황윤석에게 장릉령은 만족할 수 없는 관직이었다. 그래서 더 이상 현감직을 기대하지 말고 낙향해야할지 아니면 조금 더 기다리면서 기회를 엿볼지 깊이 고민하게 되었다. 이즈음 소실에게서 온 언문편지를 받

12 황윤석, 『이재난고』 5책, 한국정신문화연구원, 1999, 250쪽.

고 아래와 같이 절구 다섯 수를 지었다.

「며칠 전에 소실로부터 받은 언문 편지에 애써 노력해서 장차 영화롭게 봉양할 수 있기를 기약한다는 말이 있었다. 사정은 정말 그렇지만 역시 어떻게 될지는 알 수 없어서, 부질없이 절구 다섯 수를 쓴다 近得小室諺札, 有僶勉且期致榮養語. 情勢固然, 亦非乃所知, 漫成五絕」

첫 추위에 헤어지고 춘분이 돌아오니	初寒一別轉春分
꽃 움트고 빈산엔 해 절로 저무네.	花動山空日自曛
도리어 괴상하네, 사마령[13] 같은 신세	却怪身同司馬令
문원병文園病[14]에 걸릴 원인만 많아지네.	文園病緖極紛紛

편지는 어여쁘게도 내 어머니 염려하고	尺書憐爾念吾親
효도하자는 약속은 말마다 참되구나.	榮孝相期語語眞
백년 가학家學의 집안 구차하지 않으려니	家學百年非苟字
어느 곳 좇아 수레 먼지에 절할까?	欲從何處拜車塵

3년 동안 재주 편 것은 열흘 남짓인데	三歲逢場十日餘
마음을 알아줄까 얼굴을 알아줄까?	知心知面較何如
때가 오면 두읍도 외려 딴 일 되리니	時來斗邑猶餘外
오래 도록 부끄럽네, 공부가 충분하지 못한 것이.	長愧工夫未化渠

산 북쪽 전원마을 거닐자며	逍遙山北水雲鄕

13 한나라의 사마상여를 가리킨다. 그는 문원령文園令을 지냈다.

14 문원령을 지낸 적이 있었던 사마상여는 소갈증을 앓아서 병을 핑계로 한거閑居했다. 그래서 벼슬을 버리고 돌아가려는 생각을 '문원병文園病'으로 나타냈다.

금슬 좋던 예전 약속에 늙은이 눈물 떨어지네.　琴瑟前期老淚滂
노년의 여가를 장차 너와 함께하며　向晩淸閑將共汝
온 정원과 울타리에 개갓냉이와 뽕나무 심으리.　滿園芳蔊滿籬桑

가득가득 구슬 비취와 겹겹의 비단　盈盈珠翠疊疊紈
가난한 집의 살림과 비교하면 어떤가?　爭似貧家井臼安
세간 연기의 순박함 보지 못해　不見世間烟霧質
예부터 해관奚官[15]에 골몰하는 일 많았지.　從前多少沒奚官[16]
정조 3년 기해년(1779년 1월 29일 51세)

소실이 보낸 언문편지의 내용은 알 길이 없다. 하지만 황윤석이 남긴 시 제목에 따라 유추해보면 소실은 현감이 되어 어머님을 영화롭게 부양하기 위해 더욱 노력하자는 취지의 글을 보낸 것으로 생각된다. 그래서 둘째 수에서 이 사실을 언급하고 있다.

셋째 수에서는 지난 3년 동안 벼슬살이를 한 날은 얼마 되지 않으니 관료들 중 자신을 알아주는 사람이 없을 것 같다고 말한다. 넷째 수에서는 소실과 금슬 좋게 나누었던 약속을 떠올리며 장차 노년을 함께 하겠다고 다짐하고 있다.

이 시를 지은 지 7개월 후인 1779년 8월에, 황윤석은 그토록 바라던 현감직을 맡게 되었다. 현감에 임명되었다는 소식을 접한 뒤 황윤석은 직무수행을 위해 바로 목천으로 떠났고 어머니와 소실을 비롯한

15 해관奚官은 진晉나라 때 말 기르는 일을 담당하던 관직이다. 황윤석은 정조 2년(1778년, 50세) 1월에 여마輿馬 · 구목廐牧 및 목장에 관한 일을 관장하는 사복시의 주부가 되었다. 이 때문에 자신을 해관奚官이라고 했다.

16 황윤석, 『이재난고』 5책, 한국정신문화연구원, 1999, 418쪽.

나머지 가족들은 10월이 되어서야 목천으로 합류했다. 그런데 목천에 온가족이 모인지 얼마 되지도 않은 11월 27일에 소실은 병이 들고 말았다. 12월 14일에는 소실의 허리와 배에 기가 뻗치는 증상이 있어서 황윤석이 직접 살펴보기도 했다.

간헐적으로 병을 앓던 소실은 이듬해 4월부터는 본격적으로 아프기 시작했다. 황윤석은 4월 5일부터 4월 19일 까지 소실의 증상과 처방한 탕약·먹은 음식 등을 자세히 기록해놓고 있다. 한동안 잠잠하던 소실의 병은 6월 12일 경부터 다시 심해졌는데 이번에는 거의 숨이 끊어질 정도까지 앓았다.

그래서 황윤석은 6월 13일과 14일에 걸쳐 소실을 돌보느라 거의 한숨도 자지 못했다. 설상가상으로 6월 15일에는 목천현감에서 파직되었다. 황윤석은 이튿날인 6월 16일, 사당에 「고묘문告廟文」을 올려 파직 당하게 된 전후 사정을 고하고 6월 22일에 가족과 함께 고향으로 떠났다.

다행히 목숨을 건진 소실은 이후 황윤석 제부의 제사를 위한 제수를 후하게 보내서 황윤석을 감동시키기도 하고 판단하기 어려운 일을 서로 의논해서 처리하는 등 서로를 더욱 신뢰하는 사이로 발전했다.

혼례를 올릴 무렵 황윤석의 시에서는 아내와 결혼생활에 대해 아무런 감정을 드러내지 않았다. 하지만 이후 그가 남긴 시나 기록을 통해 황윤석이 얼마나 아내에게 감사하고 있었는지 살펴볼 수 있었다. 소실 또한 고향에서 아내의 빈자리를 대신하는 역할을 훌륭하게 해냈고 이에 대해 황윤석은 고마운 마음을 가지고 있었다. 이처럼 황윤석은 아내와 소실 모두에게 고마운 마음과 애정을 가지고 있었다.

제2부

한시에 나타난 아쉬움과 그리움

제1장

문학적 환경과 시론詩論

황윤석에 대해 본격적인 연구를 시작했던 이강오는 황윤석의 학문적 성향에 대해 "그는 유학자로서의 도통연원을 바르게 받아야 한다는 데에 관심을 두고 있었던 것 같다. 그는 언제나 공맹 · 정주 · 퇴율 · 사우의 학문을 표준으로 거론했다. 황윤석은 송시열이 위로 율곡과 사계를 계승한 이래 주자학이 동방에서 크게 밝아지게 되었으며, 우암의 학통은 김창협(1651~1708) · 이재(1680~1746), 그리고 자신의 스승인 김원행(1702~1772)으로 이어졌다고 보았다. 그러면서도 그는 선仙 · 불佛 · 형刑 · 명名 · 잡가雜家 등의 학문도 탐색하고, 태을太乙 · 육임六壬 · 둔갑遁甲 등 잡술에 관한 부분까지 탐구했다."고 설명하며 황윤석의 도학 · 박학의 측면을 강조했다.[1]

노혜경도 "그는 학문의 목표를 성현의 학문을 닦아 대유大儒가 되는 데에 두었다. 즉 도덕과 이론학의 기초 위에 경제와 실천이 수반되는 학문을 이룩하는 것이다."라고 하며 황윤석의 도학자적 측면을 강조했다.[2]

1 황윤석, 『이재난고』 1책, 한국정신문화연구원, 1994, 55쪽.

『이재난고』 속의 황윤석은 분명 이강오나 노혜경이 주장한 면을 가지고 있다. 그런데 다른 한편으로 황윤석은 권력과는 거리가 있는 시골 양반이었고 그런 마음을 시로 승화시킨 문학가였다. 기존의 연구는 호락논쟁이나 심성동이지설을 토론하는 그의 도학자적 모습과 서양역법과 혼천의에 관심을 가지는 실학자적 측면만을 너무 강조했다. 따라서 벼슬하지 못한 향촌 선비로서 이상과 현실 사이에서 전전긍긍하며 시를 지었던 그의 문학가로서의 면모를 간과해 왔다. 이 장에서는 황윤석의 문학이 가지고 있는 여러 가능성 중에서 시론과 관련된 부분을 살펴보려 한다.

황윤석의 문학적 환경

황윤석의 시론을 좀 더 폭넓게 이해하기 위해 먼저 그를 둘러싼 문학적 환경부터 살펴보자. 학문적으로 황윤석에게 큰 영향을 주었던 스승 김원행은 문학에 대해 어떻게 생각하고 있었을까? 황윤석이 시에 대해서 묻자 김원행은 다음과 같이 대답한 적이 있다.

> "나는 여기에 대해서 공부한 게 없으니, 어찌 말할 수 있겠나? 대개 후대에는 문장과 학문이 둘이 되었고, 이것은 본디 어떻게 해볼 수 없네. 그러나 학문이 원숙하다면 그 문장 또한 좋은 법이지. 이를테면 옛사람의 말과 가르침이 어찌 한 번인들 반드시 이런 문장을 짓겠다고 마음먹었겠나? 그 문장이 저절로 그랬던 것이지. 비록 이런 경지에 도달할 수

2 노혜경, 『18세기 수령 행정의 실제: 황윤석의 『이재난고』를 중심으로』, 한국학중앙연구원, 2004, 24쪽.

는 없다 해도 정작 그렇게 되는 이유는 몰라서는 안 되네. 자네도 여기에 대해서 더 이상 마음 두지 말고, 반드시 용감하게 나아가 실질적이고 가까운 것에 힘써야 하네."[3]

1759년 31세의 황윤석은 김원행을 찾아가서 사제의 인연을 맺었다. 이때 자신이 지은 시詩를 보여주면서 시에 대해 물었다. 그러나 김원행은 자신은 따로 시를 공부한 적이 없다며 황윤석에게 오직 '실질적이고 가까운 것'에 마음 두라고 말하고 있다. '실질적이고 가까운 것'은 어떤 것을 말하는 것일까? 같은 해 김원행이 황윤석에게 준 「기묘계추위영수서己卯季秋爲永叟書」에서 그 단서를 찾아보자.

황윤석군이 나에게서 『대학』 한 권을 배우고 장차 돌아가려 할 적에 한마디 말을 적어 달라 했다. 나는 『대학』에서 '태갑太甲'과 '반명盤銘'의 말 두 마디를 좋아했고, 『이굴理窟』 안의 불식不息의 의리를 논한 것이 또한 그 나머지 뜻을 밝혀놓은 것이 있었기에 함께 써서 주었다. 이어서 다시 생각하니, 학문은 쉬지 않는 것보다 좋은 것이 없고, 쉬지 않는 요체는 또한 경敬 한 글자보다 간절한 것이 없으니, 경敬이라는 것은 한 마음의 주체로서 움직임과 고요함을 알맞게 하고 시작과 끝을 관통하는 것이다. 만약 이 주체가 정립되지 않는다면 비록 쉬지 않고자 한들 되겠나? 이 때문에 일찍이 「옥조玉藻」의 구용잠九容箴과 정자의 '정제엄숙整齊嚴肅', '주일무적主一無適'의 말을 알려준 것이 한 번이 아니었다. 지금 이제 다시 거듭하니, 황윤석군이 학문을 쉬지 않는 데

3 황윤석, 『이재난고』 1책, 한국정신문화연구원, 1994, 179쪽. "某於此, 旣無工夫, 何得有言? 大凡後世, 詞章與學問爲二, 此固無可奈何. 然而學問旣熟, 則其文亦好. 如古人立言垂訓者, 何嘗必欲作如此之文哉? 而其文自然. 不可及此, 固有所以然者, 不可不知也. 尊於是勿復留意, 必須勇往, 專力於着實切近處可也."

도움이 되리라 생각하며 또 적어본다.[4]

스승과 제자의 인연을 맺은 후 당부의 말로 써준 글이다. 이 속에서 김원행은 황윤석에게 경敬 · 구용잠九容箴 · 정제엄숙整齊嚴肅 · 주일무적主一無適 등의 말을 강조했다. 이 외에도 김원행은 학문에 있어서 곁가지로 흐르지 않아야 한다던가, 소인 같은 유학자가 되지 말고 군자다운 유학자가 될 것을 강조하는 등 세속적인 성공을 강조하기보다는 자기 자신을 수양하는 것을 첫째 덕목으로 강조했다.

따라서 김원행이 강조한 '실질적이고 가까운 것'도 「기묘계추위영수서」에서 말한 경 · 구용잠 · 정제엄숙 · 주일무적과 동떨어진 것은 아닐 것이다. 이처럼 김원행이 말했던 '실질적이고 가까운 것'은 평소 생활에서 늘 실천해야 하는 도리道理를 뜻한다고 볼 수 있다. 그런 실천이 몸에 축적되면 문학은 저절로 이루어진다는 것이 김원행의 생각이었을 것이다.

미호 김원행은 농암 김창협(1651~1708)의 학맥을 이었다. 그러나 김창협 · 김창흡 등이 문장을 연구하는 데 많은 관심을 두었던 것과는 다르게 김원행은 문장에 아예 관심을 나타내지 않고 있다. 다만 훌륭한 문장은 이러한 일상적 도道가 무르익으면 따라서 발현되는 것이라고 말한다. 김원행의 가르침은 다음의 대화에서도 그 맥락을 확인할

4 황윤석, 『이재난고』 1책, 한국정신문화연구원, 1994, 233쪽. "黃君永叟, 從余講大學一書, 將歸, 請一語爲贈. 余於大學, 嘗愛太甲盤銘兩語, 而理窟中論不息之義. 又有足以發其餘意者, 遂幷書以與之. 仍更思之, 學莫大於不息, 而不息之要, 又莫切於敬之一字. 敬者, 一心之主宰, 適動靜, 而貫始終者也. 苟此主宰不立, 雖欲不息, 得乎以此, 嘗以玉藻九容. 程子整齊嚴肅主一無適之說, 所以告之者, 蓋不一矣. 今於此又申之, 以爲永叟不息之助又書."

수 있다.

> 지난 날 현명직이 집의 어른에게 "선생님이 지으신 문자를 어찌 잘 베껴서 모으지 않으십니까?" 하자, 집의 어른은 웃으며 말했다. "나는 이 일을 하기가 참 부끄럽습니다. 우리나라의 수많은 글 가운데 어찌 중요한 것이 없겠습니까? 하지만 별다른 이유 없이 모아서 어찌 스스로 썩지 않는 것에 붙여 두겠습니까? 이것은 참으로 비웃음을 살만 한 일이지요. 그런데 뒷날 이런 사정을 이해하지 못하고 자손들이 뒤좇아 간행하며 '판목版木을 사기가 왜 이리 비싼가?'할 것이니 이와 같다면 어찌 더욱 우습지 않겠습니까?"[5]

집의 어른은 김원행을 가리킨다. 현명직이라는 사람이 김원행의 글을 아까워해서 잘 정리해 두는 것이 어떻겠냐고 말하자, 김원행은 글이란 이유 없이 모아 둘 필요가 없다고 말한다. 오히려 후손들이 자신의 뜻을 알지 못하고 쓸데없이 힘을 낭비할까 걱정하고 있다. 바깥으로 드러나는 시문詩文에 마음을 쓰기 보다는 자신을 수양하는 데 치중하는 것이 학문의 근본이라는 뜻이다.

31세에 스승과 제자의 인연을 맺은 이래 13년간 김원행을 모신 황윤석은 이런 마음가짐을 가지고 있는 스승아래에서 자연스럽게 '위기지학-자신의 인품과 학문을 수양하는 공부'를 접하게 되었을 것이다. 그러나 실제로 황윤석이 이런 '위기지학'의 자세를 견지했는지는 조금

5 황윤석, 『이재난고』 1책, 한국정신문화연구원, 1994, 182쪽. "頃日玄命直謂執義丈曰: '所著文字, 何不淨寫裒輯?' 執義丈笑曰: '吾甚恥爲此事. 我國許多文字, 其中豈無不緊者? 而無端裒輯, 安自附於不朽者? 固已可笑, 而後來不解事, 子孫又從而刊行, "木貿何貴"云, 以是也. 豈不尤可笑哉?'"

더 고찰해 보아야 할 문제이다. 다만 그를 둘러싼 환경 중 강력한 영향력을 가졌던 그의 스승은 분명히 '재도지문-문장에는 도가 실려 있어야 한다.'의 입장에서 학문을 하고 있었으며 시문 창작에 따로 마음을 쓰는 것을 좋게 여기지 않았다. 또 당시 이름난 문장가였던 신유한(1681~1752)이 사망했다는 사실을 듣고 황윤석은 이렇게 기록해 두고 있다.

> 대개 이 사람은 평생 문장에 자부심이 있었고 시詩와 사辭에 더욱 뛰어났는데, 만년에 선서仙書와 불서佛書를 너무 좋아해서 소재지는 경학經學하는 스승이었지만 시를 좋아하는 승려들이 떼로 모여 들었다. 자식에게는 글을 가르치지 않았고, 가르쳐도 숙제를 내거나 단속하지 않았다. 남이 혹 그 일을 힐난하면, "문장의 도道는 하늘이 사람에게 주는 것이지 인력으로 획득할 수 있는 게 아니야. 이것은 천지간에 하나의 공적인 재주지. 비록 부모 자식 간의 지극한 정으로도 여기에 사사로움을 넣을 수는 없다네."라 했다. 이는 정말 천명을 아는 자의 말이니, 거의 옛날의 통달한 선비와 비슷한 모습이 아닌가![6]

신유한이 사망한 뒤에 그에 대해서 기록한 글의 일부다. 황윤석은 신유한이 문장으로써 이름이 높았지만 문장이란 비록 부자간에라도 가르쳐 전할 수 없는 것이라는 뜻에 크게 공감하면서 '이는 정말 천명을 아는 자의 말이다.'라고 표현했다.

6 황윤석, 『이재난고』 1책, 한국정신문화연구원, 1994, 115쪽. "盖此人平生, 固以文章自命, 而尤長於詩若辭, 晩酷好仙佛書, 所在地經師, 韻釋麇至. 有子不教書, 雖教亦不課督. 人或難之, 則曰: "文章之道, 天以授人, 非人力所可攫得. 是天地間一公物也. 雖父子至情, 有不能容私於斯." 斯之實知命者之言, 不幾於古昔達士之彷像乎!"

신유한은 문장의 도를 '천지간에 하나의 공적인 재주'라고 말했다. 이 말은 문장이란 천지와 떨어져 있는 어떤 것이 아니라 인간의 일상생활 속에서 해야 할 것, 즉 일상의 작은 일에서부터 체험해야 한다는 것이다. 바로 일상 속의 도道를 알아야 문장을 알 수 있다고 말하는 것이다. 황윤석도 신유한의 의견에 전적으로 동의하고 있다.

황윤석이 문장에 전혀 관심을 두지 않았던 것은 아니었다. 스스로는 경학經學에 뜻을 두었다고 자주 말하고, 문장은 중요하게 여기지 않았지만 다음과 같이 말한 경우도 있었다.

> 서영감이 말했다. "(전략)경전공부에만 오로지 뜻을 두었습니까? 문장공부에만 오로지 뜻을 두었습니까?" 내가 말했다. "경전공부라는 말은 감당하기 어렵지만, 어른들의 말씀을 들은 적은 있습니다. 그 다음은 고문古文과 고시古詩를 배우려고 합니다."[7]

서영감은 서명응(1716~1787)이다. 서명응이 황윤석에게 그 동안 어떤 학문에 관심을 가지고 공부했는지 묻자, 황윤석이 대답하고 있다. 겸손하게 대답하고 있지만 경전공부는 어른들의 가르침을 받은 적이 있고, 고문과 고시는 배우고 싶은 것이라고 말하고 있다.

이 무렵에 그는 진사시에 합격한 뒤 한 달간 석실서원에 머물면서 김원행으로부터 『대학』강의를 받고 있었다. 김원행으로부터 『대학』을 배울 때에는 동문들과 함께 석실서원에 머물면서 『중용』·『맹자』

7 황윤석, 『이재난고』 1책, 한국정신문화연구원, 1994, 550~551쪽. "徐令曰: '(前略)未知專意經術否? 專意詞章否?' 余曰: '經術二字, 非所敢當, 而得聞長者紙論則有之. 其次則古文古詩, 抑所願學者也.'"

등의 의문 나는 구절을 서로 토론했지만 문학에 대한 대화는 거의 하지 않았다. 그러나 마음속에 고문과 고시에 대한 학구열이 있었던 것이다. 그래서 시 지을 기회가 있으면 사양하지 않고 지었으며, 이미 완성한 시는 스승이나 동문들에게 보여 주며 장단점을 들으려 했다. 다음의 인용문을 보자.

> 정례가 "고시문古詩文에 있어서는 아껴야 할 자가 누구고 닮아야 할 자는 누굽니까?"라고 했다. 내가 "어려서부터 고문사古文詞를 알고 싶지 않은 것은 아니었지만, 중년에 병이 많아 여의치가 않았습니다. 다만 택당이 지은 『두시비해』와 호원서의 『시수』는 꽤 자주 봤습니다. 팔대가로는 구양수의 문장이 아낄 만하고, 십대가로는 왕양명과 신도가 볼만한 것 같더군요. 목재의 글은 또한 문장이 변화한 것이지요."라고 했다.[8]

정례는 김원행의 아들 김이안의 자字다. 황윤석은 고시문古詩文의 모범이 될 만한 인물에는 누가 있나? 라는 질문에 시에 있어서는 택당 이식(1584~1647)의 『두시비해』와 호응린(1551~1602)의 『시수』를, 문에 있어서는 팔대가 중 구양수(1007~1072)와 십대가 중 왕양명(1472~1528)의 문장을 거론하고 있다. 마지막에는 목재 전겸익(1582~1664)의 문장이 기존의 문장과는 다른 모습을 보이고 있다고 했다.

실제로 황윤석은 김원행과 함께 의문이 나는 시어를 논하면서 『두

8 황윤석, 『이재난고』 1책, 한국정신문화연구원, 1994, 652쪽. "正禮曰: '於古詩文, 所愛者, 誰氏也? 摸擬者, 誰氏也?' 余曰: '自幼非不欲染指古文詞, 而中年多病, 不能如意. 但於澤堂所爲杜詩批解, 及胡元瑞詩藪, 頗爲之愛玩矣. 八大家, 則歐文可愛, 十大家, 則陽明新都, 似可愛玩. 而牧齋之文, 亦是文之變化者矣.'"

시비해』를 언급한 적이 있다. 그 때도 택당의 저서를 칭찬하기는 했지만 자신이 의문을 가지고 있는 두시의 구절에 대한 해석은 없었다며, 자기 자신의 개인적인 해석을 김원행에게 말하고 동의를 얻었었다. 이처럼 황윤석은 스승의 영향으로 도학을 중요하게 생각했지만 문장에 무관심 하지는 않았다.

「고주집서」에 나타난 문학관

『이재난고』 속에는 수많은 인물들이 등장하고 이들 인물들이 정세나 성리학에 대해 언급한 많은 기록이 있다. 하지만 문학에 있어서는 상대적으로 남아 있는 것이 많지 않다. 문학에 관해 남아 있는 논의는 김원행과, 김원행의 아들이자 황윤석의 친구인 김이안과의 대화에서 주로 나타날 뿐이다. 대화의 내용 또한 주로 문학보다는 '위기지학'에 힘써야 한다거나 좋아하는 산문작가를 언급하는 수준에 머물고 있다. 따라서 황윤석이 자신의 문학적 견해를 피력한 「고주집서」는 그의 문학을 이해하는 데 중요한 역할을 한다. 우선 「고주집서」의 일부를 살펴보자.

> 도道라는 것은 여러 물건들을 매일 사용하면서 마땅히 실천하는 도리道理일 뿐이다. 심신心身과 성정性情의 미묘함에 근본해서 가정과 마을과 나라의 광대함에 형상화되는 것이다. 그것에 따라 잃지 않음이 있고 그것을 향해 멀리하지 않는다면 『서경』의 전모典謨가 한유 · 구양수와 함께하고, 『시경』의 풍아가 이백 · 두보와 함께하는 것이니 그 문文과 그 시詩가 어디 간들 도가 아니겠는가? 건안 · 여릉 연간의 사륙문이

> 또 도에 가까웠지만 진실로 그렇게 여기지 않아서 사람은 사람대로 문예는 문예대로일 뿐이면 비록 이른바 당·송의 문장과 한·위의 시와 서유의 사륙문이라도 도에 위배되는 것이 많을 것이다. 누가 그를 세상에서 순정한 학자며 씩씩한 선비라고 하겠나? 내가 일찍이 이것을 우리나라에 구할 적에 그 징험이 있었다. 명종과 선조가 교차될 즈음에 문운文運이 지극히 융성했다. 이에 퇴계와 율곡과 같은 여러 선생들이 앞서거니 뒤서거니 하면서 주자의 도를 밝혀서 삼국과 고려의 이천 년이나 이어져 온 비루한 풍속을 한결 같이 변화시키고 새롭게 만들었다. 그런 까닭으로 예악형정과 충효의열이 거의 삼대에 점점 나아가 도의 체용이 땅부터 하늘까지 끝없이 찼으니, 그 인재를 발육하는 것이 성대했다. 문文에 있어서는 소재·간이·월사가 있고, 시詩에 있어서는 고죽·옥봉·구봉·손곡·석주가 있어 함께 서로 더불어 일어나 그것을 광대하게 했다. (중략)풍신風神의 시원함과 흥상興象의 광대함과 음율의 청원淸圓함과 격조格調의 수연秀妍함은 명나라 가릉 제자의 평가를 따랐고, 그 출입한 것은 개원·대력의 사이였으니 송대의 뛰어난 사람이라야 혹 어깨를 나란히 할 수 있었다. 그러한 즉 옥봉의 남은 영향을 이어서 송호와 더불어 백중세가 되는 것은 또한 오직 이 시詩뿐이며(하략)[9]

'도道라는 것은 사물을 매일 쓰면서 마땅히 실천하는 도리道理일 뿐이다.' 황윤석은 시문詩文에 대해 설명하는 처음에 도道의 개념을 먼저 말했다. 스승이 늘 강조했던 '재도지문'을 자신도 공감하고 있다는 것을 나타내는 것이다. 이 도道는 『대학』의 조목과도 같이 심신과 성정의 은미한 가운데에서 근원해서 집안과 마을과 온 나라에 까지 펴져 나간다고 말한다.

9 이 부분의 번역은 조남권·이진오의 『한국고전비평론』, 권2, 민속원, 2007, 334~336쪽을 참고 했다.

또 도를 잘 따라 늘 잃지 않고 멀리하지 않는다면 산문의 모범인 『서경』의 전모典謨가 한유(768~824)와 구양수(1007~1072)의 산문에 녹아 있듯, 시詩의 모범인 『시경』의 풍아가 이백(701~762)과 두보(712~770)의 시詩에 무젖어 있는 것과 같을 것이니 어떤 산문을 짓던 어떤 시를 쓰던 간에 도道의 드러남이 아님이 없을 것이라고 말한다.

여기서 황윤석은 한유와 구양수의 산문과 이백과 두보의 시는 단순한 명문名文이 아니라 『서경』과 『시경』에 필적할 만 한 글이라며 거의 경전의 지위에 까지 올려놓았다. 이어서 우리나라에 있어서는 퇴계 이황(1501~1570) · 율곡 이이(1536~1584) 등이 주자의 학문으로 나라의 풍속을 쇄신시켰고, 소재 노수신(1515~1590) · 간이 최립(1539~1612) · 월사 이정구(1564~1635) · 고죽 최경창(1539~1583) · 옥봉 백광훈(1537~1582) · 구봉 송익필(1534~1599) · 손곡 이달(1539~1618) · 석주 권필(1569~1612)과 같은 인물들은 문文과 시詩로써 이러한 도를 더욱 빛내고 키웠다고 말한다.

황윤석은 『서경』과 『시경』의 뜻을 한유 · 구양수 · 이백 · 두보가 체득하고 있다고 말했다. 경전이 품고 있는 뜻은 멀리 있는 것이 아니라 인간이 삼가고 노력한다면 체현할 수 있다는 말이다. 또 이황과 이이가 선성先聖의 도를 집대성한 주자의 도를 가지고 나라의 풍속을 바꾸어 놓았다며 성현의 학문이 우리나라에 온전하게 전해졌다고 말하고 있다. 이어서 문과 시에서 여러 앞선 유학자들이 그것을 더욱 빛내고 키웠다고 말한다. 우리나라의 도학과 문장이 중국에 뒤지지 않는다며 자부하고 있는 것이다.

마지막으로 황윤석은 옥봉 백광훈 · 송호 백진남(1564~1618)[10]과 겨룰 만 한 시詩의 조건, 즉 최고 수준의 시는 가릉[11] 제자의 평가에 맞는 풍신風神의 시원함, 흥상興象의 광대함, 음률音律의 청원淸圓함, 격조格調의 수연秀姸함을 갖추어야 하고 개원 · 대력, 즉 성당 · 중당의 시詩에 능통해야 한다고 말하고 있다. 그런데 황윤석이 말한 좋은 시가 되기 위한 조건 가운데 풍신과 흥상 등에 관해서는 그가 자주 봤다던 『시수』에 비슷한 말이 있다.

> 대개 시를 짓는 대법大法은 흥상과 풍신, 격률과 음조에 불과하다. 격률이 비루하고, 음조가 어그러지면, 풍신과 흥상은 하나도 볼 만한 것이 없게 되니, 곧 시가詩家의 큰 병폐다.[12]

호응린은 "시를 짓는 대법大法은 흥상과 풍신, 격률과 음조에 불과하다."라고 주장했다. 이것은 황윤석이 좋은 시의 조건으로 주장한 풍신의 시원함, 흥상의 광대함, 음률의 청원淸圓함, 격조의 수연秀姸함과 거의 일치 한다. 흥상과 풍신은 두 사람의 주장이 완전히 같고, 호응린이 말한 체격과 성조는 황윤석이 말한 음률과 격조와 거의 유사하다. 게다가 호응린은 체격과 성조를 같이 말했는데 황윤석은 격조와 음률을 같이 말했으므로 여기에서는 어의상 큰 차이가 없다고

10 백진남은 명종19년에서 광해군10년까지 생존했던 인물로 옥봉 백광훈의 아들이다. 호는 송호松湖, 자는 선명善鳴이었는데 서예와 시를 잘했다고 한다. 조남권 · 이진오의 『한국고전비평론』, 권2, 민속원, 2007, 338쪽.

11 가릉嘉隆은 명세종明世宗의 연호인 가정嘉靖과 목종穆宗의 연호인 융경隆慶으로, 그 사이는 조선의 명종明宗과 선조宣祖의 교체기에 해당된다. 이 시기에 명나라에서는 호응린의 한시 비평서인 『시수詩藪』가 지어졌다.

12 기태완 외 역주, 『호응린의 역대한시비평』, 성균관대학교출판부, 2005, 439쪽. "蓋作詩大法, 不過興象風神, 格律音調. 格律鄙陋, 音調乖舛, 風神興象, 無一可觀, 乃詩家大病."

보아도 무방할 듯하다. 성조와 음률 또한 시에 있어서 음악적 특징에 관련된 용어이므로 서로 상통하는 부분이 많다고 볼 수 있기 때문이다.[13]

황윤석은 문장에 전적으로 힘을 쏟는 사람은 아니었다. 하지만 당대에 접할 수 있었던 여러 시가의 논의에 무관심하지는 않았던 것 같다. 그는 엄우나 모곤의 시문도 읽었고 『시수』도 자주 봤다. 이런 점으로 볼 때 황윤석은 호응린의 시론에 동조했던 것으로 보인다.

진백해는 그의 저서에서 당시唐詩의 본질적 요소를 풍골風骨 · 흥기興奇 · 성률聲律 · 사장辭章 · 흥상興象 · 운미韻味 · 기상氣象으로 설명했다. 이 중에서 풍골 · 흥기는 당시의 내용적인 측면을 말한 것이고, 성률 · 사장은 형식적인 측면을 말한 것이며, 흥상은 앞선 풍격이 전대의 것을 계승한 것이었던 것과 달리 바로 당시 특유의 미학경계이며, 운미는 운韻 밖에서 나타나는 흥취를, 기상은 앞 요소를 조합한 당시의 전체적인 풍모를 나타낸다고 했다.[14]

『고주집서』와 『시수』를 진백해의 말과 비교해보면, 황윤석이 좋은 시의 조건이라고 말한 풍격적인 측면들은 바로 당시唐詩적인 풍격을 말한 것이다. 황윤석은 호응린이 『시수』에서 제시한 각 시대 시들의 특징 중에서 당시唐詩의 특징을 선택해서 좋은 시의 조건으로 제시함으로써 자신은 당시唐詩를 시의 전범으로 삼고 있다고 밝히고 있는 것이다.

13 시가에서는 성률이라는 용어를 사용하면서 성률 안에 성조 · 음운 · 격률 등을 포함시킨다. 자세하게 파고 들어가면 구분할 수도 있겠지만 지나치게 번잡해지고, 주된 논의 관점에서도 벗어나므로 여기에서는 이 정도로 줄인다.

14 천뽀하이(진백해) 지음, 이종진 옮김, 『당시학의 이해(원제: 唐詩學引論)』, 사람과 책, 1994, 20~78쪽.

제2장

풍신의 의미는 무엇일까?

앞 장에서 호응린이 『시수』에서 작시作詩의 대법大法으로 흥상·풍신·격률·음조를 주장했고, 황윤석은 호응린의 주장을 그대로 받아들여 자신의 시론을 확립했다는 것을 알게 되었다. 이 장에서는 호응린과 황윤석이 중요하게 생각했던 풍격 중에서 '풍신'이 무엇을 뜻하는 것인지 살펴보자.

'풍신'이란 용어의 유래와 정의·활용과 변천에 대해서는 이미 『중국고전미학사전』·『중국미학범주사전』·『한한대사전』 등의 사전에서 밝혀놓고 있다. 하지만 '풍신'이 한시 비평에서 어떻게 활용되고 있는지에 대해서는 개념 정리가 좀 더 필요하다. 사전적 정의만으로는 한시 비평에서 쓰인 '풍신'이란 용어의 정확한 개념을 파악하기가 쉽지 않기 때문이다. 따라서 필자는 '풍신'이 한시 비평에서 구체적으로 활용되고 있는 사례들을 분석해서 그 속에서 활용되고 있는 용례의 양상을 검토해보고자 한다.

필자는 호응린이 『시수』에서 '어떤 작가의 이 구절은 풍신이 뛰어나고, 반면에 어떤 작가의 저 구절은 그에 비해 풍신이 부족하다.' 등의 방식으로 풍신의 우열을 논평한 사례들을 몇 가지 발견할 수 있었다. 또한 택당 이식(1584~1647)이 구체적인 구절을 예로 들며 '풍신'의 우열을 평론한 구절도 발견할 수 있었다. 이러한 사례들을 '풍신'이 가진 사전적 의미와 비교하며 검토한다면 한시비평에서 활용된 '풍신'의 의미와 용례를 좀 더 명확하게 파악할 수 있을 것이라 생각하고 연구를 진행했다.

풍신에 대한 기존의 해석들

풍신에 대해서는 사전적 정의도 있고 몇 편의 선행연구도 있다. 먼저, 『중국고전미학사전』에서 정리하고 있는 풍신의 의미를 살펴보면 아래와 같다.

> 일찍이 인물을 품평하는 데 쓰였는데 인물의 소쇄瀟灑한 풍채風采·신정神情을 가리켰으니 이것은 인물의 정신·기질의 외적인 표현이다. (중략)이른바 '유독 풍신을 위주로 한다.'·'풍신으로써 읊조린다.'는 것은 모두 요지가 풍채風采·신정神情을 주입하는 것에 집중해서 그것이 골력骨力과 서로 결합하게 하고, 시적 의상意象을 힘써 구하면 다시 예술적 매력을 풍부하게 가지게 된다는 것이다.[1]

1 彭會資, 『中國古典美學辭典』, 廣西教育出版社, 1991, 167쪽. "早見用于品評人物, 指人物瀟灑的風采神情, 他是人物情神氣質的外在表現. (中略)所謂 '獨主風神'·'永之以風神', 都是指要注重灌注風采神情, 使之與骨力相結合, 力求詩的意象更富有藝術魅力."

인용한 사전적 정의에 따르면, '풍신'은 원래 인물을 품평할 때 주로 사용된 용어였는데, 한시에서는 작가의 '풍채風采'와 '신정神情'이 작품 속에 주입되어 작품의 골력骨力과 결합하는 것이라고 했다. 또한 『중국미학범주사전』에 따르면 '풍신'은 위진시대 인물의 품평에서 처음 등장했는데,[2] 이 용어가 문학과 예술에 많이 전용되면서 당대唐代에는 '풍신'을 가지고 바로 예술작품을 가리키기도 했고, 송나라 강기(1155~1221)의 저술인 『속서보』에서는 '풍신'을 서법 미학의 기본 범주에 넣어서 오로지 '풍신'을 가지고 미술작품을 판단하기도 했으며,[3] 이후 시문평에 있어서 '풍신'은 더욱 중요한 범주가 되었다고 했다.[4] 『한한대사전』에서는 '풍신'을 '풍채'나 '표정과 태도'로 정의했고, 또 '예술작품의 문채文采와 신운神韻'이라고도 했다.[5]

사전적 정의 외에 선행연구의 내용을 살펴보면, 차주환의 경우 "풍신風神이란 용어는 풍격風格 · 풍채風采 · 풍자風姿 등의 뜻과 연결되

---

2 成復旺, 『中國美學範疇辭典』, 中國人民大學出版社, 1995, 112~113쪽. "指藝術作品的風韻神采. '風神'一詞初見於魏晉人物品評, 漢代相人重筋骨, 而魏晉識鑒重神明, 所以多用'神氣' · '神情' · '風韻' · '風神'等語論人."

3 成復旺, 『中國美學範疇辭典』, 中國人民大學出版社, 1995, 113쪽. "風爲氣的流動狀態, 而神則爲氣的主宰, 故風神實爲人的精神氣質的外部表現. 固魏晉的人物品鑒具有審美品鑒的意義, 用語多轉用於文學藝術, 唐代卽以'風神'指稱藝術作品...至宋薑夔著『續書譜』更將'風神'作爲書法美學的基本範疇, 專列'風神'一節, 說明其決定作用."

4 成復旺, 『中國美學範疇辭典』, 中國人民大學出版社, 1995, 113쪽. "在詩文評中'風神'也上升爲重要範疇."

5 檀國大學校附設東洋學研究所 編, 『漢韓大辭典』 권15, 檀國大學校 東洋學研究所, 2008, 182쪽. "풍신風神: 1. 풍채. 또는 표정과 태도. 2. 예술작품의 문채와 신운神韻을 이르는 말. 곧 작품이 아름다우면서 신비롭고 고상한 운치가 있음을 이른다."

어 처음에는 사람의 외모로 풍겨내는 아름다움을 말하는 데 쓰였는데 점차 그 종류의 구분을 시도하면서 시문詩文 · 서화書畵를 비롯한 모든 예술작품에 두루 적용하게 되었다."라고 했고,[6] 황일권은 "'풍신'은 인물 및 예술작품 품평에 두루 사용된 풍격용어로, 각 영역의 미적 특성을 개괄하는 데 사용되었다. 인물품평에 사용된 것을 필두로 서화書畵 그리고 시가詩歌 평론에 사용되다가 명대明代에 와서는 산문평론에 원용되기 시작하였다."[7]라고 했다. 또 감준희는 '풍신風神'은 문학 작품의 내적 · 외적인 요소가 잘 어우러진 상태를 가리키며, 그것이 생동감 있게 발휘됨에 따라 예술적 감화가 이루어진다고 했다.[8]

이 밖에 유덕중은 "호응린의 이른바 '풍신風神'이라는 것이 엄우가 말한 '흥취興趣'와 사실은 일치한다는 것을 볼 수 있다."라고 했고[9], 원종례는 "그(호응린)는 시어의 구성미를 체격體格 · 성조聲調라고 부르고 시에 내재된 시인의 감정이 불러일으키는 미감을 흥상興象 · 풍신風神이라고 부르고, 풍격體格 · 성조聲調와 흥상興象 · 풍신風神의 관계를 거울과 꽃 또는 물과 호수에 비유하였다. 이 비유는 우리로 하여금 격조格調와 신운神韻의 의미를 확실하게 알 수 있게 해주는 적절한 것이라고 생각된다. 그러므로 시의 핵심은 신운神韻이고, 격조格調

6 차주환, 「최자의 시평: 이규보와의 관련은 주로하여」, 『동아문화』 제9집, 서울대 문리대, 1970, 47쪽.

7 황일권, 「風格用語 "風神"의 含意 辨析」, 『중국어문학』 45집, 영남중국어문학회, 2005, 49쪽.

8 감준희, 「農巖 金昌協의 '風神'비평 연구」, 『장서각』 38, 한국학중앙연구원 출판부, 2017, 137쪽.

9 유덕중, 「格調 · 風神 · 神韻-胡應麟『詩藪』的理論特色」, 『시화학』 3호, 동방시화학회, 2001, 63쪽.

는 시어의 미적구조에 불과하다."라고 했다.[10]

유덕중과 원종례는 풍신과 흥취의 유사성, 체격 · 성조와 흥상 · 풍신이 가지는 관계에 집중해서 말하고 있다. 특히 원종례는 '시에 내재된 시인의 감정이 불러일으키는 미감을 흥상 · 풍신이라고 부른다.'고 해서 작품 속에 시인의 감정이 들어가 있는 경우를 흥상 · 풍신이라고 정의하고 있다는 것을 확인할 수 있다. 문학비평에 한정해서 사전적 정의와 선행연구의 내용을 살펴보면 풍신이란 용어는 대체로 아래의 의미로 요약될 수 있다.

1) 작품의 외적인 '모습'을 가리키는 경우(『중국미학범주사전』)
2) 작가의 정신이나 기질이 작품 속으로 들어간 것을 가리키는 경우(『중국고전미학사전』)
3) 예술작품의 문채文采와 신운神韻(『한한대사전』)
4) 문학 작품의 내적 · 외적인 요소가 잘 어우러진 상태를 가리키는 경우(감준희)
5) '흥취'와 같은 뜻(유덕중)
6) 시에 내재된 시인의 감정이 불러일으키는 미감(원종례)

그러면 '풍신'의 이러한 용례들이 실제 시문평류 서적에서는 어떻게 활용되었는지 살펴보자. 사고전서 전자판 시문평류 서적 중에서 '풍신'이란 용어가 등장하는 사례를 조사해본 결과 총 22건(34번 노출)[11]

10 원종례, 「王世貞과 胡應麟의 詩論 比較硏究」, 論文集 21호, 성심여자대학교, 1989, 41쪽.

11 사고전서 전자판에서 시문평류를 대상으로 '풍신風神'을 검색하면 22건이 검색되는데, 각 건수 별로 1번만 '풍신風神'이 등장할 때도 있지만, 어떤 경우는 1건에 4~5번씩 등장하기도 한다.

이 검색되었다. 이 중 5건(15번 노출)이 호응린이 사용한 경우였다. '풍신'이란 비평용어 자체를 호응린이 주도적으로 사용했다는 것을 알 수 있다. 먼저 호응린을 제외한 사례부터 아래에서 살펴보자.

1) 攝中郎將有詩曰: "宮娃引入玉爲行, 金殿齊趍近御床, 不見聖明親顧問, 如何得攝漢中郎." 風神俊邁, 後擁節旄.(『詩話總龜』, 卷二十三)

2) 左丞相說, 右丞相璟, 太子少傅乾曜, 同上官, 命讌東堂賜詩云: "赤帝收三傑, 黃軒擧二臣, 由來丞相重, 分掌國之鈞, 我有握中璧, 雙飛席上珍, 子房推要道, 仲子訝風神, 復輟台衡老, 將爲調護人, 鵷鸞同拜日, 車騎擁行塵, 樂聚南宮宴, 觴連北斗醇, 俾予成百揆, 垂拱問彝倫."(『唐詩紀事』, 卷二)

3) 孟浩然襄陽人也. 骨貌淑淸, 風神散朗, 救患釋紛以立義, 灌園圃以全高交遊之中.(『唐詩紀事』, 卷二十三)

4) 趙使君生子晬日詩云: "毛骨貴天生, 肌膚片玉明, 見人空解笑, 弄物不知名, 國器嗟猶小, 風神望益淸, 抱來芳樹下, 時聽鳳凰聲."(『唐詩紀事』, 卷七十三)

5) 西淸詩話云: "太白歷見司馬子微, 謝自然賀知章, 或以爲可與神遊八極之表, 或以爲謫仙人. 其風神超邁英爽, 可知後世詞人狀者, 多矣."(『漁隱叢話』, 前集卷五)

6) 桐江詩話云: "楊朴字契先, 一日秋晴, 戲釣於道傍溪澗中, 値漕臺陳文惠出巡按, 從者訶之, 契先竟不顧, 文惠怒命從者, 攝至前路郵亭中詰之, 契先風神村野, 宛然一耕夫也.(『漁隱叢話』, 前集卷四十二)

7) 詩云: "江夏無雙乃吾宗, 同舍頗似王安豐, 能澆茗椀湔祓我, 風神欲挹浮丘公, 吾宗落筆賞幽事, 秋月下照澄江空, 家山鷹爪是小草, 敢與好賜雲龍同, 不嫌水厄幸來辱, 寒泉湯鼎聽松風."(『漁隱叢話』, 後集卷十一)

8) 裴度寄李翶書云: "昔人有見小人之違道者, 耻與之同形貌共衣服, 遂思倒置眉目反易冠帶, 不知其倒之之非也. 故文之異在氣格之高下思致之淺深, 不在礫裂章句隳廢聲韻也. 人之異在, 風神之清濁, 心志之通塞, 不在於倒置眉目, 反易冠帶也."(『餘師錄』, 卷四)

9) 西清詩話云: "李太白歷見司馬子微, 謝自然賀知章, 或以爲可與神遊八極之表, 或以爲謫仙人. 其風神超邁英爽, 可知後世詞人狀者, 多矣."(『詩林廣記』, 卷二)

10) 故雜陳漢晉之詞, 而出入正變初唐, 襲隋梁之後, 是以風神初振, 而縟靡未刊. 今無其才, 而襲其變, 則其聲粗厲, 而畔規不得其神, 而擧其詞, 則其聲嘽緩, 而無當彼我異觀, 豈不更相笑也.(『歷代詩話』, 卷七十八)

11) 王若之字湘客, 益都人, 父基明戶部尙書. 若之以父任歷官河南參議. 性嗜古南渡避地姑孰圖書鼎彝之屬尙兼兩, 後死金陵. 若之風神清暎, 如晉宋間人.(『漁洋詩話』, 卷中)

12) 問古詩十九首, 乃五古之原, 按其音節風神, 似與楚騷同時, 而論者指爲枚乘等, 擬作枚之文, 甚著其詩不多見. (中略) 問樂府之體, 與古歌謠髣髴, 必具有懸觧, 另有風神, 無蹊徑之可尋, 方入其室, 若但尋章摘句, 摹擬形似, 終落第二義. (中略) 樂府寧爲其變, 而不可以字句比擬也明矣. 來教必具懸解另有風神, 無蹊徑之可尋, 乃入其室數語盡之.(中略) 樂府自樂府, 歌謠自歌謠, 不相蒙也. 樂府不特另具風神, 而亦具有體格. 古今之擬樂府者, 皆東家施捧心伎倆也.(『師友詩傳錄』)

13) 問孟襄陽詩, 昔人稱其格韻雙絶, 敢問格與韻之別. 答格謂品格, 韻謂風神(『師友詩傳錄』, 續錄)

14) 貞觀學士猶傳模, 當時人物不易得, 曾看風神有此無.(『宋詩紀事』, 卷二十八)

15) 范巡方有詩霓裳翠袖剪吳綾, 烟霧輕籠弱不勝, 綽有風神凌海嶠, 憐他冷豔斲春氷, 銀盤皎潔還疑雪, 金醆嬌嬈好試燈, 擬與梅花同配食, 水仙王廟最相應.(『全閩詩話』, 卷九, 「臺海見聞錄」)

16) 建寧縣鳳山迎鼇觀宣和中, 有一道士, 來遊觀中, 貼二符於壁旁書云: "召和氣作融, 風神府末吏."(『全閩詩話』, 卷十一, 「王文卿」)

17) 江南僞後主李煜, 字重光, 蚤慧精敏, 審音律善書畫, 其作大字, 不事筆卷帛, 而書之, 皆能如意, 世謂撮襟書, 復喜作顫掣勢, 人又目其壯, 爲金錯刀, 尤喜作行書, 落筆瘦硬, 而風神溢出, 然殊乏姿媚, 如窮谷道人.(『五代詩話』, 卷一, 「李後主」)

제시한 예문에 쓰인 '풍신'은 몇몇 확실한 경우를 제외하고는 대부분이 인물의 '풍모'를 가리키는지, 작품의 비평용어로 쓰였는지도 구분이 애매하다. 게다가 확실히 비평용어로 쓰였다고 판단되는 경우에도 앞서 정리한 '풍신'의 의미 중 어떤 경우로 사용되었는지 단언하기가 어렵다. 이번에는 호응린이 풍신을 비평용어로 활용한 경우를 살펴보자.

1) 作詩大要不過二端, 體格·聲調·興象·風神而已. 體格·聲調有則可循, 興象·風神無方可執. 故作者, 但求體正格高, 聲雄調鬯, 積習之久, 矜持盡化, 形迹俱融, 興象·風神, 自爾超邁. 譬則鏡花水月, 體格·聲調水與鏡也, 興象·風神月與花也.(『唐音癸籤』, 卷二)

2) 古詩之妙, 專求意象, 歌行之暢, 必由才氣, 近體之攻, 務先法律, 絶句之構, 獨主風神, 此結撰之殊塗也. (中略) 律詩全在, 音節·格調·風神, 盡具音節中. (中略) 盛唐王·岑·孟·李, 永之以風神, 暢之以才氣, 和之以眞澹, 錯之以淸新, 然後歸宿杜陵. (中略) 學者步高·岑之高調, 含王·李之風神, 更加以工部之雄深變幻, 庶盡七言能事爾. (中略) 排律先熟讀宋駱沈杜諸篇, 倣其布格措詞, 則體裁平整, 句調精嚴. 益以摩詰之風神, 太白之氣槩, 旣奄有諸家美善咸備, 然後究極杜陵擴之以閎大, 濬之以沉深, 鼓之以變化.(『唐音癸籤』, 卷三)

3) 唐初承襲梁·隋陳子昂, 獨開古雅之源, 張子壽首創淸澹之派, 盛唐

繼起孟浩然 · 王維 · 儲光羲 · 常建 · 韋應物, 本曲江之清澹, 而益以風神者也. (中略) 初唐七言古, 以才藻勝盛唐, 以風神勝李杜, 以氣槩勝而才藻風神稱之, 又加以變化靈異, 故遂爲大家. (中略) 弓抱關西月, 旗翻渭北風, 嘉州壯語也. 杜北風隨爽氣, 南斗避文星, 風神過之.(『唐音癸籤』, 卷九)

4) 盛唐絶句, 興象玲瓏, 句意深婉, 無工可見, 無跡可尋. 中唐遽減風神, 晩唐太露筋骨.(『唐音癸籤』, 卷十)

5) 弓抱關西月, 旗翻渭北風, 嘉州壯語也. 杜北風隨爽氣, 南斗避文星, 風神過之.(『歷代詩話』, 卷四十一)

인용문에서 호응린이 '풍신'을 모두 문학비평용어로 사용했다는 사실은 알 수 있다. 하지만 앞선 다른 시문평류 서적에서의 용례와 마찬가지로 여기서 쓰인 '풍신'이 앞서 정리한 풍신의 여러 의미 중 어떤 용례로 활용되었는지는 단언하기 어렵다. 하지만 인용문 5)와 같이 구체적인 구절을 예로 들어 풍신의 우열을 이야기 한 경우에는 분석해볼 여지가 있으므로 그의 저작인 『시수』에 남겨진 이러한 구절을 중심으로 '풍신'의 용례를 살펴보도록 하자.

'풍신'을 이용한 비평 양상: 호응린과 이익의 경우

아래에서 호응린이 풍격용어 '풍신'을 이용해서 남긴 비평을 살펴보자.

"활은 관서關西의 달을 끌어안고, 기旗는 위북의 바람에 드날리네.[弓抱關西月, 旗飜渭北風]"는 잠삼의 장어壯語인데, 두보의 "북풍은 시원한 기운을 따라오고, 남두南斗는 문성文星을 피하리.[北風隨爽氣, 南

斗避文星.」"[12]는 풍신이 그것을 능가한다.[13]

인용문에서 호응린은 잠삼(715~770)의 '弓抱關西月, 旗飜渭北風.'이라는 구절에 대해서 그의 작품 중 '씩씩한 시어[壯語]'에 속한다고 평가했고, 두보의 '北風隨爽氣, 南斗避文星.'이란 구절에 대해서는 잠삼의 그것 보다 풍신의 측면에서 더욱 뛰어나다고 말하고 있다.

잠삼의 시구는 1구에서 무력을 상징하는 '궁弓'이란 글자를 사용해서 '변방의 달'을 품었다며 무생물인 '활'에 인간의 감정을 이입해서 그 기상을 드러냈다. 또 2구에서는 깃발[旗]이 '위북渭北의 바람에 펄럭인다[飜渭北風]'고 말해서 군력이 침체되지 않고 사기가 충만하다는 것을 은연중에 드러내고 있다. 그래서 호응린은 이 두 구절을 '씩씩한 시어'라고 표현했을 것이다.

반면 두보는 1구에서 '북풍'이 '시원한 기운을 따른다.'고 했다. 이 구절은 상쾌한 기운에 이어 북풍이 불어오는 자연 현상에 자신의 감정을 불어 넣었다. 마치 '북풍이 상쾌한 기운을 쫓아 이곳에 온 것'처럼 묘사하고 있다. 다음 구절에서는 '남두南斗가 문성文星을 피하리.'라고 했다. 여기에서 '문성文星'은 이 시의 주인공인 이면을 가리킨

12 두보의 「衡州送李大夫七丈勉赴廣州」 중 제3·4구다. 전편은 다음과 같다. 林德保, 李俊 主編, 『詳注 全唐詩』 第2卷, 大連出版社, 1998, 895쪽. "斧鉞下青冥, 樓船過洞庭. 北風隨爽氣, 南斗避文星. 日月籠中鳥, 乾坤水上萍. 王孫丈人行, 垂老見飄零."

13 胡震亨, 『唐音癸籤』, 卷九. "弓抱關西月, 旗翻渭北風, 嘉州壯語也. 杜北風隨爽氣, 南斗避文星, 風神過之." 이 구절에 대한 번역은 기태완 외, 『호응린의 역대한시비평』, 성균관대학교출판부, 2005, 275면을 참고했고, 이 구절에 대한 해설은 이상봉, 「황윤석 시론 연구」, 『동양한문학연구』 26집, 동양한문학회, 2008, 281~282면을 참고했다.

다.[14] 그리고 문성은 원래 북두궁北斗宮에 위치하는 별이다. 두보는 이면을 하늘에 떠 있는 북두궁의 별에 비유하며 그가 북쪽에서 남쪽으로 이동하게 되었으니 남두南斗가 마땅히 자리를 '피할 것[避]'이라고 했다. 별자리에 인간의 감정을 이입해서 묘사한 것이다.[15]

호응린은 두보의 이 구절을 두고 '풍신이 더욱 뛰어나다.'라고 평가했다. 잠삼 시에서는 인용한 두 구절 중에 앞 구절에서만 '포抱[끌어안다]'자를 이용해서 무생물에 인간의 감정을 이입했는데, 두보의 시에서는 두 구절 모두에서 '수隨[따라오다]'자와 '피避[피하다]'자를 이용해서 인간의 감정을 드러내고 있다.

게다가 두보시의 두 번째 구에서는 남두성이 북두성을 '피하리.[避]'라고 표현하고 있다. 이것은 무정물無情物인 별자리에다가 인간의 감정을 단순하게 불어넣은 것 외에 이면이 반군을 토벌하기 위해 남쪽으로 내려가는 상황을 암시하고 있다. 이처럼 시 구절 속에 말 밖의 뜻을 담아내고 있는 것이다. 호응린은 앞서 정리한 풍신의 의미 중 '작가의 정신이나 기질이 작품 속으로 들어간 것'을 염두에 두고 이렇

14 仇兆鰲, 『杜詩詳註』 第5冊, 中華書局, 2013, 1942쪽, "勉好古尙奇, 故曰文星."

15 仇兆鰲, 『杜詩詳註』 第5冊, 中華書局, 2013, 1942쪽, "文昌本在北斗宮, 李自北至南, 故南斗應避之." 이 구절에 대해 원종례는 "이면이 남쪽으로 내려가 광주에 도착했다는 것은 풍숭도와 주제 등의 반군이 이면으로부터 패배를 면하지 못할 것이라는 말이다. 그러나 그는 자신의 그러한 시각을 솔직하게 말하지 않고 북두성 자리에 있는 문창성으로 이면을 지칭하고 광주에서 반란을 일으킨 풍숭도와 주제를 남두성이라 지칭하여, 결과적으로 토벌하는 전쟁을 북두성과 남두성 두 별자리의 전투로 바꾸어 한 편으로 장려壯麗한 기분을 만들고 한 편으로 신화 형식의 산들산들 나부끼는 풍취風趣 혹은 풍운風韻을 만들었다."고 해설하기도 했는데, 일반적인 해설보다 훨씬 자세하고 역동적인 분석이라고 생각된다. 원종례, 「在胡應麟『詩藪』美學體系中的興象 · 風神與格調之關係」, 『시화학』 3호, 동방시화학회, 2001, 53쪽.

게 비평했다고 볼 수 있다. 다음 예를 보자.

> 황정견이 어린아이를 읊은 시에 '말 배우니 봄 꾀꼬리 지저귀는 듯, 창牕에 그리는 건 비껴나는 가을 기러기라네.[學語春鶯囀, 書牕秋鴈斜.]'라고 했는데, 여전히 만당晩唐의 풍을 잃지 않았다. 다시 고치기를 '말 배우니 지저귀는 봄새와 같고, 창牕에 칠하는 건 날아가는 저물녘 까마귀라네.[學語囀春鳥, 塗牕行暮鴉]'라고 했는데,[16] 비록 골력骨力은 조금 창로蒼老하나, 풍신은 상실되었으니, 공교롭게 할수록 더욱 졸렬해졌다고 이를 만하다.[17]

호응린은 "말 배우니 봄 꾀꼬리 지저귀는 듯, 창에 그리는 건 비껴나는 가을 기러기라네.[學語春鶯囀, 書牕秋鴈斜.]"라는 구절에 대해서는 풍신이 살아 있다고 했다. 이 구절을 "말 배우니 지저귀는 봄새와 같고, 창에 칠하는 건 날아가는 저물녘 까마귀라네.[[學語囀春鳥, 塗牕行暮鴉]"로 바꾸자 골력은 조금 창로蒼老해졌지만 풍신은 상실되었다고 평가했다.[18]

16 황정견의 「조소덕嘲小德」 중 3 · 4구다. 전편은 다음과 같다. 黃庭堅, 「嘲小德」, 『山谷集』 卷9. "中年擧兒子, 漫種老生涯. 學語囀春鳥, 塗牕行暮鴉. 欲嗔王母惜, 稍慧女兄誇. 解著潛夫論, 不妨無外家."

17 기태완 외, 『호응린의 역대한시비평』, 성균관대학교출판부, 2005, 369쪽. "魯直題小兒云: '學語春鶯囀, 書窗秋鴈斜.' 尙不失晩唐, 旣改云: '學語囀春鳥, 塗窗行暮鴉.' 雖骨力稍蒼, 而風神頓失, 可謂愈工愈拙."

18 호응린의 평가와는 달리 『시인옥설詩人玉屑』에서는 바뀐 구절이 더 뛰어나다고 평가하기도 했다. 하지만, 필자의 경우 호응린의 견해가 더 타당하다고 판단하여 현재와 같이 논지를 전개하였다. 『시인옥설』에 실린 내용은 다음과 같다. "魯直, 「嘲小德」, 有'學語春鶯囀, 書窗秋鴈斜.' 後改曰: '學語囀春鳥, 塗窗行暮鴉.' 以是, 詩文不厭改也." 『詩人玉屑』 卷八.

시의 문맥에서 살펴보면 이 두 구절은 황정견이 중년에 낳은 아이의 모습을 묘사하고 있다. 마치 봄 꾀꼬리가 지저귀는 듯 말을 배우고, 창에는 기러기 그림을 그려놓은 철없는 아이의 모습을 애정 어린 눈으로 묘사하고 있다.

시의 비평에서 골력이 창로해졌다는 것은 시의 골격이 노숙해졌다는 의미로 생각된다. 이는 다소 평범한 시어라고 할 수 있는 '서창書牕'과 '추안秋鴈'을 좀 더 희소한 시어이라 할 수 있는 '도창塗牕'과 '모아暮鴉'로 바꾸었고, 시구詩句의 구조도 일반적인 주술관계인 '춘앵전春鶯囀'·'추안사秋鴈斜'에서 좀 더 복합적인 구성이라 할 수 있는 '관형어+명사구', 즉 '전춘조囀春鳥'·'행모아行暮鴉'로 수정한 효과를 가리키는 것으로 보인다.

그런데 바뀐 구절에서 풍신은 왜 상실되었다고 한 것일까? 호응린이 여기서 말한 풍신이란 어떤 의미일까? 이를 살펴보기 위해 먼저 바뀌기 전의 시구가 가진 풍신이 어떤 것인지를 파악해보자.

바뀌기 전의 구절인 '말 배우니 봄 꾀꼬리 지저귀는 듯, 창에 그리는 건 비껴나는 가을 기러기라네.[學語春鶯囀, 書牕秋鴈斜.]'의 구절은 '말을 배우다.[學語]'와 '창에 그리다.[書牕]'에서 각각 청각적 이미지와 시각적 이미지를 묘사하고 있고, '봄 꾀꼬리[春鶯]'와 '가을 기러기[秋鴈]'에서는 연속적으로 봄과 가을을 배치하여 세월의 흐름을 드러내고 있다.

이 구절을 "學語囀春鳥, 塗牕行暮鴉"로 바꾸어 '추안秋鴈'이 '모아暮鴉'로 수정되면서 '추秋'와 '안鴈'이 가지고 있던 '가을'의 이미지가 사라지게 되었다. 때문에 이 구절이 앞 구절의 '춘조春鳥'와 함께 배치되어 은연중에 묘사하고 있던 '세월의 흐름'이란 이미지를 상실하게 된 것이다.

따라서 "學語囀春鳥, 塗聰行暮鴉"가 풍신을 상실했다고 평한 호응린의 의도를 유추해 본다면 그는 '가을'을 나타내는 '추안秋鴈'이란 시어를 지워버리고 '모아暮鴉'로 수정하면서 '세월의 흐름'이란 이미지가 손상된 것을 풍신의 상실이라고 본 것이라 할 수 있다.[19]

이로써 유추해 본다면 호응린이 여기서 말하는 '풍신'이란 앞서 정리한 풍신의 의미 중 '문학 작품의 내적 · 외적인 요소가 잘 어우러진 상태'를 가리키는 경우로 볼 수 있다. 다음의 예문을 보자.

> '맑은 빛이 사람을 즐겁게 하고[淸暉能娛人]'와 같은 것은 비록 단련하지 않았지만 이루어졌으니, 요컨대 모두 진적眞積이 이른 바이다. 이는 도리어 불쑥 입에서 나오는 대로 지었기 때문에 절로 기이하다고 하겠다. '밝은 달은 쌓인 눈을 비추고[明月照積雪]'는 풍신이 매우 결핍하고 음조는 맞지 않다.[20]

인용문은 사령운(385~433)이 지은 시들 중 두 구절을 뽑아 평가한 것이다. 호응린은 이 중 "청휘능오인淸暉能娛人"의 구절은 기이하다면서 칭찬했고, "명월조적설明月照積雪"은 풍신이 결핍되어 있다고 평가했다. 즉 앞 구절은 특별히 단련하지 않았지만 시적 완성도를 이루었

19 앞서 말한 것과 같이 이 구절의 문장구조가 주술관계인 '춘앵전春鶯囀' · '추안사秋鴈斜'에서 좀 더 복합적인 구성이라 할 수 있는 '관형어+명사구', 즉 '전춘조囀春鳥' · '행모아行暮鴉'로 수정된 것은 풍신이 약해졌다고 평가하기 보다는 '골력骨力이 조금 창로蒼老해진' 것으로 보는 것이 타당할 듯하다.

20 기태완 외, 『호응린의 역대한시비평』, 성균관대학교출판부, 2005, 508~509쪽. "如'淸暉能娛人'之類, 雖非鍛鍊而成, 要皆眞積所致. 此却率然信口, 故自謂奇. 至'明月照積雪', 風神頗乏, 音調未諧."

고, 뒤 구절은 풍신이 결핍되어 있다는 말이다. 그는 앞 구절의 어떤 면에서 시적 완성도를 본 것일까?

앞 구절을 살펴보면 작가는 자연 현상인 '맑은 빛[淸暉]'에 자신의 감정을 투영해서 이 빛이 사람을 즐겁게 한다고 표현하고 있다. '오娛'자를 통해 인간이 가지고 있는 희로애락의 감정을 자연 현상의 변화에 투영한 것이다. 이처럼 자연스럽게 작가의 감정을 시 속에 담아서 표현한 것을 두고 '단련하지 않았지만 이루었다.'고 말한 것으로 보인다.

뒤 구절에서는 밝은 달이 쌓여 있는 눈을 그저 '비추고[照]'있을 뿐이다. 자연의 풍광을 그림 속의 한 장면 같이 묘사하고 있다. 하지만 앞 구절과 비교해 볼 때 인간의 감정이 투영된 여지는 상대적으로 적다고 할 수 있다. 여기에 근거해 보면 호응린의 이번 비평은 앞서 정리한 풍신의 용례 중 '작가의 정신이나 기질이 작품 속으로 들어간 것'에 해당하는 것으로 보인다.

이제 조선의 이익(1681~1763)은 '풍신'을 어떤 용례로 활용했는지 살펴보도록 하자. 선행연구에서 풍신이란 용어는 처음에 인물을 평가하는 데 쓰이다가, 이후에 서화·시가·산문 등의 평론에까지 확대되었다고 했다. 조선의 문인들은 인물의 풍모를 일컬을 때 주로 풍신이란 용어를 사용했고, 서화書畵나 시문평론에 사용한 빈도는 상대적으로 드물었다.

한국고전번역원DB에서 고전번역서로 한정해서 '풍신'을 검색하면 138건의 검색결과가 나오는데,[21] 이 중 '그의 풍신이 고매하다.'·'그의

21 고전번역서 전체는 164건의 검색결과가 나오지만, 원문이 아닌 각주의 내용이 같이 검색되기도 하고 '풍신風神'이라는 단어가 아니라 단순히 풍風과 신神이 연결

풍신이 빼어났다.'와 같이 인물을 평가하는 용도로 사용된 경우는 112건이고, 그 외에 '풍신風神'이 '바람의 신'으로 사용된 경우가 12건이며, 시문평詩文評의 용도로 사용된 경우는 11건, 서화의 비평용어로 사용된 경우는 3건이다.

시문평의 용도로 풍신이 사용된 경우도 '구양수는 풍신이 힘차고 뛰어났다.[歐則風神遒逸]'거나 '보통의 서간문이 마음대로 붓을 휘둘러서 풍신이 자유롭고 천연한 풍취가 난만한 것만 못하다.[然未若尋常書牘恣意揮灑, 風神自在, 天趣爛漫.]'등과 같이 구체적인 맥락이 없이 개괄적인 인상비평만을 한 경우가 대부분이다. 그런데 이익의 경우는 시의 구체적인 구절을 비교해가며 풍신의 우열을 평가한 기록이 있다. 이를 통해 그가 풍신의 의미를 어떻게 활용하고 있었는지 살펴볼 수 있다.

> 굴원의 사辭에,
>
> 살랑살랑 부는 가을바람이여[嫋嫋兮秋風],
> 동정호엔 물결 일고 나뭇잎 떨어지네[洞庭波兮木葉下].
>
> 라고 했는데, 이는 천고千古에 비장悲壯하고 감개感慨한 것이어서, 소인騷人과 운객韻客들이 흠모해서 본받고자 해도 하지 못하는 것이다. 그런데, 이백李白은 이것을 시에서 표현하기를,
>
> 어젯밤 가을바람 하늘의 문門에서 불어오자[昨夜秋風閶闔來],
> 동정호엔 잎이 지고 소인騷人은 슬퍼하네[洞庭木落騷人哀].

되어 검색되는 경우도 있으므로 이런 경우를 제외하면 138건으로 정리할 수 있다.

라고 했고, 두보는 이것을 율시律詩에서 표현하기를,

> 가없이 지는 잎은 우수수 떨어지고[無邊落木蕭蕭下],
> 그치지 않는 장강長江은 힘차게 흘러가네[不盡長江滾滾來].

라고 했는데, 오직 이 두 사람의 구절句節만이 굴원과 가깝다. 대개 높은 가을 하늘 · 싸늘한 바람 · 나뭇잎의 떨어짐 · 물결의 용솟음은 모두 처량한 세계이니 겨우 몇 글자로 묘사한 것이지만 사람의 혼을 녹게 한다. 이백은 '바람이 불어와서 나무 잎이 떨어진다.'는 것만 말했지만, 강 물결이 그 속에 포함되어 풍신風神이 사람을 감동시킨다[風神動人]. 두보는 '강물이 힘차게 흘러간다.'는 것만 말했지만, 또한 그 속에 물결의 의미를 띠고 있어서 그 근골筋骨을 경탄敬歎할 만하다. 그러나 끝내 굴원의 간격肝膈을 꿰뚫어 정情을 다하는 애절한 하소연과는 같지 못하니, 이것은 옛날과 지금이 다르고 인정人情이 같지 않기 때문이다.[22]

이 예문은 이익이 지은 「굴원가사屈原歌辭」라는 글이다. 이익이 인용한 굴원(BC 343?~BC 278?)의 글은 「구가九歌」 중 하나인 「상부인湘夫人」의 일부다. 이익은 그 중에서 '嫋嫋兮秋風, 洞庭波兮木葉下.'의 구절을 들어 '천고千古에 비장悲壯하고 감개感慨한 것'이라고 평가하면서, 오직 이백(701~762)과 두보(712~770)만이 이 구절을 점화해서 굴원의 경지에 가까울 수 있었다고 했다. 특히 이익은 이백이 굴원의 사

22 이익 저, 신호열 번역, 『국역 성호사설』 권11, 민문고, 1989, 131~132쪽. "屈原辭云: '嫋嫋兮秋風, 洞庭波兮木葉下.' 此千古悲壯感慨, 騷人韻客慕效不得也. 李白發之於詩云: '昨夜秋風閶闔來, 洞庭木落騷人哀.' 杜甫發之於律云: '無邊落木蕭蕭下, 不盡長江滾滾來.' 惟此二句爲近之. 盖高秋 · 凉風 · 葉下 · 波湧, 皆凄斷世界, 粧點不過數字, 而令人魂銷. 白則言風來木落, 則水波包其內, 風神動人. 甫則只言江之滾滾, 亦帶波浪意思在中, 筋骨可敬. 然終不若原之徹肝透膈盡情而哀訴, 此古今之異, 人情之不同也."

辭를 점화한 시 구절에 대해 '풍신이 사람을 감동시킨다[風神動人].'고 했는데 어떤 이유로 그렇게 평가했는지 살펴보자.

인용한 이백의 시 구절은 「노군요사송두명부박화환서경(시구병초기작)」이라는 장편시의 일부다. 이익은 이 중 '昨夜秋風閶闔來, 洞庭木落騷人哀.'의 구절을 들어 '바람이 불어와서 나무 잎이 떨어진다.'는 것만 말했지만 강 물결이 그 속에 포함되어 있으므로 풍신이 사람을 감동시킨다고 했다.

굴원의 경우에는 '嫋嫋兮秋風, 洞庭波兮木葉下.'에서 '洞庭波兮'라고 하면서 직접 동정호의 물결이 일어나는 것을 묘사했다. 그런데 이백은 단지 '가을바람이 하늘의 문에서 불어오고[秋風閶闔來], 동정호엔 잎이 질[洞庭木落]' 뿐이라고 했다. 그러나 그 속에서 이미 동정호에 물결이 이는 것을 상상할 수 있으므로 풍신이 사람을 감동시킨다는 것이다.

이익의 평가를 앞서 정리한 풍신의 용례와 관련시켜보면 그는 이백이 많은 단어를 쓰지 않고도 '문학 작품의 내적 · 외적인 요소가 잘 어우러지게'한 점을 높이 평가한 것으로 보인다. 다음의 예문을 보자.

> 한유는 일생을 두고 이백과 두보를 사모해서 본받았다. 그러나 이백에게 비하면 풍신風神이 부족하고[風神不足], 두보에게 비하면 기골氣骨이 부족하다. 이백의 시에,
>
> 회오리바람이 오봉五峯의 눈을 흩날리니[回飇吹散五峯雪],
> 이따금 나는 꽃이 동정에 떨어지네[往往飛花落洞庭].
>
> 라고 했는데, 한유의 시는,

거센 바람 불어 가르며 하늘 밖에 떨어지니[衝風吹破落天外],
날리는 비 대낮에 낙양에 뿌리누나[飛雨白日灑洛陽].

라고 했으니, 본뜨다 안 된 것이고, 두보의 시는,

비대悲臺는 소슬蕭瑟하고 바윗돌은 우뚝한데[悲臺蕭瑟石巃嵸],
애학哀壑의 나뭇가지엔 바람소리 물소리 우렁차네[哀壑杈枒浩呼洶].

라고 했는데, 한유의 시는,

산은 미치광이처럼 골짜기는 이리처럼 서로 뱉고 삼키곤 하니[山狂谷狼相吐呑],
성난 바람 쉬지 않고 얼마나 대단한지[風怒不休何軒軒].

라고 했으니, 이것도 본뜨다 안 된 것이라 할 만 하다.[23]

이 글은 성호 이익이 지은 「퇴지효이두退之效李杜」의 일부다. 이익은 한유(768~824)가 이백과 두보의 시를 본받으려 했다는 점을 언급했다. 그러면서 그가 이백을 배운다고는 했지만 이백보다는 풍신이 부족했고[風神不足] 두보를 배우려고 했지만 두보에 비해서는 기골氣骨이 부족하다고 평가 했다. 이 중 이익이 한유 시의 어떤 점을 들어 풍신이 부족하다고 평가했는지 살펴보자.

이익이 예로든 '回飈吹散五峰雪, 往往飛花落洞庭.'의 구절은 「여제공

23 이익 저, 신호열 번역, 『국역 성호사설』 권11, 민문고, 1989, 360~361쪽. "韓退之一生慕效李杜. 然比諸李, 風神不足, 比諸杜, 氣骨不足. 李詩, 回飆吹散五峰雪, 往往飛花落洞庭, 韓則曰: '衝風吹破落天外, 飛雨白日灑洛陽.' 效不得也. 杜詩, 悲臺蕭瑟石巃嵸, 哀壑杈枒浩呼洶, 韓則曰 '山狂谷狼相吐呑, 風怒不休何軒軒.' 效不得也宜乎."

송진랑장귀형양」이라는 작품의 3~4구다. 이 구절은 '회오리바람이 오봉五峯의 눈을 흩날리니, 이따금 나는 꽃이 동정에 떨어지네.' 정도로 번역되는데 이백이 형양衡陽으로 가는 진랑陳郎을 전송하면서 당시 날씨의 상황과 경치를 묘사한 것이다.

한유가 이백의 이 구절을 본받아 지었다고 하는 '衝風吹破落天外, 飛雨白日灑洛陽.'의 구절은 「노랑중운부기시송반곡자시양장가이화지」의 일부다. 이 구절은 '거센 바람 불어 가르며 하늘 밖에 떨어지니, 날리는 비 대낮에 낙양에 뿌리누나.' 정도로 번역된다. 이익은 왜 한유의 이 구절에서 풍신이 부족하다고 했을까?

인용한 이백의 두 구절에서는 1구에서 회오리바람이 불고[回飇吹散五峰雪] 2구에서 꽃잎이 떨어졌으며[往往飛花落洞庭] 한유의 두 구절에서는 1구에서 거센 바람이 풀고[衝風吹破落天外] 2구에서 날리는 비가 낙양에 뿌려졌다[飛雨白日灑洛陽]. 이처럼 유사한 구조를 가지고 있기 때문에 이익은 한유가 이백의 작품을 본떴다고 생각한 듯 하다.

인용한 이백 시의 1구는 주어[回飇]+술어[吹散]+목적어[五峰雪]의 평이한 구조를 가지고 있다. 반면 한유 시의 1구는 주어[衝風]+술어[吹破]+술어[落]+부사어[天外]로 구성되어 있어 이백의 시에 비해 복잡한 구조를 가지고 있음을 볼 수 있다.

또한 이백 시의 2구는 1구에서 불었던 회오리바람에 의해 '이따금 나는 꽃이 동정에 떨어지는데[往往飛花落洞庭]' 한유의 2구는 1구에서 불었던 거센 바람에 의해 '날리는 비가 대낮에 낙양을 뿌리고[飛雨白日灑洛陽]' 있다. 문장의 구조는 이백의 2구나 한유의 2구나 별다른 차이가 없다. 하지만 시상詩想의 전개 양상에 있어서는 차이를 보이고 있다. 이백의 2구는 1구에서 가져온 거칠고 험한 계절적 분위기를 그대로 잇고 있다. 반면에 한유의 2구에서는 1구에서 시작된 음적陰的인 이미지에 갑자기 '백일白日'이라는 양적陽的인 단어가 등장하고 있다. 이를 통해 1구의 이미지가 심화되거나 반전되기 보다는 1구와 2구의 전체적 분위기를 해치고 있는 것처럼 보인다. 이익은 아마도 이러한 점들을 염두에 두고 한유의 시를 풍신의 측면에서 낮게 평가한 것으로 생각된다. 즉 이익은 이 시에서도 '문학 작품의 내적 · 외적인 요소가 잘 어우러진 상태'를 염두에 두고 풍신을 평가하고 있는 것이다.

이익이 구체적인 시 구절의 거론하며 풍신의 우열을 말한 내용은 이 두 건 밖에 찾지 못했다. 비록 충분한 분량은 아니지만 인용한 두 가지 예문에서 이익이 '풍신'이라는 용어를 주로 '문학 작품의 내적 · 외적인 요소가 잘 어우러진 상태'라는 용례로 사용하고 있음을 알 수 있었다.

선행연구를 통해 살펴본 문학 비평용어 '풍신'은 단순히 작품의 외적인 '모습'을 가리키기도 했고, '문학 작품의 내적 · 외적인 요소가 잘 어우러진 상태'를 지칭하기도 했으며, '작가의 정신이나 기질이 작품 속으로 들어간 것'을 뜻하기도 했다.

이런 정리를 바탕으로 시문평류 서적에 기록된 '풍신'이 주로 어떤 용례로 쓰였는지 파악하고자 했지만, 대부분의 경우 앞뒤 맥락을 알기 어려워서 비평가가 어떤 용례를 염두에 두고 '풍신'을 사용했는지 확정하기 힘들었다.

다행스럽게도 비평가들 중에 '풍신'이란 용어를 가장 자주 사용했던 호응린은 구체적인 예를 들어가며 풍신의 우열을 거론한 글을 몇 문장 남겼고, 조선의 이익도 두 차례에 걸쳐 이러한 비평을 남긴 것을 찾을 수 있었는데 이들의 비평을 통해 '풍신'의 용례를 보다 구체적으로 확정할 수 있었다.

즉 호응린은 '문학 작품의 내적 · 외적인 요소가 잘 어우러진 상태'와 '작가의 정신이나 기질이 작품 속으로 들어간 것' 두 가지 의미를 모두 활용해서 비평을 했고, 이익은 '문학 작품의 내적 · 외적인 요소가 잘 어우러진 상태' 만을 염두에 두고 비평하고 있음을 알 수 있었다.

풍격용어 풍신의 활용양상을 좀 더 확실하게 이해하기 위해서는 여러 시대에 걸쳐 다양한 비평가들의 평어들을 분석할 필요가 있을 것이다. 이후 다양한 자료발굴을 통해 더욱 진전된 결과가 있기를 기대한다.

제3장

흥상의 의미는 무엇일까?

이 장에서는 황윤석이 강조했던 "풍신의 시원함 · 흥상의 광대함 · 음율의 청원淸圓함 · 격조의 수연秀姸함" 가운데에서 흥상의 구체적 의미를 밝히고자 한다. 또 흥상이란 용어로 조선 문인이 남긴 비평을 조사해서 그들이 흥상을 어떤 의미로 받아들였는지 살펴보겠다.

앞 장에서 황윤석이 호응린의 『시수』를 수용하면서 자신의 시론을 펼치는 것을 확인할 수 있었다. 호응린은 왕세정(1526~1590)의 『예원치언』과 엄우의 『창랑시화』 등을 참고해서 『시수』를 편찬했다. 이 책은 17세기 초에 조선에 전래된 것으로 추정된다. 『시수』는 조선에 유입된 이후에 조선 문인들로부터 많은 주목을 받았다. 특히 택당 이식(1584~1647)은 "시를 배우려고 하는 사람은 『시수』를 보지 않을 수 없다."고 극찬했고, 김춘택(1670~1717)은 『시수』의 내용이 다소 치우친 데가 있기는 하지만 보지 않을 수 없다고 평가했으며, 이의현(1669~1745)은 『시수』의 내용이 왕세정에게 아첨하는 데 있다고 비판하기는 했지만, 성조聲調를 품평하는 것 중에 정곡을 찌른 것이 많으므로 시학에 어두운 자가 보기에는 좋을 것이라고 했다.

앞서 거론한 문인들 외에도 많은 조선의 문인들이 『시수』를 읽고 그 내용에 전폭적으로 동의하거나 혹은 비판적으로 수용했고 비판의 내용은 주로 '호응린이 왕세정에게 지나치게 아부하는 의도가 있었다.'던가, '어떤 작품에 대한 평가에 대해서는 인정할 수 없다.'는 정도였다. 이로써 추론해보면 『시수』의 내용 중에 논란의 여지가 없는 것은 아니지만, 시에 대한 호응린의 감식안에 대해서는 대부분의 조선 문인들이 그 탁월함을 인정하고 있었다고 볼 수 있다.

따라서 이 장에서는 흥상의 의미에 대한 기존의 연구성과를 먼저 살펴본 다음, 호응린이 흥상에 대해 거론한 부분들을 찾아내서 그 구체적인 의미를 밝혀보겠다. 이어서 그 결과와 조선시대 문인들이 흥상이란 용어로 남긴 비평을 참고해서 최종적으로 그들이 흥상을 어떤 의미로 받아들였는지 유추해보겠다.

흥상에 대한 기존의 해석들

호응린은 흥상이란 용어를 사용해서 다수의 비평을 남겼다. 그 중 대표적인 것 두 가지를 든다면 다음과 같은 것이 있다.

> 작시作詩의 대요大要는 두 가지에 지나지 않으니, 풍격體格·성조聲調와 흥상興象·풍신風神일 따름이다. 체격·성조는 따를 법칙이 있으나 흥상·풍신은 잡을 방도가 없다. 그러므로 시를 짓는 사람은 단지 체體가 바르고 격格이 높으며, 성聲이 웅대하고 조調가 펴지는 것을 구해야 하는 것이니, 쌓고 익히는 것이 오래되어 긍지矜持가 다 변화하고, 형적形迹이 함께 녹아들면, 흥상·풍신이 자연히 초매超邁하게 된

> 다. 비유컨대 거울에 비친 꽃과 물에 뜬 달과 같은 것이니, 체격 · 성조는 물과 거울이요, 흥상 · 풍신은 달과 꽃이다. 반드시 물이 맑고 거울이 깨끗한 뒤라야 꽃과 달이 완연하다. 어찌 어두운 거울과 흐린 물로써 이 두 가지를 구해서 보겠는가? 그러므로 법法은 마땅히 먼저 해야 하는 것이며, 오悟는 억지를 허용할 수 없는 것이다.[1]

> 대개 시를 짓는 대법은 흥상과 풍신, 격률과 음조에 불과하다. 격률이 비루하고 음조가 어그러지면 풍신과 흥상은 하나도 볼 만한 것이 없게 되니 곧 시가의 큰 병폐인 것이다.[2]

인용한 구절은 모두 시를 잘 짓는 방법에 대한 개괄적인 설명이다. 첫 번째 인용문에서는 작시의 대요大要로써 체격 · 성조와 흥상 · 풍신을 강조했고, 두 번째 인용문에서는 작시의 대법大法으로 흥상과 풍신, 격률과 음조를 들고 있다. 이로써 호응린이 작시에 있어 흥상과 풍신을 매우 중요하게 여기고 있었다는 것을 알 수 있다. 이 중 흥상이란 과연 무엇을 의미하는 것일까?

진백해는 『당시학의 이해(원제: 당시학인론)』에서 흥상은 당시唐詩 특유의 미학경계로서, 한漢 · 위魏와 제齊 · 양시梁詩의 전통이 변증법

1 기태완 외, 『호응린의 역대한시비평』, 성균관대학교출판부, 2005, 365쪽. "作詩大要, 不過二端, 體格 · 聲調 · 興象 · 風神而已. 體格 · 聲調有則可循, 興象 · 風神無方可執. 故作者但求體正格高聲雄調鬯, 積習之久, 矜持盡化, 形迹俱融, 興象 · 風神自爾超邁. 譬則鏡花水月, 體格 · 聲調, 水與鏡也, 興象 · 風神, 月與花也. 必水澄鏡朗, 然後花月宛然. 詎容昏鑑濁流, 求覩二者? 故法所當先, 而悟弗容强也."

2 기태완 외, 『호응린의 역대한시비평』, 성균관대학교출판부, 2005, 437쪽. "蓋作詩大法, 不過興象風神, 格律音調. 格律鄙陋, 音調乖舛, 風神興象, 無一可觀, 乃詩家大病."

적으로 통일된 후에 만들어진 전혀 새로운 요소이며, 또 당시唐詩가 예술적으로 완전히 성숙된 표지라고 평가했다.[3] 그는 흥상은 '흥興'과 '상象'이라는 두 가지 개념이 결합된 복합체로 수식관계나 한정관계가 아닌 대립과 통일의 관계를 지닌, 보다 심층적인 조합이라고 보았다. '상象'이란 물상物象으로서 사물의 형상을 말하고, '흥興'이란 종영(468?~518)이 말한 "글은 이미 끝났지만 뜻은 여운이 있는 것이 흥이다.[文已盡而意有餘, 興也.]"에서 확대된 것으로 말은 쉽게 했으나 뜻이 심오해서 여운이 끝없는, 곧 시가에서 특별히 지닌 미학속성과 예술정취를 가리킨다고 했다.[4] 이어서 그는 이러한 흥상의 관념이 중·만당 이후에 이르러 '경상景象'과 '운미韻味'로 나뉘어 각각의 면을 고수하면서 고전시가형상의 함의를 심화 발전시켰다고 보았다.[5]

오윤숙은 은번이 『하악영령집』에서 말한 흥상 개념을 정리하면서 "'흥興'은 『시경』 '육의六義'의 하나로 사물에 기탁하여 흥을 일으키는 형식적 기교에서 출발하여, 감물感物하여 마음속에 일어나는 '흥(또는 흥취)'으로 발전하였고, 거기에 사물의 외적 형상인 '상象'의 개념이 사물의 상을 본받아 예술작품에 형상화하는 단계로 발전하였으며, 이렇게 발전된 '흥'과 '상'의 개념을 융합하여, 하나의 독창적 시평詩評의 기준으로 삼은 것이 바로 은번의 '흥상'시론이다."[6]라고 했다.

3 천뻐하이(진백해) 지음, 이종진 옮김. 『당시학의 이해(원제: 唐詩學引論)』, 사람과 책, 1994, 53쪽.
4 천뻐하이(진백해) 지음, 이종진 옮김. 『당시학의 이해(원제: 唐詩學引論)』, 사람과 책, 1994, 55~56쪽.
5 천뻐하이(진백해) 지음, 이종진 옮김. 『당시학의 이해(원제: 唐詩學引論)』, 사람과 책, 1994, 69쪽.
6 오윤숙, 「성당의 '흥상' 시론고-은번의 하악영령집을 중심으로-」, 『중국문학연

즉『시경』'육의六義'에서 유래한 '흥'이란 개념이 대상을 접촉해서 시인의 마음속에 일어나는 '흥'으로 발전했고, 사물의 외적 형상을 가리키던 '상'이라는 개념이 예술작품의 대상인 '상'을 가리키게 되었는데, 이 두 가지 개념이 융합하여 만들어진 개념이 '흥상'이라는 것이다.

성복왕은『중국미학범주사전』에서 흥상에 대해 "흥 속의 상이다. 심心과 물物이 우연히 서로 만나고 우연히 서로 합쳤을 때 나타나는 경상景象이다. 경상이면서 정사情思이고, 정사情思이면서 경상景象이므로 서로 융합되어 분별할 수 없다. '흥상'이 '의상意象'과 구별되는 것은, 그것은 '흥'의 산물產物이므로 하나의 정체整体라서 '흥'과 '상'으로 나눌 수 없지만, '의상意象'은 '의意속의 상象'이 될 수도 있고, 또한 '의意'와 '상象'이 될 수도 있다는 데 있다."[7]라고 했다.

이어서 그는 흥상의 의미를 다음의 세 가지로 요약했다. 첫 번째, 흥상은 사채辭采나 성률聲律과 같은 류의 순수한 형식미에 속하지 않고, 풍신이나 운미韻味와 같은 류의 의온미意蘊美가 직접적으로 형상미形象美와 관계되는 것과 같다.[8] 두 번째, '흥상'은 일반적인 형상이 아니라 주관적인 정사情思와 결합되어 있는 경상景象과 정사情思의 통일체다.[9] 세 번째, 흥상은 정사와 경상이 인위적으로 결합된 흔적이

구』8권, 한국중문학회, 1990, 125쪽.

7 成復旺,『中國美學范疇辭典』, 中國人民大學出版社, 1995, 75쪽. "興中之象. 心與物偶然相遭 · 适然相合時呈現出來的景象. 卽景象 · 卽情思, 卽情思 · 卽景象, 相融莫辨. 它與'意象'的區別在于, 它是'興'的產物, 故是一介整体, 不可分爲'興'與'象'; 而'意象'則旣可以是'意'中之'象', 也可以是'意'與'象'."

8 成復旺,『中國美學范疇辭典』, 中國人民大學出版社, 1995, 76쪽. "首先, 它不屬于辭采聲律之類的純粹形式美, 而是同風神韻味之類的意蘊美直接相關的形象美."

9 成復旺,『中國美學范疇辭典』, 中國人民大學出版社, 1995, 76쪽. "其次, '興象'又不是一般的形象, 而是與主觀的情思結合着的景象與情思的統一體."

없고 정사에 따라 경상을 구상하거나 경상에 따라 정사를 착상着想한 것이 아니라 경상에서 자연스럽게 흔적도 없이 정사가 드러나고 있는 것이다.[10]

관념적이고 직관적인 해설이라서 흥상의 구체적인 의미를 떠올리기는 여전히 쉽지 않다. 하지만 세 번째에서 '경상景象에서 자연스럽게 흔적도 없이 정사情思가 드러나고 있는 것이'라고 한 말은 흥상의 '흥'이 가지고 있던 본연의 뜻과 관련이 되는 것으로 생각된다.

임준철은 그의 학위 논문에서 의상意象의 개념을 규명하면서 흥상에 대해서도 언급을 했다. 그는 흥상이 의상과 별개의 개념용어라기보다 의상 개념의 특수화된 양태라고 볼 수 있다고 했다.[11] 이어서 그는 "의상과 흥상을 굳이 변별한다면 흥상이 '흥'의 직접적 산물이며, 창작의 층위보다는 감상의 층위에 주안점이 있는 용어라는 점을 주목할 만하다. 이는 의상이 창작과 감상의 층위를 포괄하며, 때론 그 같은 감상자의 감정적 흥기를 일으키지 못하는 군색하거나 태저太著한 경우에도 사용된다는 점과 차별성을 갖는다. 요컨대 흥상은 시작품 안에서 지칭하는 대상의 의미를 넘어서 감상자로 하여금 곱씹어 여운을 느끼게 하는 의상의 시적 기능, 혹은 의상의 시적 가치가 효과적으로 구현되었을 때에 해당하는 용어라 할 수 있다. 의상이 가치중립적으로 사용이 가능하다면, 흥상은 그렇지 못하다."[12]라고 평가했다.

10 成復旺, 『中國美學范疇辭典』, 中國人民大學出版社, 1995, 76쪽. "再次, 它又沒有情思與景象的人爲搭配的痕迹, 不是按情思擬构景象, 也不是按景象擬想情思, 而是景象自然無迹地流露着情思."

11 임준철, 『조선중기 한시 의상 연구』, 일지사, 2010, 55쪽.

12 임준철, 『조선중기 한시 의상 연구』, 일지사, 2010, 56쪽.

즉 임준철은 흥상이 의상에 포함되는 개념이며 의상이 가지고 있는 시적 기능-시작품 안에서 지칭하는 대상의 의미를 넘어서 감상자로 하여금 곱씹어 여운을 느끼게 하는-이 성공적으로 구현되었을 때를 지칭하는 것으로 보고 있다.[13]

여러 선행연구의 정의를 단순화시켜보면, 흥이란 것은 시인의 감정과 관련된 것이고 상이란 것은 시인의 눈에 비친 대상인데, 이 두 가지가 조합되어 상내象內는 물론 상외象外까지 나타내어 독자로 하여금 곱씹는 여운을 느끼게 해야 흥상이라고 할 수 있다. 그리고 동시에 시인의 감정인 정사情思가 시인이 표현 대상으로 삼고 있는 경상景象 속에서 흔적도 없이 자연스럽게 드러나야 흥상이 제대로 표현 된 것이라고 볼 수 있겠다.

선행연구를 통해 흥상이라는 개념이 시인의 감정과 시적 대상물과의 관계 속에서 발생한다는 점과 독자에게 여운을 느끼게 해야한다는 점, 그리고 정사가 경상 속에서 자연스럽게 드러나야 한다는 점은 어느 정도 이해가 된다. 그런데, 상내象內는 물론 상외象外까지 나타내어 독자로 하여금 곱씹는 여운을 느끼게 해야 한다는 말은 구체적으로 어떻게 이해를 해야 할까?

인상비평의 성격을 가진 용어가 모두 그렇듯 흥상이란 용어가 가지는 구체적인 의미도 여전히 명확하게 파악하기 어려운 면이 있다. 그래서 다음 장에서는 호응린이 『시수』에서 개별적인 구절을 들어 흥상의 우열을 비평한 말들을 대상으로 이 용어의 뜻을 좀 더 구체적으로

13 이 외에 천즈어[陳植鍔]는 '비흥比興' · '흥상興象' · '흥취興趣'를 사실상 '의상意象'과 같은 의미라고 정의하기도 했다. 천즈어 지음, 임준철 옮김, 『중국시가의 이미지』, 한길사, 2013, 157~162쪽.

이해해보자.

흥상: 시상詩想의 끝없는 광대함[14]

호응린은 『시수』에서 여러 차례에 걸쳐 구체적인 구절을 들어가며 흥상의 우열을 이야기 했다. 그 중 해석이 비교적 명확한 몇 가지 예문들을 통해 흥상이 가지는 세부적인 의미를 파악해보도록 하자.

> 「요가곡鐃歌曲」은 구두句讀가 많이 잘못되어 의미가 잘 이어지지 않으나, 음향과 격조는 은미한 가운데 절로 드러난다. 그 이해할 수 있는 것은 왕왕 공절工絶하다. 예컨대 『예원치언』에서 칭찬한 "여섯 마리 비룡飛龍에 멍에를 씌우니 사시四時가 조화롭네.[駕六飛龍四時和]"[15] 등의 구절이 그것이다. 그러나 「교사가郊祀歌」와 비교하면 흥상은 남음이 있으나 의치意致는 조금 얕다.[16]

14 편의상 소제목을 위와 같이 정하기는 했지만 엄밀하게 말하자면 '흥상'이 바로 '시상詩想의 끝없는 광대함'이란 뜻이 아니라, '흥상이 뛰어나다고 평가받는 경우'가 '시상이 끝없이 광대하게 표현되었을 때'라는 말이다. 흥상의 정의는 이미 선행연구를 통해 살펴보았다. 이 장에서는 구체적인 작품을 통해 흥상이 실제 묘사되고 있는 세부적인 형태를 파악하고자 하는 것이다.

15 『악부시집』 권16에 실린 「한요가」 18수 중 제14수인 「성인출聖人出」의 일부이다. 기태완 외, 『호응린의 역대한시비평』, 성균관대학교출판부, 2005, 52쪽 재인용. 전편全篇은 다음과 같다. "聖人出, 陰陽和. 美人出, 遊九河. 佳人來, 騑離哉何. 駕六飛龍四時和. 君之臣明護不道, 美人哉, 宜天子. 免甘星筮樂甫始, 美人子, 含四海."

16 기태완 외, 『호응린의 역대한시비평』, 성균관대학교출판부, 2005, 52쪽. "「鐃歌曲」句讀多訛, 意義難釋, 而音響格調, 隱中自見. 至其可解者, 往往工絶. 如『巵言』所稱, '駕六飛龍四時和'等句是也. 然以擬「郊祀」, 則興象有餘, 意致稍淺."

호응린은 「요가곡」의 '여섯 마리 비룡飛龍에 멍에를 씌우니 사시四時가 조화롭네.[駕六飛龍四時和]'라는 구절을 「교사가」와 비교하며 '홍상에 남음이 있다.'고 평가했다. 비교 대상인 「교사가」는 19장으로 구성된 한대漢代의 악부다. 때문에 「교사가」 전체와 '駕六飛龍四時和'의 구절을 비교하기는 어려운 점이 있다. 일단 「교사가」는 호응린에 의해 "비록 말이 지극히 고오古奧하나 만일 깊이 생각하여 읽는다면, 모두 문자가 종순從順해지고, 지취旨趣가 명료해질 것이다."[17]라고 평가받을 만큼 뛰어난 악부곡이란 점만 염두에 두자.

그러면 '駕六飛龍四時和'라는 구절의 표현양상을 분석해보자. 「요가곡」은 『악부시집』 권16에 실린 「한요가」 18수를 가리킨다. 이 구절은 그 중 제14수 「성인출聖人出」에 등장한다. 「성인출」 전편의 내용을 참고해 보면, 인용한 구절은 '가인佳人이 여섯 마리 비룡飛龍에 멍에를 메었기 때문에 사시四時가 조화롭다.'로 직역될 수 있다.

여기서 '가인佳人'은 신화와 전설 속에서 태양을 제어했다고 알려져 있는 희화羲和를 가리킨다. '여섯 마리 비룡에 멍에를 메었다.'는 것은 희화가 여섯 마리 용이 끄는 수레에 태양을 실어 태양의 운행을 제어했다는 말이다. 그래서 이 구절 전체의 뜻은 태양을 제어하는 희화가 비룡들을 잘 다스려 태양을 적절하게 운행했기 때문에 사계절이 조화롭다는 말이다. 태양의 운행을 상징적으로 묘사한 표현이다.

신화와 전설 속에 등장하는 내용을 바탕으로 태양의 운행을 상징적으로 표현한 이 구절에 대해 호응린은 "홍상은 남음이 있다."고 평가했다. 이러한 호응린의 평가에서 그가 신화나 전설과 같이 상상력이

17 기태완 외, 『호응린의 역대한시비평』, 성균관대학교출판부, 2005, 52쪽. "雖語極古奧, 倘潛心讀之, 皆文從字順, 旨趣瞭然."

투영된 표현 또는 태양의 운행과 같은 시상詩想의 거대한 규모와 흥상을 연결시켜 생각했음을 짐작할 수 있다. 다음으로 두 번째 예문을 보자.

> 초당의 오언율은 오직 왕발王勃의 "보내고 보내도 곤궁한 길 많기만 해서[送送多窮路]"·"성城의 궁궐은 삼진 땅이 에워쌌네.[城闕輔三秦]"[18] 등의 작품은 전편에 경물景物을 붙이지 않았으나 흥상이 완연宛然하고, 기골氣骨이 창연해서 참으로 성당·중당의 묘경을 먼저 열었다.[19]

호응린이 왕발(649~676)의 작품 중 두 구절을 예로 들어 '흥상이 완연하다.'라고 평가한 부분이다. 첫 구절은 「별설화別薛華」중의 일부다. 시 전편의 내용에 비추어 '送送多窮路'의 뜻을 파악해보면 '전송하는 길을 벗과 함께 가면서 곤궁한 길을 한 번 보냈는데, 이후에도 계속 곤궁한 길이 자주 나온다.'는 의미로 볼 수 있다. 즉 이 구절은 전송하는 도중에 만나는 좋지 못한 길[窮路]이라는 상황이 계속 이어지고 있는 모습을 묘사하고 있는 것이다.

두 번째 구절은 「두소부가 촉주로 근무하러 가다.[杜少府之任蜀州]」라는 시의 일부다. 인용한 구절과 대對가 되는 구절을 함께 해석해 보

18 구섭우 편저, 안병렬 역, 『한역 당시3백수』, 계명대학교 출판부, 2005, 380~382쪽. 「送杜少府之任蜀州」. "城闕輔三秦, 風煙望五津. 與君離別意, 同是宦遊人. 海內存知己, 天涯若比隣. 無爲在歧路, 兒女共霑巾."

19 기태완 외, 『호응린의 역대한시비평』, 성균관대학교출판부, 2005, 260쪽. "唐初五言律, 惟王勃'送送多窮路'·'城闕輔三秦'等作, 終篇不着景物, 而興象宛然, 氣骨蒼然, 實首啓盛·中妙境." 번역은 조금 윤색했다.

면, '성城의 궁궐은 삼진三秦이 에워쌌는데, 풍연風煙 속에서 오진五津을 바라보네.[城闕輔三秦, 風煙望五津.]'정도가 된다. 삼진三秦은 서울 장안을 가리킨다. '에워쌌는데'로 번역한 '보輔'는 성城의 궁궐이 삼진의 중앙에 있어서 그 주변은 모두 삼진이므로 성의 궁궐과 삼진의 관계가 마치 수레 덧방나무[輔]와 수레처럼 뗄 수 없는 관계라고 생각해서 사용한 것으로 보인다. '성의 궁궐'과 '삼진'은 명사로써 각각 '장안에 있는 성의 궁궐'과 '서울 장안' 자체를 가리킨다. 왕발은 여기에 '보輔'자를 넣어 시상을 전개했다. 이것을 우리와 가까운 예로 바꿔서 생각해보면 '북한산성의 경복궁'과 '서울 지역'이 있을 때, 이를 '북한산성의 경복궁을 서울 지역이 에워쌌다.'라고 한 것이다. 호응린은 이런 표현이 흥상의 측면에서 눈에 보이는 것처럼 아주 뚜렷하다고 평가한 것이다.

당시로써는 거대한 규모를 가진 '성궐城闕'과 중국 대륙에서 가장 번화했던 도시인 '삼진'을 등장시켜 이 둘의 관계를 '보輔'자로 연결 지은 것은 시상詩想을 점점 확대시킨 것으로 볼 수 있다. 다음의 예를 보자.

> 호무평의 "서북의 뜬구름 높이 솟은 궐문闕門[魏闕]에 연이었고, 동남東南의 아침 해 진秦의 누대에 가득하네.[西北浮雲連魏闕, 東南初日滿秦樓]"의 경우, 앞 구절은 "서북의 높은 누대"와 "위로 뜬구름과 나란하네."의 시어를 쓴 것이고, 뒤 구절은 "해는 동남 모퉁이에서 나와, 우리 진씨秦氏의 누대를 비추네."의 시어를 써서, 합해서 시를 이룬 것이다. 사의詞意가 천연스러워 읽어보면 결코 앞사람을 인용한 것 같지 않다. 흥상이 고원高遠해서 넉넉히 성당盛唐의 경지에 들어갔다.[20]

위의 예문에서 호응린은 '西北浮雲連魏闕, 東南初日滿秦樓'의 구절에 대해 '홍상이 고원해서 넉넉히 성당盛唐의 경지에 들어갔다.'고 평가했다. 첫 번째 구절은 서북쪽 하늘에 떠 있는 구름이 높이 솟은 궐문闕門[魏闕]에 까지 연이어 있는 모습을 묘사했다. 두 번째 구절은 동남쪽에서 아침 해가 진씨의 누대에 가득 비추는 장면을 그리고 있다. 두 구절 모두 각각 묘사하고 있는 시상詩想이 넓게 이어지거나 가득하게 표현되고 있다는 것을 알 수 있다. 마지막 예문을 보자.

> 북조北朝 사람들의 오언 중에 당나라의 율시에 합치되는 것은 오직 왕소王劭의 「동만대설冬晩對雪」 뿐인데, (그 시는)"차가운 밤 시간이라 소리 전하는 것 늦고, 맑은 거울에서 여윈 얼굴을 보네. 창 너머 대숲에 바람 거세고, 발을 걷으니 눈은 산에 가득하네. 허공을 씻어내어 깊은 골목 고요하고, 눈 쌓여 넓은 뜨락 한아하네. 묻노니 원안의 집은, 유연히 아직도 빗장을 걸고 있는지.[寒更傳唱晩, 淸鏡覽衰顔. 隔牖風驚竹, 開簾雪滿山. 灑空深巷靜, 積素廣庭閒. 借問袁安舍, 翛然尙閉關]"다. 이 시는 체격이 당나라에 합치될 뿐만 아니라 그 홍상과 표운標韻이 당나라 사람이 아닌 것이 없다.[21]

호응린은 왕소의 「겨울날 저물 무렵 눈을 마주하고 호처사를 생각

20 기태완 외, 『호응린의 역대한시비평』, 성균관대학교출판부, 2005, 732쪽. "胡武平: '西北浮雲連魏闕, 東南初日滿秦樓' 上句用'西北有高樓', '上與浮雲齊'語, 下句用'日出東南隅, 照我秦氏樓'語, 聯合成句, 詞意天然, 讀之絶不類引用昔人者. 而興象高遠, 優入盛唐." 번역은 조금 윤색했다.

21 기태완 외, 『호응린의 역대한시비평』, 성균관대학교출판부, 2005, 893~894쪽. "北朝人五言合唐律者, 惟王劭「冬晩對雪」, 云: '寒更傳唱晩, 淸鏡覽衰顔. 隔牖風驚竹, 開簾雪滿山. 灑空深巷靜, 積素廣庭閒. 借問袁安舍, 翛然尙閉關.' 此詩不但體格合唐; 其興象標韻, 無非唐人者."

하며.[冬晩對雪憶胡處士]」 전편을 인용한 다음, 이 시는 흥상과 표운標韻이 당시唐詩의 수준이라고 평가하고 있다. 짧은 한 두 구절이 아닌 율시 전체를 예로 들었기 때문에 구체적인 사항을 파악하기 어려운 면이 있다. 하지만 지금까지 살펴봤던 구절들을 염두에 두고 그 연장선상에서 평가해보자. '발을 걷으니 눈은 산에 가득하네.[開簾雪滿山]'에서는 '눈[雪]'이라는 의상을 가지고 시가 묘사하고 있는 대상을 가득하게 채우고 있다는 것[滿山]을 알 수 있다. '허공을 씻어내어 깊은 골목 고요하고[灑空深巷靜]'에서는 눈이 쌓인 거리가 고요한 모습을 '허공을 씻어내어[灑空]'라는 광대한 표현으로 형상화 하고 있다는 것을 볼 수 있다. 지금까지 살펴본 예문을 통해 호응린이 흥상의 측면에서 뛰어나다고 평가한 구체적인 경우를 정리하면 다음과 같다.

번호	제목	인용원문	번역
(1)	「요가곡」	駕六飛龍四時和	여섯 마리 비룡에 멍에를 씌우니 사시가 조화롭네.
(2)	「별설화」	送送多窮路	보내고 보내도 막힌 길 많기만 해서
(3)	「두소부지임촉주」	城闕輔三秦	성城의 궁궐은 삼진三秦이 에워쌌는데
(4)	「진정」	西北浮雲連魏闕 東南初日滿秦樓	서북의 뜬구름 높이 솟은 궐문[魏闕]에 연이었고, 동남東南의 아침 해 진秦의 누대에 가득하네.
(5)	「동만대설억호처사」	開簾雪滿山 灑空深巷靜	발을 걷으니 눈은 산에 가득하네. 허공을 씻어내어 깊은 골목 고요하고

호응린이 흥상의 우열을 이야기한 구체적인 구절의 표현 양상을 정리해보면 아래와 같이 몇 가지 공통적인 시상詩想의 양상을 찾아낼

수 있다.

> 첫째, 시적 경관이 하늘과 땅에 광대하게 펼쳐져 있는 경우.
> [(1), (3), (4), (5)]
> 둘째, 시적 경관이 끝없이 이어지는 경우.[(2), (4)]

첫 번째 정의는 앞서 인용했던 예문인 '駕六飛龍四時和, 城闕輔三秦, 西北浮雲連魏闕, 東南初日滿秦樓, 開簾雪滿山, 灑空深巷靜.'의 구절과 관련이 있는 것이다. 태양의 운행을 비유적으로 묘사한 '駕六飛龍四時和'는 우주를 운행하는 태양의 움직임을 인간사와 연결시켜 커다란 스케일로 표현하고 있으며, '城闕輔三秦'은 거대한 성궐城闕과 번화한 서울 장안의 모습을 한 화면에 담아내고 있다.

'西北浮雲連魏闕, 東南初日滿秦樓.'의 경우는 서북쪽 하늘에 뜬 구름이 위궐魏闕에 까지 연이어 있고, 동남쪽 하늘에서 솟은 태양이 진루秦樓에 까지 가득 차 있으니 첫 번째 정의와 같이 시적 경관이 하늘과 땅에 광대하게 펼쳐져 있다고 할 수 있다. 그런데, 이 시적 경관은 '서북쪽에서 위궐魏闕'로 '동남쪽에서 진루秦樓'로 이어지고 있으니 또한 두 번째 정의에도 해당된다고 하겠다. 그래서 (4)의 예문은 첫째와 둘째 정의를 모두 포함하고 있다고 할 수 있다.

'開簾雪滿山, 灑空深巷靜.'은 발을 걷으니 눈이 산에 가득하게 차 있고, 이 눈은 또한 광대한 허공을 씻어내고 있으니 첫 번째 정의에 해당하는 구절이라고 할 수 있다. 하지만, 다른 예문들 보다는 광대함의 범위가 다소 좁게 느껴진다.

두 번째 정의는 '迢迢多窮路, 西北浮雲連魏闕, 東南初日滿秦樓.'의 구

절과 관련이 있는 것이다. '送送多窮路'의 경우, 길을 함께 가며 전송하고 있는데, 보내고 보내어도 곤궁한 길은 많기만 하다고 하니 시가 묘사하고 있는 경관이 끊임없이 이어지고 있다는 것을 알 수 있다. 그리고 '西北浮雲連魏闕, 東南初日滿秦樓.'의 구절은 앞서 설명한 것과 같다.

호응린이 예로 든 시 구절의 묘사양상에 따라 두 가지 형태로 흥상의 모습을 나누었다. 하지만 위에서 정리한 두 정의는 '묘사된 시상詩想이 광대해서 끝이 없다.'라는 점에서 공통점을 지닌다. 즉 흥상의 핵심은 한 마디로 '시상의 끝없는 광대함'이라고 정의할 수 있는 것이다.

이를 흥상에 대한 선행연구의 정의와 비교해보자. 선행연구에서 '흥興이 시인의 감정과 관련된 것이고 상象은 시인의 눈에 비친 대상이며 이 두 가지가 조합되어 상내象內는 물론 상외象外까지 나타내어 독자로 하여금 곱씹는 여운을 느끼게 해야 흥상'이라고 했던 말은 호응린의 비평을 통해 본 내용과 거의 일치한다고 볼 수 있다. 이럴 경우 '상내는 물론 상외까지 나타낸다.'는 선행연구의 표현은 '시적 경관이 끝없이 이어지는 것'으로 이해할 수 있다.

반면 호응린의 비평에서는 '시인의 감정인 정사情思가 시인이 표현대상으로 삼고 있는 경상景象 속에서 흔적도 없이 자연스럽게 드러나야 한다.'는 내용이 담겨있지 않은데, 이는 호응린이 선행연구자들이 가진 흥상에 대한 이런 관념을 인식하지 못하고 있었거나, 아니면 그의 비평 속에서 정황상 우연히 제외되었을 것으로 생각해 볼 수 있다. 이제 조선의 문인들이 흥상이란 용어를 사용해서 남긴 비평을 살펴보면서 그들은 흥상을 어떻게 이해하고 있었는지 유추해보자.

세상에서 시를 짓는 사람들은 비근卑近한 것을 익히기 좋아해서 진부한 것을 인습하고 한 번도 깊이 생각해서 독창적인 말을 해 본 적이 없다. 그들은 천기天機를 발동하는 것이 얕아서 흥상이 멀지 못하고 사물을 형용하는 것이 조잡해서 묘사가 참되지 못하다. 이러한 태도로 산수를 찾아간들 어떻게 감발感發되는 것이 있을 수 있겠는가.[22]

문文에 있어서는 소재蘇齋 · 간이簡易 · 월사月沙가 있고, 시詩에 있어서는 고죽孤竹 · 옥봉玉峯 · 구봉龜峯 · 손곡蓀谷 · 석주石洲가 있어 함께 서로 더불어 일어나 그것을 광대하게 했다. (중략) 풍신의 시원함과 흥상의 광대함과 음율의 청원淸圓함과 격조의 수연秀姸함은 명나라 가륭嘉隆 제자諸子의 평의評意를 따랐고, 그 출입한 것은 개원開元 · 대력大曆의 사이였으니 송대宋代의 뛰어난 사람이라야 혹 어깨를 나란히 할 수 있었다. 그러므로 옥봉의 여향을 이어서 송호와 더불어 백중세가 되는 것은 또한 오직 이 시詩뿐이며(하략)[23]

그렇다면 이른바 율시란 무엇인가? 운율이다. 운율이란 무엇인가? 화음和音이 일정한 규칙에 따라 조화를 이루는 것이다. 반드시 그 음조가 원만하고 흥상이 높고 빛나 금석金石 악기에도 어울리고 관현 악기에

22 김창협, 「兪(命岳)李(夢相)二生東游詩序」, 『농암집』, 한국문집총간 162, 민족문화추진회, 1996, 139쪽. "世之爲詩者, 方且樂習卑近, 因陋而襲陳, 未嘗一致其深思, 以發獨創之語. 其動乎天機也淺, 而興象不遠, 命乎事物者粗, 而描寫不眞. 以此而之乎山水, 夫安能有所發."

23 황윤석, 「고주집서」, 『이재유고』, 한국문집총간 246, 민족문화추진회, 2000, 242쪽. "文而有蘇齋簡易月沙, 詩而有孤竹玉峯龜峯蓀谷石洲者, 幷相與作興而光大之. (中略)風神之爽, 興象之曠, 音律之淸圓, 格調之秀姸, 率以皇明嘉隆諸子之評意, 其出入乎, 開元大曆之間, 而宋之傑肰者, 或有以方駕. 則繼玉峯餘響而與松湖伯仲, 亦惟是詩焉耳,(下略)" 이 부분의 번역은 조남권 · 이진오의 『한국고전비평론』, 권2, 민속원, 2007, 334~336쪽을 참고 했다.

> 올려도 정음正音과 정도正道를 잃지 않는 것이 바로 그것이다. 당나라에서는 고변高駢 · 잠삼岑參 · 전기錢起 · 유우석劉禹錫 등의 시가 특히 여기에 뛰어났다. 그런데 지금은 고변 · 잠삼 · 전기 · 유우석을 경시해서 하잘것없다고 여기고는, 마음으로 달게 '황정견과 진사도의 수레 끌채에 매인 망아지[黃 · 陳轅下駒]'가 되는 것을 받아들이니, 이는 또 어째서란 말인가.[24]

인용한 예문은 각각 김창협(1651~1708) · 황윤석(1729~1791) · 황현(1855~1910)이 남긴 서문의 일부다. 첫 번째 인용문에서 김창협은 작시에 있어서 독창적인 표현을 하지 못하는 당시 문인들을 비판하면서 그들의 시는 '흥상이 멀지 못하다.[興象不遠]'고 평가하고 있다. 두 번째 인용문에서는 황윤석이 좋은 시의 조건을 나열하면서 '흥상의 광대함[興象之曠]'을 말하고 있다. 마지막 인용문에서는 황현이 화음和音의 조화를 강조하면서 '흥상이 높고 빛나야[興象高華]'할 것을 제시하고 있다.

흥상에 대한 비평어에서 각각 '멀지 못하다.[不遠]' · '광대함[曠]' · '높고 빛나다.[高華]' 등의 용어가 사용된 것을 확인 할 수 있다. 이 중 '광대함[曠]'과 '높고 빛나다.[高華]'란 평어는 앞서 정리했던 흥상의 첫 번째 정의인 '시적 경관이 하늘과 땅에 광대하게 펼쳐져 있는 경우'와 연결 지을 수 있는 표현이다. '멀지 못하다.[不遠]'는 두 번째 정의인 '시

24 황현, 「소천시집서」, 『매천집』, 한국문집총간 348, 민족문화추진회, 2005, 527쪽. "然則夫所謂律詩者何也？律也. 律者何也？和聲者也. 必其韻調圓甠, 興象高華, 可以諧金石而被管絃, 不失爲雅音正軌者是已. 則其在唐也, 若高 · 岑 · 錢 · 劉諸什槩其尤也. 今薄高 · 岑 · 錢 · 劉以爲不足爲, 而甘心作'黃 · 陳轅下駒', 抑獨何哉？"

적 경관이 끝없이 이어지는 경우'와 일맥상통 한다는 것을 알 수 있다.

조선 문인들이 홍상이란 용어를 통해 남긴 비평문에서도 그들이 홍상이란 용어를 '상내象內는 물론 상외象外까지 나타내어 독자로 하여금 곱씹는 여운을 느끼게 해야 하는 것'으로 파악하고 있음을 볼 수 있다. 그런데 '시인의 감정인 정사情思가 시인이 표현 대상으로 삼고 있는 경상景象 속에서 흔적도 없이 자연스럽게 드러나야 한다.'는 선행연구의 내용에 있어서는 조선 문인들도 비평문 속에 언급하고 있지 않다는 사실을 함께 확인 할 수 있다.

만약 조선 문인들이 홍상에 대해 남긴 구체적인 비평문이 많았다면 좀 더 많은 사실들을 알아낼 수 있을 것이다. 하지만 비평어가 많지 않아 풍부한 예문을 통해 검증할 수 없다는 점이 아쉽다. 이런 종류의 예문은 많지 않지만 좋은 시의 요소로써 홍상을 거론한 내용은 적지 않다. 이와 같은 사실에서 적어도 시학에 조예가 있던 조선의 문인들은 작시에 있어 홍상의 가치를 어느 정도 인식하고 있었다고 짐작해 볼 수 있다.

제4장

황윤석의 풍신 · 흥상 활용법

황윤석은 자신의 문학론을 서술한 「고주집서」에서 최고 수준의 시는 풍신의 시원함, 흥상의 광대함, 음률의 청원淸圓함, 격조의 수연秀姸함을 갖춰야 한다고 했다. 그리고 앞 장에서 풍신과 흥상의 구체적 의미에 대해 살펴보았다. 이번 장에서는 한시에서 풍신과 흥상이 중요하다고 했던 황윤석이 자신의 시에서는 풍신과 흥상을 어떻게 활용했는지 살펴보자.

황윤석 한시의 풍신 활용양상

황윤석은 '풍신의 시원함'을 가져야 좋은 시라고 했다. 풍신 의미에 대해서 기존연구에서는 아래와 같이 정의하고 있었다.

1) 작품의 외적인 '모습'을 가리키는 경우(『중국미학범주사전』)
2) 작가의 정신이나 기질이 작품 속으로 들어간 것을 가리키는 경우(『중국고전미학사전』)

3) 예술작품의 문채文采와 신운神韻(『한한대사전』)
4) 문학 작품의 내적 · 외적인 요소가 잘 어우러진 상태를 가리키는 경우(감준희)
5) '흥취'와 같은 뜻(유덕중)
6) 시에 내재된 시인의 감정이 불러일으키는 미감(원종례)

그리고 호응린이 구체적인 구절을 두고 풍신의 우열을 평가한 예들을 살펴본 결과, 그는 다음과 같은 경우에 풍신이 잘 표현되었다고 평가하고 있음을 알 수 있었다.

1) 문학 작품의 내적 · 외적인 요소가 잘 어우러진 상태
2) 작가의 정신이나 기질이 작품 속으로 들어간 것

이 중 '문학 작품의 내적 · 외적인 요소가 잘 어우러진 상태'는 기존 연구 중 1) 작품의 외적인 '모습'을 가리키는 경우와 4) 문학 작품의 내적 · 외적인 요소가 잘 어우러진 상태를 가리키는 경우와 관련성을 가진다. '작가의 정신이나 기질이 작품 속으로 들어간 것'은 기존 연구의 결과 중 2) 작가의 정신이나 기질이 작품 속으로 들어간 것을 가리키는 경우 · 3) 예술작품의 문채文采와 신운神韻 · 5) '흥취'와 같은 뜻 · 6) 시에 내재된 시인의 감정이 불러일으키는 미감과 어느 정도 연관성을 찾을 수 있다. 아래에서는 황윤석이 자신의 한시에서 이러한 풍신을 어떻게 활용하고 있는지 구체적인 작품들을 통해 살펴보자.

1. 문학 작품의 내적 · 외적인 요소가 잘 어우러진 경우

호응린은 문학 작품의 내적 · 외적인 요소가 잘 어우러진 상태를 풍신의 측면에서 높이 평가했다. 그는 '學語春鶯囀, 書牕秋鴈斜'나 '淸暉能娛人' · '明月照積雪'처럼 짧은 구절만을 예로 들어 풍신의 우열을 평가했다. 하지만 풍신이 원래 인물의 품평에 쓰였던 용어였다는 것을 생각해보면, 풍신은 시 전체 구성의 완성도와 더 깊은 관련이 있다고 볼 수 있다. 하지만 이 장에서는 내용의 일관성을 유지하기 위해 시 전체의 구성과 관련된 풍신은 제외하고 한 작품 속에서 내적으로 대對를 잘 이루고 있는 구절만을 대상으로 논하고자 한다.

호응린이 풍신의 측면에서 높이 평가한 '學語春鶯囀, 書牕秋鴈斜'의 구절은 각 구절이 의미상 병렬구조를 이루고 있으면서, '학어學語'와 '서창書牕' · '춘春'과 '추秋' · '앵전鶯囀'과 '안사鴈斜'가 한 글자도 빠짐없이 내용적으로 대를 이루고 있는 형태를 보이고 있다. 그런데 황윤석은 이처럼 병렬구조 속에서 각각의 단어가 완벽한 형태의 대를 이루는 구조를 지향하기도 했지만, 그 외에 다소 변형된 형태로 구절의 대를 구성하기도 했다. 아래에서 그 양상을 살펴보자.

1) 병렬구조로 대를 이룬 경우

길 가는 말 그림자 뚜렷하고,	歷歷征驂影
외기러기 울음소리 이어지네.	依依獨鴈聲[1]

1 황윤석, 「自阿山暮投月谷」, 『이재난고』 1책, 한국정신문화연구원, 1994, 84쪽. (1748년 20세)

헤진 갖옷에 시詩는 도리어 왕성해지고, 弊裘詩轉旺
외로운 객점에 술맛은 시큼해지네. 孤店酒因酸[2]

편지 한 통 일찍이 기러기에게 맡겼는데, 一札曾憑鴈
긴 눈썹으로 정녕 말을 채찍질하리. 長眉定策驅[3]

인용한 예문은 호응린이 풍신의 측면에서 잘 표현되었다고 말한 구절과 마찬가지로 두 구절이 병렬적인 구조를 이루고 있으면서 각각의 단어들은 빠짐없이 대對를 이루고 있다. 시 내용을 읽어보면 첫 번째와 두 번째 인용문에서는 이러한 대對를 통해 나그네의 고달픔을 부각시키고 있고 세 번째 인용문에서는 고향에 대한 그리움을 나타내고 있음을 알 수 있다.

2) 현상과 그에 대한 해석이나 반응으로 대를 이룬 경우

고향 정원엔 누런 국화 피었으리니, 故園黃菊發
외로이 한 해 가을 저버렸구나. 孤負一年秋[4]

편지 올 때 바람은 이미 가을이라, 書來風已秋

2 황윤석, 「湖中卽事」, 『이재난고』 2책, 한국정신문화연구원, 1995, 335쪽. (1769년 41세)

3 황윤석, 「自直中歸泮, 適得主人盆菊移置座隅, 花共三種, 曰禁苑黃(亦曰金衣黃, 亦曰錦衣黃, 花瓣不甚大, 色黃淡.), 曰白鶴翎(較禁苑黃稍小而潔), 曰醉香霏(或名醉楊妃, 花瓣極大, 色紅淡近白, 所以得或名云.). 寂寥眺賞, 亦一風致. 因念宋仲建來期, 有作留壁.」, 『이재난고』 2책, 한국정신문화연구원, 1995, 573쪽. (1769년 41세)

4 황윤석, 「留齋洞時, 夜間無寐, 口占贈安叔成能(致垕)追書.」, 『이재난고』 1책, 한국정신문화연구원, 1994, 118쪽. (1752년 24세)

고개를 돌려보니 반년이 지났구나.	回頭半歲徂[5]

연못 누각 밤이 와도 잠들 수 없어	池閣夜來眠不得
난간에 기대어서 망강남望江南을 부르네.	倚欄空唱望江南[6]

하늘 끝 모이고 흩어짐은 도리어 정해진 것 없어,	天涯聚散還無定
고로孤露의 남은 회포에 눈물 절로 젖어드네.	孤露餘懷涕自霑[7]

인용한 예문은 모두 앞 구절에서 현상을 설명하고 뒤 구절에서 그에 따른 해석이나 반응을 말하는 형식을 가지고 있다. 현상과 그에 대한 해석 또는 현상과 그에 대한 반응이라는 측면에서 일종의 대를 이루고 있다고 할 수 있다. 황윤석은 이런 구조를 통해 첫 번째와 두 번째 예문에서는 부질없이 세월이 가고 있다는 것을 말하고 있고, 세 번째와 네 번째 예문에서는 고향에 대한 그리움을 드러내고 있다.

3) 상반된 구절로 대를 이룬 경우

이미 산에 섣달 눈 지는 걸 보았는데,	已看山消殘臘雪
갑자기 봄이 작은 매화 가지에 들어와 놀라네.	忽驚春入小梅枝[8]

5 황윤석, 「代柬寄慰溫叟」, 『이재난고』 3책, 한국정신문화연구원, 1997, 318쪽. (1770년 42세)

6 황윤석, 「偶詠」, 『이재난고』 1책, 한국정신문화연구원, 1994, 137쪽. (1754년 26세)

7 황윤석, 「付家書有感」 中 其三, 『이재난고』 4책, 한국정신문화연구원, 1998, 598쪽. (1778년 50세)

8 황윤석, 「除夕前四夜作二律」 中 其一, 『이재난고』 1책, 한국정신문화연구원, 1994, 94쪽. (1750년 22세)

옆 사람은 무궁한 뜻 알지 못하고,	旁人不會無窮意
편지 쓰느라 더디게 나온다고 내게 화내네.	嗔我裁書遲出場[9]

한 세상 분주히 달리는 곳에서,	一世奔趨地
나의 길은 유독 남쪽을 향하네.	吾行獨首南[10]

나그네의 여행길은 기러기가 안내하는데,	客路鴻因導
고향 그리워 말[馬]조차 나아가질 않네.	鄕愁馬不行[11]

인용한 예문들은 모두 앞 구절과 뒤 구절이 의미상 상반된 뜻을 나타내고 있다. 첫 번째 예문은 '섣달이라 이제 눈이 사라지려 하는구나.'라고 생각할 무렵, 어느새 매화 가지에 봄소식이 전해져 오는 모습을 그렸고, 두 번째 예문은 집에 보낼 편지를 적으며 무슨 말부터 해야 할 지 고민 중인 자신의 마음을 헤아려주지 않고, 빨리 나오지 않는다고 화를 내는 옆 사람의 모습을 묘사했다.

세 번째 예문은 입신양명을 위해 분주히 내달리는 세상 사람들의 모습을 앞 구절에 묘사한 후, 이와 상반되게 홀로 고향을 그리워하는 자신의 마음을 뒤 구절에서 표현하고 있다. 마지막 예문은 기러기가 날아가는 방향으로 길을 떠나야 하는데, 고향에 대한 그리움에 말을 앞으로 몰아가지 못하는 자신의 모습을 묘사하고 있다. 이러한 예문

9 황윤석, 「旅舘書懷九章」 中 其一, 『이재난고』 1책, 한국정신문화연구원, 1994, 105쪽. (1751년 23세)

10 황윤석, 「泮中決歸有吟」, 『이재난고』 4책, 한국정신문화연구원, 1998, 162~163쪽. (1774년 46세)

11 황윤석, 「離家七日矣. 夕且入城, 南望慈闈, 志感.」, 『이재난고』 4책, 한국정신문화연구원, 1998, 302쪽. (1776년 48세)

들을 살펴보면, 황윤석이 상반된 구절을 통한 대를 이용해서 흘러가는 세월에 대한 아쉬움이나 가족과 고향에 대한 그리움을 표현하고 있다는 것을 볼 수 있다.

4) 상념을 이끌어내어 대를 만든 경우

앞서 살펴본 것과 같이, 황윤석은 한시를 창작하면서 병렬구조 속에서 각각의 단어가 대를 이루는 방식으로 구절을 만들기도 했고, 두 구절을 현상과 그에 대한 해석이나 반응으로 대를 이루어 구성하기도 했으며, 상반된 의미의 구절을 앞뒤에 배치해서 자신의 뜻을 부각시키는 방식을 사용하기도 했다. 그 외에 황윤석이 두드러지게 활용한 방법은 앞 구절에서 자신의 상념을 이끌어내어 일종의 문제의식을 표출하고, 뒤 구절에서 자신의 관념이나 현재의 처지를 드러내어 앞 뒤 두 구절이 의미상 대를 이루는 방식이다. 구체적인 예문을 보면서 그 양상을 보자.

누가 생각할까, 천 년 전 사슬舍瑟의 뜻을, 誰念千年舍瑟意
옷깃 가득 완연한 봄 아닌 곳이 없구나. 滿襟無處不長春[12]

멀리서 생각하니 늙으신 어머니의 근심은, 遙想老慈憂念地
천 리 밖 관원 되게 한 일에 대한 후회겠지. 悔教千里作官員[13]

12 황윤석, 「次錦城虎溪風乎亭韻, 寄題壁間.」 中 其二, 『이재난고』 1책, 한국정신문화연구원, 1994, 128쪽. (1753년 25세)

13 황윤석, 「過壺山大風雪」, 『이재난고』 4책, 한국정신문화연구원, 1998, 513쪽. (1778년 50세)

누가 가련히 여길까? 흰 머리칼로 충의忠意를 좇은들,
誰憐白首追忠意
저무는 한해에 성동城東에서 홀로 직소直所 지키네.
歲晏城東獨直廬[14]

지금의 온갖 일들 어떻게 다 말할까? 只今萬事何足論
먼저 돌아가는 게 복이란 말, 만담漫談이 아니네.
先歸有福非漫談[15]

첫 번째 예문에서 황윤석이 말하려고 한 것은 자신이 증점曾點과 같은 삶의 방식을 지향하고 있다는 사실이다. '사슬舍瑟'은 『논어』 「선진」편에 나오는 말이다. 공자의 제자인 자로 · 증점 · 염유 · 공서화 네 사람이 공자를 모시고 있었다. 이 때 공자가 각자에게 펼치고 싶은 포부를 말하게 했다.

이에 자로와 염유는 나라를 잘 다스려 보고 싶다는 뜻을 말하고, 공서화는 종묘의 제례나 제후의 회동에 집례를 맡고 싶다고 했다. 마지막으로 증점의 차례가 되자 그는 조용히 비파를 타다가 연주를 서서히 멈추면서 쟁그랑 소리를 내며 비파를 내려놓고[舍瑟] 일어나서는 "세 사람의 생각과는 다릅니다."라 하고는, "늦은 봄날 봄옷이 만들어지면 어른 대여섯 사람, 동자 예닐곱 명과 함께 기수에서 목욕하고 무

14 황윤석, 「八月十九日, 駕謁明陵, 賤臣拘直本部, 不得祗送西郊. 猶以戎服待留都大臣巡摘有吟.」 中 其三, 『이재난고』 5책, 한국정신문화연구원, 1999, 260쪽. (1778년 50세)

15 황윤석, 「輓金君公白光晶」, 『이재난고』 8책, 한국정신문화연구원, 2002, 69쪽. (1788년 60세)

우에서 바람을 쐬며 시를 읊으면서 돌아오겠습니다."라고 했다. 대답을 들은 공자는 감탄하면서 "나는 증점을 인정한다."고 했다.

황윤석은 세속적인 욕망에 휘둘리지 않고 고인古人의 격조 높은 삶의 방식을 따르는 『논어』 속 증점을 배우고 싶었다. 그런 자신의 마음을 드러내고 싶어서 첫 구절에서 '천 년 전 증점이 비파를 놓고 말했던 뜻을 누가 생각하겠는가?'라며 말을 이끌어 냈다. 이어 뒤 구절에서 옷깃 한 가득 봄기운을 품고 있는 자신의 모습을 묘사해서 자신은 이미 증점의 경지를 실천하고 있다는 것을 나타냈다.

두 번째 예문에서는 관직생활 때문에 가족을 떠나서 살고 있는 자신의 삶을 되돌아보고 있다. 가족과 고향을 그리워하는 자신의 마음을 드러내기 위해 첫 구절에서는 늙으신 어머니의 마음을 유추해서 시상詩想을 이끌어냈다. 이어진 구절에서 천 리 먼 곳에서 홀로 관직생활을 하는 자신을 어머니께서도 안타까워하실 것이라 말하고 있다. 어머니의 심정을 미루어 짐작하는 형식으로 시구詩句를 만들었다. 하지만 실제로는 자신이 객지 벼슬살이에서 느끼고 있는 감정을 어머니의 마음인 듯 표현한 것이다.

세 번째 예문에서는 머리칼이 하얗게 센 나이에도 불구하고 공직에 충실한 자신의 모습을 묘사하고 있다. 첫 구절에서 '머리칼이 하얗게 된 후에 충의忠意를 좇은들 누가 가련히 여기겠는가?'라며 당시 사람들과 달리 충의를 지키는 자신의 태도를 부각시켰다. 이어 뒤 구절에서 연말에도 홀로 직소를 지키는 자신의 모습을 묘사해서 만년에도 공직에 게을리 하지 않는 자신의 모습을 그려내고 있다.

네 번째 예문은 만시輓詩의 일부다. 황윤석은 '먼저 세상을 떠나는 것이 오히려 복福일 수 있다.'는 말로 지인을 추모하기 위해, 첫 구절에서 지금의 세상은 무어라 말할 수 없을 정도로 어지럽다며 하세下世에 당위성을 부여하고 있다.

이처럼 인용한 네 개의 예문들은 모두 황윤석 자신이 하고 싶은 말을 강조하기 위해 첫 구절에서 먼저 화제를 이끌어내고, 뒤 구절에서 자신의 관념과 현재 삶의 모습을 드러내어 대對를 형성하고 있다.

2. 작가의 정신이나 기질이 작품 속으로 들어간 경우

호응린은 두보의 '北風隨爽氣, 南斗避文星.'이라는 구절과 사영운의 '淸暉能娛人'이란 구절에 대해 풍신이 뛰어나다고 평가했다. 필자는 그 이유에 대해 각 구절에서 '수隨'·'피避'·'오娛'자가 사용되어 무정물無情物인 '북풍'·'남두성'·'북두성'·'맑은 빛'에 인간의 감정을 불어넣었기 때문이라고 분석했다. 이와 같이 무정물에 작가의 정신이나 기질이 들어가서 시적詩的 감흥을 풍부하게 만드는 방식을 황윤석도 다양하게 사용했다. 아래에서 그 양상을 살펴보자.

1) 계절의 변화에 사용하여 세월의 흐름을 묘사

동장군의 남은 기운 태양에 겁을 먹어	玄冥殘氣怯金鴉
한낮엔 눈발이 날지 못하게 하네.	白晝不敎騰六花[16]
그림 속 매화에게 봄소식을 물으니	欲向畵梅問春信
장원壯元의 소식은 붓끝에 있는 것인가?	壯元消息筆頭痕[17]

16 황윤석, 「春夜雪」, 『이재난고』 1책, 한국정신문화연구원, 1994, 17~18쪽. (1746년 18세)

황조黃鳥의 봄 흘러가는 말 겨우 보나 했더니 纔看黃鳥春流語
어느새 다시 가을 반딧불이 밤에 빛을 희롱하네.
俄復秋螢夜弄暉[18]

바람 진 강남은 구월의 하늘이라 風落江南九月天
잎 소리 비와 어울려 남은 해를 보내네. 葉聲和雨餞殘年[19]

첫 번째 예문에서는 초봄의 햇살이 차츰 따뜻해져서 낮에는 눈이 내리지 않게 된 계절의 변화를 '태양에 겁을 먹어[怯金鴉]'·'눈발이 날지 못하게 하네.[不敎騰六花]'라고 표현했다. 이것은 '동장군[玄冥]'이라는 무정물에 감정을 이입한 것이다. 두 번째 예문에서는 언제 봄이 올 것인지를 매화에게 물어보고 있는 자신의 모습을 묘사했다. 봄이 왔다는 사실을 가장 잘 알고 있을 것 같은 매화에게 작가의 감정을 이입해서 봄소식을 묻고 있는 것이다.

세 번째 예문은 봄날에 지저귀는 황새의 울음소리를 본 것이 조금 전 같은데, 어느새 가을이 되어 반딧불이가 빛을 내고 있다고 말한다. 이 구절은 어느새 흘러가버린 세월의 흐름을 묘사하고 있다. 이 중 황새가 봄날에 지저귀는 소리를 '봄 흘러가는 말[春流語]'로, 반딧불이가 밤에 떠다니는 장면을 '가을 반딧불이 밤에 빛을 희롱하네.[秋螢夜

17 황윤석, 「除夕前四日大雪四律」 中 其四, 『이재난고』 1책, 한국정신문화연구원, 1994, 64쪽. (1747년 19세)

18 황윤석, 「次寄李公孝(思永)小敍忘不錄」, 『이재난고』 1책, 한국정신문화연구원, 1994, 136쪽. (1754년 26세)

19 황윤석, 「夜坐呼韻」, 『이재난고』 1책, 한국정신문화연구원, 1994, 59쪽. (1747년 19세)

弄暉]'로 표현해서 각각 황새와 반딧불이에 작가의 감정을 이입하고 있다.

네 번째 예문은 낙엽과 비가 함께 떨어지고 있는 늦가을 풍경을 묘사하고 있다. 황윤석은 이 모습을 표현하면서 '화和'자와 '전餞'자를 넣어 떨어지는 낙엽이 내리는 비와 함께 떠나가는 한해를 전별하고 있다며 '엽성葉聲'·'우雨'·'잔년殘年'에 작가의 감정을 이입하고 있다.

인용한 예문들은 모두 계절적인 변화를 표현하고 있다. 이 중 첫 번째 예문의 경우는 단순히 계절의 변화만을 나타내고 있다고 할 수 있다. 두 번째 예문의 경우, 황윤석이 기다리는 봄은 계절적인 봄을 뜻함과 동시에 입신양명을 통해 자신의 인생에 돌아올 봄날을 뜻하고 있다. 즉 계절적 봄과 인생의 봄이란 두 가지 의미를 함께 담고 있는 것이다.

세 번째 예문과 네 번째 예문은 계절의 변화를 통해 세월이 흘러가고 있다는 사실을 나타내고 있다. 뚜렷한 성취 없이 흘러가는 세월에 대한 아쉬움을 작가의 감정 이입을 통해 묘사하고 있는 것이다.

2) 고향에 대한 그리움을 묘사

생애의 많은 시간을 여행과 타향살이로 보낸 황윤석이었기에, 그는 고향에 대한 그리움을 담은 시들을 많이 남겼다. 이런 그리움은 감정이입이라는 표현법을 통해서도 자주 드러나곤 했다.

멀리 나는 학 한 마리 어느 산에 가려나?	飄然獨鶴何山意
사람은 모랫가에서 고향만 바라보는데.	人在沙頭望故鄉[20]

다만 돌아가고픈 마음만 말머리에 앞서니　　只有歸心先馬首
흰 구름 천 리에 함께 날고 또 나네.　　白雲千里共飛飛[21]

밤이 되니 어떻게 견딜까? 귀뚜라미 소리를.　　入夜那堪聞蟋蟀
천 리 고향으로 돌아가고픈 마음 물도 함께 흐르네.
歸心千里水同流[22]

분별없는 무정한 기러기　　不分無情鴈
나보다 먼저 일찍 남으로 가네.　　先吾早已南[23]

첫 번째 예문에서는 집을 떠나 귀향하지 못하고 있는 자신과는 달리 자유롭게 멀리 날아가는 학을 부러워하고 있는 모습을 그리고 있다. 이 중 '학 한 마리 어느 산에 가려나?[獨鶴何山意]'의 구절은 '학'에 시인의 감정을 이입하고 있다. 두 번째 예문에서는 귀향하고픈 마음이 달리는 말머리를 앞서 천 리를 떠도는 구름과 함께 날아간다고 묘사하고 있다. 이 구절에서는 '귀심歸心'과 '백운白雲'이 함께 하늘을 난다고 표현해서 무정물인 '백운白雲'에 시인의 감정을 투사하고 있다.

20 황윤석, 「月谷三絶」 中 其三, 『이재난고』 1책, 한국정신문화연구원, 1994, 91쪽. (1750년 22세)

21 황윤석, 「二十七日甲申. 明後 徐行至素沙橋酒幕, 朝飯. 始有雨意, 行色可慮. 幕邊高丘, 有潛谷金相公大同碑. 李敏求譔, 吳竣書, 順治十六年立, 則本朝孝廟十年己亥也.」, 『이재난고』 1책, 한국정신문화연구원, 1994, 118쪽. (1752년 24세)

22 황윤석, 「漫書六絶」 中 其一, 『이재난고』 6책, 한국정신문화연구원, 2000, 12쪽. (1779년 51세)

23 황윤석, 「鄕奴以驟入泮, 轉至陵下喜得家書, 將以秋夕陵祭後入京, 請暇托覲而歸, 有感漫書. 時八月十三日也.」 中 其二, 『이재난고』 6책, 한국정신문화연구원, 2000, 66쪽. (1779년 51세)

세 번째 예문은 가을밤 고향에 대한 그리움으로 잠 못 드는 모습을 표현하고 있다. 이 구절에서는 천 리 밖에 떨어져 있는 고향에 대한 '귀심歸心'과 천 리를 흘러가는 '수水'가 함께 흘러간다고 묘사해서 '물'에 시인의 감정을 이입하고 있다. 네 번째 예문은 공직에 매여 있어서 고향으로 돌아갈 수 없는 자신과 달리 자유롭게 남북을 오가는 기러기의 모습을 그리고 있다. 계절에 따라 남북을 오갈 뿐인 기러기에게 시인의 감정을 담아 '분별없는 무정한 기러기[不分無情鴈]'라고 작가의 감정을 담아 표현하고 있다는 것을 볼 수 있다.

3) 나그네의 마음을 묘사

낙성洛城에 가을 기운 굳게도 얽혀있고	洛城秋氣緊
잔월殘月은 온 창문에 외롭구나.	殘月一窓孤[24]
다정하네, 옛 역驛의 나무들이	多情古驛樹
나를 맞아 푸른빛을 보내주다니.	迎我送青蒼[25]
울화가 생겨나네, 옛 역루驛樓 앞의 물에	生憎古驛樓前水
나그네 한 푼 근심도 씻어주질 못하니.	未滌行人一分愁[26]
꾀꼬리 백 번을 지저귄들 누가 너를 들을까?	鸝庚百囀誰聆汝

24 황윤석, 「偶寫」, 『이재난고』 1책, 한국정신문화연구원, 1994, 118쪽, (1752년 24세)

25 황윤석, 「五更初, 發天安行二十里, 微月始出.」, 『이재난고』 1책, 한국정신문화연구원, 1994, 119쪽. (1752년 9월 28일 24세)

26 황윤석, 「曉發, 至素沙酒幕朝飯. 偶逢劉弼禹乍話. 至愁淵酒幕, 療飢秣馬. 過成歡時, 有詩.」, 『이재난고』 1책, 한국정신문화연구원, 1994, 166~167쪽. (1756년 28세)

응당 소인騷人 위해서지 산 때문은 아니겠지. 應爲騷人不爲山[27]

첫 번째 예문은 고향을 떠나 한양에서 맞은 가을밤의 모습을 묘사하고 있다. 완연한 가을 기운 속에 숙소의 창밖으로 잔월殘月이 보인다. 황윤석은 이 달을 보며 '온 창문에 외롭구나.[一窓孤]'라고 표현하고 있다. 하늘에 홀로 떠 있는 달에 나그네의 외로운 마음을 이입한 것이다.

두 번째 예문에서는 옛 역驛에 울창하게 자라있는 나무들의 모습을 그리고 있다. 나무는 계절에 따라 잎을 피우고 질 뿐 어떤 감정도 가지고 있지 않다. 하지만 황윤석은 이 나무에 자신의 감정을 이입해서 '다정하다.[多情]' · '나를 맞아 보내주다.[迎我送]' 등과 같은 표현을 쓰고 있다.

세 번째 예문에서는 나그네의 근심을 씻어주지 못한다며 물에게 화풀이를 하고 있다. 이 시는 성환成歡을 지날 때 지었다. 성환역에는 척수루(滌愁樓, 근심을 씻어내는 누각)가 있었으므로 이런 표현을 쓴 것이다. 앞의 예문들과 마찬가지로 무정물인 물에 시인의 감정을 투영하고 있다는 것을 볼 수 있다.

네 번째 예문은 산길을 가던 중에 들리는 꾀꼬리 소리를 듣고 그 느낌을 표현한 것이다. 산길을 지나는 동안 끊임없이 꾀꼬리가 지저귀고 있다. 보통 사람들은 그저 '꾀꼬리가 울고 있구나.'라고 생각할 뿐이다. 하지만 황윤석은 이 꾀꼬리 소리에 시인의 상상력을 불어 넣어 마치 꾀꼬리가 자신을 위해 울고 있는 것처럼 묘사하고 있다.

27 황윤석, 「陪舍姊, 之阿山時, 鍾山途中」, 『이재난고』 1책, 한국정신문화연구원, 1994, 192쪽. (1758년 30세)

황윤석 한시의 흥상 활용양상

황윤석은 자신의 시론을 밝힌 「고주집서」에서 흥상이 넓게 표현된 시가 좋은 시라고 했다. 앞 장에서 호응린의 비평을 통해 흥상이란 용어가 가지고 있는 세부적인 뜻을 유추해 보았는데, 요약하면 아래와 같았다.

첫째, 시적 경관이 하늘과 땅에 광대하게 펼쳐져 있는 경우.
둘째, 시적 경관이 끝없이 이어지는 경우.

이 두 가지를 종합해보면 흥상의 핵심은 한 마디로 '시상詩想의 끝없는 광대함'이라고 정의할 수 있다. 이 장에서는 황윤석이 이러한 흥상을 자신의 시에서 어떻게 활용하고 있는지 구체적인 작품을 통해 살펴보자.

1. 고향을 그리워하는 마음을 묘사

황윤석은 20세에 혼례를 올렸는데, 그 때 이후로 처가가 있는 남원과 고향인 흥덕을 오가는 생활을 했다. 또한 24세 때 과거시험을 보기 위해 한양에 올라가기 시작하면서 부터는 더욱 집을 떠나 있는 일이 많았다. 황윤석의 이런 객지생활은 59세 때에 전의현감을 끝으로 완전히 벼슬을 그만둘 때까지 지속되었다. 때문에 그의 시는 고향과 가족에 대한 그리움이나 나그네 생활의 어려움 등을 많이 노래하고 있다. 그리고 황윤석은 자신의 이러한 그리움과 어려움을 효과적으로 표현하기 위해 흥상의 수법을 이용하기도 했다.

귀향하는 소매는 나부끼며 서쪽 구름을 향하는데 飄然歸袂向西雲
나귀 등엔 지는 봄의 떨어진 꽃술 어지럽네. 驢背殘春落蘂紛[28]

도리어 생각하니 하늘 끝에 돌아갈 길은 멀고 卻懷天際歸程遠
가을 생각 사람을 흔드니 또한 견딜 수가 없네. 秋思撩人也不任[29]

산루山樓에서 도리어 좋았던 서쪽 바다 기억나니 山樓卻憶西溟好
귀향할 생각 아득히 멀리 해성海城을 감싸네. 歸思迢迢繞海城[30]

만 리 밖 봄바람 불 때 고향 생각하는 나그네라 東風萬里思歸客
종일토록 바라보며 잠들려 하지 않네. 終日相看不肯眠[31]

첫 번째 예문에서는 귀향하려는 나의 옷소매가 서쪽 구름을 향해 나부낀다는 의미의 '飄然歸袂向西雲'이 시상詩想을 넓게 펼치고 있는 흥상에 해당한다. 이 표현은 황윤석이 가려고 하는 고향길이 그 만큼 멀다는 사실을 나타내고 있다. 두 번째 예문에서는 '하늘 끝에 돌아갈 길은 멀고[天際歸程遠]'에서 흥상의 수법을 쓰고 있다. 이 또한 한 해의 반이 지나가는 가을이 되어 고향으로 가고 싶은 마음이 일어났지만 거리가 멀어 쉬이 결심할 수 없는 시인의 마음을 표현하고 있다.

28 황윤석, 「贈文玉二絶」 中 其二, 『이재난고』 1책, 한국정신문화연구원, 1994, 72쪽. (1748년 20세)

29 황윤석, 「月谷三絶」 中 其二, 『이재난고』 1책, 한국정신문화연구원, 1994, 91쪽. (1750년 22세)

30 황윤석, 「東樓」, 『이재난고』 1책, 한국정신문화연구원, 1994, 103쪽. (1751년 23세)

31 황윤석, 「寓處政與瑞石山相對有詩」, 『이재난고』 1책, 한국정신문화연구원, 1994, 128쪽. (1754년 26세)

세 번째 예문은 벗들과 함께 처가 근처의 명승지를 둘러보면서 지은 「동루東樓」라는 시 중 일부다. 명승이라 일컬어지는 동루에 올라서도 고향이 있는 서쪽 바다를 그리워하는 마음을 나타내고 있다. '귀향할 생각 아득히 멀리[歸思迢迢]'라는 표현이 바로 시상詩想을 멀리 전개하는 홍상의 수법이다.

네 번째 예문은 황윤석이 서석산瑞石山 옆에 묵으면서 지은 시의 일부다. 평소 방문하고 싶었던 서석산을 직접 보고 있으면서도 '만 리 밖 봄바람 불 때 고향 생각하는 나그네라[東風萬里思歸客]'고 하면서 고향을 그리워하고 있다. 이 구절 중 '동풍만리東風萬里'에서 홍상의 풍격을 사용하고 있다는 것을 알 수 있다.

2. 나그네의 먼 길을 묘사

몇 가구 인가人家엔 소나무가 울타리 되고	數戶人家松作籬
나그네 돌아갈 때 푸른 산 헤아릴 수 없네.	靑巒無算客歸時[32]

한양에 도착하기 전에 마음이 먼저 꺾이니	神京未到心先折
어떡하나? 영월의 겹겹 산중을.	何況越中山復山[33]

우연히 와서 홀로 걷는 이 사람은 무얼 생각하나?	偶來獨步人何意
푸른 바다 저 멀리 해는 서쪽으로 지네.	滄海迢迢落日西[34]

32 황윤석, 「歸時路中」, 『이재난고』 1책, 한국정신문화연구원, 1994, 103쪽. (1751년 23세)

33 황윤석, 「素沙」, 『이재난고』 1책, 한국정신문화연구원, 1994, 670쪽. (1767년 39세)

하늘 바람은 나에게 남은 꿈 불어주는데　　天風與我吹殘夢
산길은 희미하고 푸른 바다 길구나.　　山徑微微碧海長[35]

첫 번째 예문에서는 나그네인 황윤석이 돌아가는 길에 푸른 산이 헤아릴 수 없을 정도로 펼쳐져 있는 모습을 '靑巒無算客歸時'라고 표현하고 있다. 이 중 '푸른 산 헤아릴 수 없네.[靑巒無算]'에서 시상이 끝없이 연결되는 홍상의 수법을 사용하고 있다. 두 번째 예문은 전라도 홍덕에서 한양을 거쳐 임지인 영월로 가는 자신의 여정을 말하고 있다. 강원도 영월로 가는 길에 산이 겹겹이 있는 모습을 '겹겹 산중을[山復山]'이라고 표현하고 있는데, 이 또한 홍상의 풍격을 사용한 것이다.

세 번째 예문은 여관에 묵으면서 느낀 감회를 표현한 것이다. 결혼생활과 학업을 위해 처가인 남원과 고향인 홍덕 사이를 자주 오갔던 황윤석은 외롭게 여정을 견뎌가던 중 '나는 도대체 무엇을 위해 이런 여정을 계속하는가?'라는 회의가 들었다. 그래서 고향을 생각하며 저물녘 푸른 바다가 멀리까지 이어져 있는 모습을 '푸른 바다 저 멀리 해는 서쪽으로 지네.[滄海迢迢落日西]'라고 표현했는데, 이 구절에서 홍상이 드러난다.

네 번째 예문은 고향에 돌아가 부모님을 모시는 꿈을 꾸고 난 뒤 지은 시의 일부다. 꿈속에서는 부모님을 만나 뵈었지만, 깨고 난 다음

34 황윤석, 「旅館書懷」 九章 中 七章, 『이재난고』 1책, 한국정신문화연구원, 1994, 105쪽. (1751년 23세)

35 황윤석, 「在寧川書院, 宿西齋夜夢, 歸侍家庭, 旣覺有作二絶」 中 其一, 『이재난고』 1책, 한국정신문화연구원, 1994, 136쪽. (1754년 26세)

에는 여전히 산길은 희미하고 바닷길은 멀기만 했다. 이를 '山徑微微碧海長'이라고 표현했는데, 이 중 '푸른 바다 길구나.[碧海長]'는 나그네 생활 중인 황윤석이 가야 할 바닷길이 끝없이 길게 이어져 있다는 것을 묘사하고 있으므로 홍상의 수법이라 할 수 있다.

3. 지인知人에 대한 걱정과 아름다운 경치를 묘사

황윤석은 오랜 세월동안 객지생활을 했기 때문에 고향이나 가족에 대한 그리움, 나그네로서의 삶에서 경험한 고달픔 등을 주제로 많은 시를 남겼다. 그리고 이와 같은 주제를 효과적으로 표현하기 위해 황윤석이 홍상의 수법을 사용하기도 했다는 것을 앞에서 살펴볼 수 있었다. 이외에도 먼 길을 가야하는 지인知人 혹은 멀리 떨어져 있는 지인을 걱정하고 그리워하는 시에서도 홍상의 수법을 사용하고 있다는 것을 볼 수 있다. 그리고 단순히 경치를 묘사한 시에서도 가끔씩 홍상의 방법을 활용한 예를 발견할 수 있었다. 그 구체적인 구절을 아래에서 살펴보자.

강남江南의 차가운 눈 맑게 갠 밤	江南寒雪霽晴宵
나그네 소매 휘날리며 먼 길 가네.	客袂翩翩去路遙[36]

운천雲泉의 지난 해 일 생각하다가	因憶雲泉去年事
천 리 이별에 마음 다듬기 어려워지네.	別離千里意難裁[37]

36 황윤석, 「口占贈別內兄金達汝氏」, 『이재난고』 1책, 한국정신문화연구원, 1994, 44쪽. (1746년 18세)

만 그루 나무 자욱한 가랑비에 낮잠 자는데　萬木空濛因晝睡
흰 구름에 근심스런 생각, 갈 길 멀어 어쩌나?　白雲愁思奈迢迢[38]

누가 옥빛 모래를 곱고 푸른 허공에 뿌려　誰撒瓊沙麗碧空
찬 빛이 일원一元 중에 오르내리게 했나?　寒芒升降一元中[39]

다리 아랜 천봉이고 머리 위엔 하늘이라　脚下千峰頭上天
구름다리 아득하고 나그네 옷깃 펄럭이네.　雲梯縹緲客翩翩[40]

첫 번째 예문에서는 '먼 길 가네.[去路遙]'에서 흥상의 표현을 쓰고 있다. 이 구절에 나오는 객客은 황윤석 자신을 가리키는 것이 아니라 외사촌 형인 김달여를 가리킨다. 즉 헤어져서 떠나는 지인知人의 여정이 멀다고 말하면서 그의 여행길을 염려하고 있는 것이다.

두 번째 예문의 운천雲泉은 시산詩山 고을의 원을 지냈던 김시간의 호號다. 황윤석은 김시간의 가족들과 가깝게 교유했던 것으로 보인다.[41] 이어지는 구절에서 '천 리 이별에[別離千里]'라고 했는데, 이것은

37 황윤석, 「冬至夜話三事堂」, 『이재난고』 1책, 한국정신문화연구원, 1994, 196쪽. (1758년 30세)

38 황윤석, 「三月二十三日, 得僚官趙厚鎭差出之報, 將以二十六日出直, 相面于中路. 先一日天雨, 恐行色沮敗」 中 其二, 『이재난고』 5책, 한국정신문화연구원, 1999, 458~459쪽. (1779년 51세)

39 황윤석, 「觀星二絶」 中 其一, 『이재난고』 1책, 한국정신문화연구원, 1994, 93쪽. (1750년 22세)

40 황윤석, 「上栗峙」, 『이재난고』 1책, 한국정신문화연구원, 1994, 150쪽. (1755년 27세)

41 황윤석은 운천의 자제들과 피향정을 노닐었던 추억을 회상하며 「披香亭憶舊遊」라는 시를 짓기도 했다. 이로보아 황윤석이 운천을 비롯하여 운천의 가족들과도

멀리 떨어져 있는 운천에 대한 그리움과 걱정을 홍상의 수법을 통해 표현하고 있는 것이다.

세 번째 예문은 동료인 조후진이 떠나게 되었는데, 떠나기 전날에 비가 왔기 때문에 걱정하며 지은 시중 일부다. 여기서 험한 날씨에 먼 길을 가야하는 동료에 대해 '갈 길 멀어 어쩌나?[奈迢迢]'라며 홍상의 수법을 쓰고 있다는 것을 볼 수 있다.

네 번째와 다섯 번째 예문은 단순히 경치를 묘사하면서 홍상의 풍격을 쓴 경우다. 네 번째 예문은 황윤석이 별자리를 관찰하다가 밤하늘에 뿌려져 있는 아름다운 별들의 모습을 보고 '누가 옥빛 모래를 곱고 푸른 허공에 뿌렸나?[誰撒瓊沙麗碧空]'라며 감탄하고 있는 구절을 가져온 것이다. 바로 이 구절에서 드넓은 밤하늘과 그 속을 가득 채운 별들의 광활한 모습을 홍상의 수법으로 표현하고 있다는 것을 볼 수 있다.

마지막 예문은 율치栗峙에 올라 그 곳에서 느낀 감흥을 적은 시의 일부다. 첫 구절에서 발아래에는 천 개의 봉우리가 있고, 머리 위로는 하늘이 있다며 시상詩想을 광활하게 펼치고 있다. 이 구절에서 홍상의 표현을 사용하고 있다.

황윤석은 한시의 창작에서 풍신과 홍상을 중요하게 생각했다. 풍신은 문학 작품의 내적·외적인 요소가 잘 어우러진 경우와 작가의 정신이나 기질이 작품 속으로 들어간 경우에 뛰어나게 표현되었다고 할 수 있었다. 황윤석은 이런 풍신의 요소를 사용해서 계절의 변화에 따

깊은 교유관계를 맺고 있음을 짐작할 수 있다. 시의 내용은 다음과 같다. "曾共雲泉二妙游, 春寒官閣俯空洲. 疎襟更有維鳩子, 一別天涯已白頭." (황윤석, 『이재난고』 1책, 한국정신문화연구원, 1994, 571쪽.)

른 세월의 흐름 · 고향에 대한 그리움 · 나그네의 외로운 마음 등을 표현하고 있다는 것을 알 수 있었다.

또한 한시에서 흥상이 잘 표현되었다는 것은 '시상詩想이 끝없이 광대하게 펼쳐진 경우'로 볼 수 있었다. 황윤석은 이 흥상을 이용해서 고향을 그리워하는 마음 · 나그네의 먼 길 · 지인知人에 대한 걱정과 아름다운 경치를 묘사하는 데 사용했다. 은근하고 끝없는 흥상의 요소가 그가 표현하고자 했던 그리움과 아쉬움을 적절하게 묘사하고 있다는 사실을 확인할 수 있었다.

제5장

황윤석의 두보시어 활용법

이 장에서는 황윤석이 두보(712~770)의 시에 사용된 시어詩語들을 어떻게 활용했는지 살펴보고자 한다. 황윤석은 당대當代의 다른 문인들과 마찬가지로 두보 시에 관심을 가지고 있었고 특히 택당 이식(1584~1647)의 『두시비해』를 가까이 했다. 따라서 황윤석이 두보시어를 어떻게 활용했는지 살펴본다면 그의 시를 더욱 깊게 이해할 수 있을 것이다.

연구방법은 다음과 같다. 먼저 황윤석의 한시에 등장하는 시어 중 두보의 작품에 쓰였던 시어를 파악한다. 이를 위해 『두보시전집』이 실려 있는 인터넷싸이트를 이용했다.[1] 그리고 그 시어들을 문연각사고전서 전자판을 이용해서 '상용어'·'두보가 사용한 전고'·'두보가 창작한 시어'의 세 가지로 분류했다. 두보의 시에 나오는 시어라 하더라도 그 시어가 두보 이전의 전고인지 두보가 직접 새롭게 만든 것인지 구분할 필요가 있었기 때문이다.

1 『두보시전집』의 내용은 360doc個人圖書館(http://www.shigeku.org/shiku/gs /dufu.htm)에서 검색 가능하다.

끝으로 이러한 두보의 시어가 황윤석의 작품에서 어떻게 쓰였는지 분석했다. 두보가 처음 자신의 시어를 만들었을 때는 그만의 의도가 있었을 것이다. 후대의 사람들은 그런 두보의 의도를 잘 받아들여서 자신의 전고로 삼았을 수도 있고, 아니면 첨삭하거나 변화를 더해서 다른 의미로 활용했을 수도 있었을 것이다. 먼저 두보가 해당 시어를 만든 의도를 파악한 다음, 황윤석이 자신의 작품에서 그 시어를 어떻게 활용했는지 살펴서 좀 더 깊이 있게 작자의 의도를 분석할 수 있을 것이다. 우선 두보 시에 사용된 시어를 무슨 기준으로 어떻게 구분할 것인지 살펴보고 이어서 황윤석이 두보의 시어를 어떻게 활용했는지 알아보자.

두보시어의 범위

두보의 시집인 『두공부집』 20권에는 1405수의 시가 수록되어 있고 수많은 시어들이 사용되었다. 그는 시어를 사용하는 데 있어서 일상적인 단어를 쓰기도 했을 것이고 자신이 활동했던 당대唐代 이전의 전고를 사용하기도 했을 것이며 자신이 새롭게 시어를 창작하기도 했을 것이다. 두보의 시에 사용된 이와 같은 시어들 가운데 어떤 것을 두보의 독창적인 시어라고 할 수 있을까? 황윤석의 시 속에 등장하는 두보의 시어들을 대상으로 이 문제에 대해 먼저 생각해보자.

1. 상용어

아래에 나오는 '만국萬國'·'건곤乾坤'·'세모歲暮'·'춘기春氣'·'일야日夜'를 주목해보자.

① "萬國盡征戍, 烽火被岡巒" 「垂老別」
② "吳楚東南坼, 乾坤日夜浮" 「登嶽陽樓」
③ "歲暮百草零, 疾風高岡裂" 「自京赴奉先縣詠懷五百字」
④ "萬象皆春氣, 孤槎自客星" 「宿白沙驛」
⑤ "都人回面向北啼, 日夜更望官軍至" 「悲陳陶」

①에서 ⑤까지의 두보시 구절에서 사용된 '만국萬國'·'건곤乾坤'·'세모歲暮'·'춘기春氣'·'일야日夜' 등의 시어는 모두 두보 이전 시기의 저작물에 등장하는 단어들이다.[2] 게다가 인용한 단어들은 두보이전에 등장하는 전고이며 이 중 몇 단어는 현재 우리들도 사용하고 있다는 점에서 오히려 일상어에 가깝다. 이런 단어들은 비록 두보가 자신의 시어로 자주 사용했다 하더라도 두보만의 독창적인 시어라고 할 수 없을 것이다. 그러므로 '만국萬國'·'건곤乾坤'·'세모歲暮'·'춘기春氣'·'일야日夜'는 두보의 시에 사용되었지만 일상적인 용어와 별다른 차이가 없는 시어로 판단해서 상용어로 분류했다.

2 『易·乾』"首出庶物, 萬國咸寧"; 『易·繫辭下』"黃帝堯舜垂衣裳而天下治, 蓋取諸乾坤."; 漢代 淮南小山「招隱士」"歲暮兮不自聊, 蟪蛄鳴兮啾啾"; 『禮記·月令』"季春之月命國難, 九門磔攘, 以畢春氣"; 『周禮·夏官·挈壺氏』"凡喪, 縣壺以代哭者, 皆以水火守之, 分以日夜" 등.

2. 두보가 사용한 전고

두보도 당나라 시대 이전에 창작된 전고들을 사용했다. 두보가 사용한 전고란 그런 시어들을 말한다. 두보가 사용한 전고는 그 사용 빈도수의 많고 적음에 따라 다시 분류할 수 있는데 우선 아래 예문에 나오는 '비등飛騰'·'촌심寸心'·'돌올突兀'·'쟁영崢嶸'·'극목極目'이란 단어를 보자.

① "飛騰知有策, 意度不無神"「奉寄李十五秘書文嶷」詩之二
② "文章千古事, 得失寸心知"「偶題」
③ "未曾寄官曹, 突兀倚書幌"「八哀詩·故著作郎貶台州司戶滎陽鄭公虔」
④ "乾坤空崢嶸, 粉墨且蕭瑟"「畫鶻行」
⑤ "羣水從西下, 極目高崒兀"「自京赴奉先縣詠懷五百字」

첫 번째 분류인 '상용어'는 전고가 있고 또 그 전고가 대중화되어 거의 일상용어처럼 사용되는 경우를 지칭했다. 위 예문의 ①에서 ⑤까지의 사용된 '비등飛騰'·'촌심寸心'·'돌올突兀'·'쟁영崢嶸'·'극목極目' 등의 시어는 각각 『초사·이소』 "吾令鳳鳥飛騰兮, 繼之以日夜"·진대晉代 육기(260~303)의 「문부文賦」 "函綿邈於尺素, 吐滂沛乎寸心"·『문선·목화「해부」』 "魚則橫海之鯨, 突杌孤遊"·『문선·반고「서경부」』 "於是靈草冬榮, 神木叢生, 巖峻崷崒, 金石崢嶸"·한대漢代 왕찬(177~217)의 「등루부」 "平原遠而極目兮, 蔽荊山之高岑" 등에서 먼저 사용되었던 시어들이다. 두보가 전고를 자신의 시어로 삼은 것이다.

이런 시어들은 전고가 있다는 점에서 '상용어'와 동일하지만 그 전고가 이전 시기에 오직 한 번 존재하거나 소수의 전적典籍에만 기록되어 있다는 차이가 있다. 하지만 이런 경우 역시 두보만의 독창적인 시어라고 말할 수는 없다.

그런데 두보가 사용한 전고 가운데는 두보 이전 시기에 존재하기는 하지만 사용된 횟수가 거의 없고 대신 두보가 자주 인용한 것들이 있다. 이런 전고는 두보가 빈번하게 사용해서 후대 시인들에게 널리 알려지는 효과가 있었다고 생각된다. 아래 예문의 '구객久客'・'모옥茅屋'・'유유悠悠'・'추창惆悵'・'호탕浩蕩'에 주목해 보자.

① "久客惜人情, 如何拒鄰叟"	「遭田父泥飮美嚴中丞」
② "茅屋還堪賦, 桃源自可尋"	「春日江村」詩之一
③ "大哉乾坤內, 吾道長悠悠"	「發秦州」
④ "至尊含笑催賜金, 圉人太僕皆惆悵"	「丹靑引贈曹將軍霸」
⑤ "淒涼憐筆勢, 浩蕩問詞源"	「贈虞十五司馬」

①의 '구객久客'은 두보 이전 시기였던 한대漢代 초공焦贛의 『역림・둔지손』 등에서 먼저 발견되는 단어다.[3] 그런데 '구객久客'이라는 단어를 『두보시전집』에서 검색해보면 총 14편의 시에 이 단어가 사용되었다는 것을 알 수 있다. ②의 '모옥茅屋'은 『좌전・환공이년』 등에 보인다.[4] 두보는 이 단어를 그의 시 전집에서 19번 반복해서 사용했다. ③의 '유유悠悠'는 『시경』에서 볼 수 있는 단어다.[5] 두보는 이 단

3 『易林・屯之巽』 "久客無依, 思歸我鄕."

4 『左傳 ・桓公二年』 "淸廟茅屋."

5 『詩・邶風・終風』 "莫往莫來, 悠悠我思." ; 『詩・王風・黍離』 "知我者謂我心憂, 不知我者謂我何求, 悠悠蒼天, 此何人哉?"

어를 그의 시 전집에서 21번 사용했다. ④의 '추창惆悵'은 두보 보다 이전 시기 인물인 굴원(BC 343?~BC 278?)이나 도연명(365~427)의 글 등에서 보인다.[6] 두보는 이 단어를 자신의 시 전집에서 13번 사용했다. ⑤의 '호탕浩蕩'은 『초사』 등에서 보이는데[7] 두보는 이 단어를 그의 시 전집에서 15번 사용했다.

앞선 예문의 '비등飛騰'·'촌심寸心'·'돌올突兀'·'쟁영崢嶸'·'극목極目'은 각각 『두보시전집』에서 7건·13건·5건·9건·4건 사용되었는데, 후자의 '구객久客'·'모옥茅屋'·'유유悠悠'·'추창惆悵'·'호탕浩蕩'은 각각 14건·19건·21건·13건·15건 사용되어 상대적으로 높은 사용빈도를 보인다.

'구객久客'과 '모옥茅屋'의 경우 각각 대표적인 전고가 『역』 해설서와 『좌전』이다. 대중적으로 많이 알려진 서적이다. 이 경우는 '구객久客'과 '모옥茅屋'이란 단어를 두보가 대중화 시켰다고 말할 수 없다. 하지만 두보가 이 단어를 많이 사용했다는 점에서 '구객久客'과 '모옥茅屋'이란 단어가 두보의 삶이나 사상과 어느 정도 관련성을 가지고 있다고 유추할 수는 있다.

'유유悠悠'·'추창惆悵'·'호탕浩蕩'의 경우, 이 단어가 등장하는 대표적인 책은 『시경』과 『초사』다. 이 두 책은 시에 있어서 바이블인 탓에 두보가 비록 이 단어들을 자주 썼다 하더라도 후대의 시인들이 이 단어들을 자주 쓴 사실이 두보와 관련이 있다고 보기 어렵다. 그들이 『시경』과 『초사』에서 기억해내어 이 단어를 썼는지 아니

6 『楚辭·九辯』 "廓落兮, 羈旅而無友生. 惆悵兮, 而私自憐"; 晉代 陶潛 「歸去來兮辭」 "旣自以心爲形役, 奚惆悵而獨悲."

7 『楚辭·九歌·河伯』 "登崑崙兮四望, 心飛揚兮浩蕩."

면 두보의 시를 보고 인용했는지 구분할 수 없기 때문이다.

따라서 두보가 자주 사용한 전고의 경우에는 이 단어들이 두보의 삶이나 사상과 일정 정도 관련성을 가지고 있다고 볼 수는 있겠다. 하지만 두보만의 독창적인 시어라고 할 수는 없을 것이다. 다만 두보가 당대唐代 이전에는 잘 쓰지 않았던 전고를 사용해서 그 전고를 새롭게 대중화 시킨 경우는 있을 수 있겠다.

3. 두보가 창작한 시어

아래 인용문에 등장하는 '울람蔚藍'·'청사晴沙'·'각망卻望'·'숙원夙願'·'은문隱文'이란 시어를 주목해보자.

① "上有蔚藍天, 垂光抱瓊臺" 「冬到金華山觀」
② "雀啄江頭黃花柳, 鸂鶒鸂鶒滿晴沙" 「曲江陪鄭南史飲」
③ "暫遊阻詞伯, 卻望懷青關" 「暫如臨邑至𡹳山湖亭奉懷李員外率爾成興」
④ "良覿違夙願, 含淒向寥廓" 「昔遊」
⑤ "秘訣隱文須內教, 晚歲何功使願果" 「憶昔行」

①의 시는 두보가 보응 원년 사홍현에 있을 때 지었다. 이 시의 전편에서 두보는 금화산의 도관道觀에 갔다가 우습유 진자앙이 젊었을 때 공부했던 학당을 관람하고 그의 불행한 삶에 대하여 깊은 탄식을 하고 있다.[8] 인용한 구절은 "위에는 푸른 하늘이 있고, 드리운 빛은 경

8 김만원·김성곤·박홍준·이남종·이석형·이영주·이창숙 역, 『두보전집』 제6권, 서울대학교출판문화원, 2013, 140쪽. 번역도 위 책을 참고하여 윤색했다.

대를 안았네.[上有蔚藍天, 垂光抱瓊臺]"다.

'울蔚'자는 '무성하다.'·'성대하다' 또는 '문채가 화려하다'라는 뜻을 가진 글자고[9] '람藍'자는 보통 쪽빛을 내는 풀이름으로 알려진 글자다. 그런데 두보는 이 두 글자를 조합해서 '울람蔚藍'이라는 새로운 시어를 만들었고 이 시에서 '울람蔚藍'은 금화산 도관道觀에서 바라본 하늘빛을 묘사한다. 두보 이전의 문헌에서 검색되지 않는 이 시어는 『두보시전집』에서 단 한 번 등장하지만 한국문집총간에서는 166건이 검색된다. 따라서 후대 사람들이 두보의 시를 읽고 이 시어를 사용했다고 볼 수 있겠다.

②의 시는 두보가 건원 원년 봄, 좌습유로 있을 때 썼다. 정팔장은 당시 조정의 사관이었다. 시 전편에서 두보는 정팔장이 돌아가 은거하려는 심경을 빌려서 자신의 답답한 마음을 드러내고 있다.[10] 인용한 구절은 "참새들 강가의 노란 버들꽃을 쪼아대고, 교청새·원앙새 맑게 갠 백사장에 가득하네.[雀啄江頭黃花柳, 鵁鶄鸂鶒滿晴沙]"다.

'청晴'은 '하늘에 구름이 전혀 없거나 거의 없는'의 뜻을 가지고 있고 '사沙'는 주로 '모래'를 뜻한다. 두보는 이전의 시인들이 연관 짓지 못했던 이 두 글자를 이용해 '구름 없는 모래사장[晴沙]'이라는 시어를 만들었다. 두보 이전의 문헌에서 검색되지 않는 이 시어는 『두보시전집』에서는 단 한 번 사용되었지만 한국문집총간에는 449건이 검색된다. 역시 우리나라의 문인들이 두보의 영향을 받아 이 시어를 사용했다고 추정할 수 있다.

9 漢典(http://www.zdic.net/) 검색어: 蔚

10 김만원·김성곤·박홍준·이남종·이석형·이영주·이창숙 역, 『두보위관시기 시역해』, 서울대학교출판부, 2004, 53쪽. 번역도 위 책을 참고하여 윤색했다.

③의 시는 두보가 이원외에게 이별을 알리려고 했을 때 그가 없었기 때문에 그를 그리워하며 지은 시다.[11] 인용한 구절은 "잠시 노닐다 사백과 헤어져, 돌아보며 청관을 생각하네.[暫遊阻詞伯, 卻望懷青關]"다.

'사백詞伯'은 뛰어난 문인을 의미하는 말로 이원외를 가리키고 '청관青關'은 이원외가 있던 곳이다. '각卻'은 보통 '물리치다'·'물러나다'라는 뜻으로 쓰이고 그 외에 '도리어'·'제거하다' 등[12]의 의미를 가지고 있다. 두보는 '바라보다[望]'라는 말을 수식할 단어를 선택하면서 흔히 쓰이는 '고顧'자나 '회回'자를 쓰는 대신 '각卻'자를 써서 '각망卻望'이란 시어를 선택했고 이로써 낯선 느낌을 연출했다. 두보 이전 시기의 문헌에서 검색되지 않는 '각망卻望'은 『두보시전집』에 3건이 검색되고 한국문집총간에서는 279건이 발견된다.

④의 시는 두보가 건원 2년에 진주秦州에서 지었다고도 하고 대력 2년에 기주夔州에서 지었다고도 한다.[13] 인용한 구절은 "즐거운 모임 오랜 소원에 어긋나, 슬픔 머금고 먼 곳으로 향하네.[良覿違夙願, 含悽向寥廓]"다. '양적良覿'은 '즐거운 모임'이라는 뜻이고[14] '요곽寥廓'은 '넓고 멀다'·'광활한 하늘'·'쓸쓸하다, 조용하다' 등의 의미를 가진 단어이다.

두보는 '소원[願]'을 수식하는 단어를 고르면서 일반적으로 '일찍'이

11 이영주·박석·이석형·김만원·김성곤 역, 『두보초기시역해』, 솔, 1999, 111쪽. 번역도 위 책을 참고하여 윤색했다.

12 漢典(http://www.zdic.net/) 검색어: 却

13 杜甫著, 仇兆鰲注, 『杜詩詳注』 第4冊, 中華書局, 2013, 1795쪽.

14 漢典(http://www.zdic.net/) 검색어: 良覿

라는 의미를 지닌 '숙夙'자를 사용해서 '일찍 부터의 소원[夙願]'이란 단어를 만들었다. 이 단어는 오늘날 우리나라에서도 '오래도록 지녀온 소원'이란 의미로 '숙원宿願'과 함께 통용되어 사용되고 있다. 『두보시전집』에서 '숙원夙願'은 1건 검색되며 한국문집총간에서는 188건이 검색된다.

⑤의 시는 두보가 대력 3년에 지은 것이라고 한다.[15] 인용한 구절은 "비결秘訣과 은문隱文은 비밀리에 전수하니, 만년晩年에 무슨 공덕으로 소원 이룰까?[秘訣隱文須內教, 晩歲何功使願果]"다. '은문隱文'은 '비밀스런 글'이란 뜻으로 썼다. 사실 '비결秘訣'과 유사한 뜻인데 비슷한 두 단어를 연이어 배열해서 이런 것들이 신선술이 전수되는 방법[內教]라고 말한다.

'비결秘訣'과 '은문隱文'·'내교內教'는 모두 도가道家 신선술의 비법을 뜻한다. 두보는 유사한 의미를 지닌 단어들을 나열하면서 기존에 있던 '비결秘訣'·'내교內教'라는 단어 사이에 새롭게 '은문隱文'이란 단어를 만들어 넣어 신선한 느낌을 불어넣었다. 두보 이전의 문헌에서 보이지 않는 '은문隱文'은 『두보시전집』에 한 번 등장하는데 한국문집총간에는 222건이 보인다.

두보는 ①의 '울람蔚藍'이란 시어를 통해 파란 하늘의 모습을 형상화해서 생경함을 주었고, ②의 '청사晴沙'에서 이전의 시인들이 묘사하지 못했던 '구름 없는 모래사장'을 표현해서 참신한 느낌을 주었으며, ③의 '각망卻望'에서는 '망望'자의 수식어를 고르면서 흔히 쓰이던 '고顧'자나 '회回'자 등을 쓰지 않고 '물리치다'·'물러나다'·'도리어'·

15 杜甫著, 仇兆鰲注, 『杜詩詳注』 第4冊, 中華書局, 2013, 1888쪽.

'제거하다' 등 여러 가지 다른 함의를 품고 있는 '각卻'자를 사용해서 독자에게 폭넓은 해석이 가능하게 했다.

④ '숙원夙願'의 경우 두보는 '오래된 소원' · '옛날부터 바라던 것'을 의미하는 단어를 만들면서 다른 시인들이 흔히 사용하던 '고古' · '구舊' · '석昔' 등의 글자를 사용하지 않고 '일찍' · '아침'이라는 뜻으로 주로 쓰이던 '숙夙'자를 써서 '숙원夙願'이란 새로운 시어를 만들었다.[16] ⑤의 '은문隱文'은 두보가 유사한 뜻을 가진 단어를 반복해 사용하는 것을 피하기 위해 조어造語한 것이다. 이를 통해 식상한 표현으로 흐를 수 있었던 전체 구절에 신선함이 생겨났다.

위에서 예로 든 '울람蔚藍' · '청사晴沙' · '각망卻望' · '숙원夙願' · '은문隱文'은 두보 이전 시기 전고에서는 보이지 않거나 혹시 있었다 하더라도 시어로써 쓰이지 않던 것이다. 이런 단어는 비로소 두보만의 독창적인 시어라고 할 수 있을 것이다.

황윤석 한시의 두보시어 활용

지금까지 두보의 시에 등장하는 시어들을 대상으로 상용어에서부터 두보가 창작한 시어까지 구분해보았다. 이번에는 이러한 두보의 시어들 중 특히 두보가 창작한 시어로 분류했던 시어들이 황윤석의 시에서 어떻게 쓰였는지, 즉 황윤석은 두보만의 독특한 시어를 어떻

16 당대唐代 문헌 중 이백의 「秋於敬亭送從姪耑遊廬山序」 등에 '숙원夙願'이라는 단어가 등장하기는 하지만 시어로 '숙원夙願'이 등장하는 경우는 찾아보기 힘들다. 「秋於敬亭送從姪耑遊廬山序」, 『李太白集注』 권27에 "先往桃花之水, 孤負夙願, 慚歸名山"이란 구절이 있다.

게 활용했는지 살펴보자.

「구암암을 떠나며 別龜巖菴」

나 백양산 암자에 묵었는데	我宿白羊之山菴
백양산은 내 고향 남쪽이라	白羊山在吾鄉南
십 년간 속세에서 파란 산 보다	十年塵界望青翠
팔월 가을바람 속 푸르름에 올랐네.	八月秋風上蔚藍
나그네 꿈꾸느라 수동壽洞갈 일 버려두고	旅夢任他回壽洞
객지에서 오히려 구암龜巖에 머물렀네.	客居猶得住龜巖
한가하게 이 날 지팡이 짚고 떠나다가	悠然此日携笻去
아직도 미련남아 석감石龕을 바라보네.	猶自依依望石龕[17]

영조 22년 병인년(1746년 18세)

시 전편의 내용은 황윤석이 조씨 어른의 집으로 와서 머물다가 떠나는 심경을 읊고 있다. 1·2구에서는 백양산 구암암에 올라 그곳에 묵었으며 이곳을 기준으로 자신의 고향집은 남쪽에 있다고 말하고 있다. 황윤석은 지난 십여 년간 늘 집안일·학업 등 세속적인 일에만 매여 있느라 자신을 돌아볼 여유가 없었다. 그래서 3·4구에서 '십 년 속세 생활'이라는 표현을 썼다. 그리고 맑은 가을날 상쾌한 바람 맞으며 높은 곳에 자리 잡은 암자를 향해 녹음이 짙은 산을 올랐다고 말하고 있다.

5·6구에서는 여행의 단꿈에 젖어 부모님이 계시는 고향인 구수동龜壽洞으로 돌아갈 생각도 하지 않고 '구암'이라는 암자에 머물고 있

17 황윤석, 『이재난고』 1책, 한국정신문화연구원, 1994, 37쪽.

다고 했다. 황윤석은 6구 옆에다가 '우리집 별장 이름이 구암서당이라서 이렇게 읊었다'고 주석을 붙였다.[18] 7·8구에서는 암자를 떠나는 모습을 그렸다. 세속을 벗어난 홀가분한 마음으로 이 날 지팡이를 들고 여유롭게 암자를 떠났다. 그러나 백양산의 아름다운 경치 때문인지 아니면 한적한 암자의 고즈넉함에 젖어서인지, 훌쩍 떠나지 못하고 암자의 감실을 바라보며 연연해하는 모습을 보인다.

앞서 살펴본 것과 같이 4구의 '울람蔚藍'은 두보가 '하늘의 빛깔'을 형용한 시어였다. 그런데 황윤석은 '흐드러진 쪽빛'·'아름다운 쪽빛' 등으로 해석될 '울람蔚藍'이란 단어를 '상울람上蔚藍'이라고 해서 '산의 빛깔'을 묘사하는 데 사용했다. 다만 황윤석이 '울람蔚藍'을 두보가 사용했던 용법과 동일하게 사용했다고 가정한다면 '상울람上蔚藍'은 '푸르른 하늘에 올랐다.'고 해석될 수도 있겠다.

「무제 無題」 절구 두 수 二絶

시장市場도 문 닫은 푸른 해변 구름 없는 모래톱	市罷晴沙碧海頭
푸른 산 돌아가는 길 봄날 근심 괴롭네.	青山歸路惱春愁
강가 성곽城郭 숙소 바깥엔 꽃나무 천 그루	江城館外花千樹
매화 그늘에 들리는 건 꾀꼬리 소리뿐	惟聽梅陰黃栗留
무우 꽃 피고 나비가 나니	蘿葍花開蛺蝶飛
한 해 봄 일 이미 모두 그르쳤네.	一年春事已全非
신선神仙 나무 가지 꺾어 드리려는데	琅玕折得要相贈

18 황윤석, 『이재난고』 1책, 한국정신문화연구원, 1994, 37쪽. "吾家別庄號龜巖書堂故云"

그대는 서호西湖에서 오시나 못 오시나? 之子西湖歸未歸[19]
영조 23년 정묘년(1747년 19세)

「무제」라는 절구 두 수다. 이 작품의 전반적인 내용을 보면 첫째 수는 봄날의 경치와 나그네의 심정을, 둘째 수는 봄날에 그리운 이와의 재회를 기대하는 모습을 묘사하고 있다. 첫째 수의 1·2구에서는 저자거리 시장도 문 닫을 시간에 구름 없는 모래사장의 모습을 묘사하면서 봄날 나그네의 우수를 드러냈다. 3·4구에서는 어느 봄날의 호젓함과 나그네의 외로움을 그려내고 있다.

둘째 수의 1·2구에서는 시간적인 배경을 설명하면서 헛되이 보낸 한 해의 봄날을 반성하고 있다. 한 해가 시작한 지도 여러 달이 지났는데 별다른 일을 성취하지 못한 자신을 반성하고 있는 것이다. 3·4구에서는 누군가를 기다리고 있다. 다른 정보가 없기 때문에 누구를 기다리고 있는지 알 수는 없다. 다만 '낭간琅玕'이 '좋은 문장'을 비유하기도 하고 '서호西湖'가 서호의 고산孤山에 은거하며 처자 없이 매화를 심고 학을 기르던 북송의 임포(967~1028)를 주로 가리키는 말임을 고려하면, 이 구절은 은거해 지내는 고매한 선비를 그리워하고 있는 것이라 볼 수 있다. 이 시의 첫째 수 1구에 두보의 시어 '청사晴沙'가 나온다. 이 시어가 나오는 두보의 「곡강배정팔장남사음」시를 잠시 살펴보자.

참새들 강가의 노란 버들꽃 쪼아대고 雀啄江頭黃花柳
교청새, 원앙새 맑게 구름 없는 백사장에 가득하네.

19 황윤석, 『이재난고』 1책, 한국정신문화연구원, 1994, 54쪽.

鵁鶄鸂鶒滿晴沙
백발 노인에게 봄일이야 가당찮음을 알지만　自知白髮非春事
잠시 향기로운 술잔을 기울이며 만물의 아름다움 사모한다네.
且盡芳尊戀物華
천자를 가까이 모시고 있어 이제는 떠돌기 어려우니
近侍卽今難浪跡
이 몸 어찌 또 집이 없을 수 있는가?　此身那得更無家
선생께선 재주와 힘이 아직 강건하신데　丈人文力猶强健
무엇하러 청문 곁에서 외 심는 법을 배우려 하시는가?
豈傍靑門學種瓜[20]

이 시는 앞서 말한 것과 같이 두보가 건원 원년 봄, 좌습유로 있을 당시에 쓴 작품이다. 정팔장은 당시 조정의 사관이었다. 시 전편에서 두보는 정팔장이 돌아가 은거하려는 심경을 빌려서 자신의 답답한 마음을 드러내고 있다. 이 시의 구조를 살펴보면 두보가 도입부인 1·2구에서 봄날의 정경을 묘사하면서 '청사晴沙'라는 단어를 쓰고 있다는 것을 알 수 있다.

다시 '청사晴沙'를 사용한 황윤석의 시를 상기해보자. 황윤석 역시 시의 도입부인 1·2구에서 봄날의 풍경을 묘사하면서 이 시어를 사용하고 있다는 것을 알 수 있다. 즉 두보의 시어를 가지고 오면서 전체 시의 전개 양상에서 이 시어가 차지하는 역할까지 함께 가지고 온 것이다.

20 김만원·김성곤·박홍준·이남종·이석형·이영주·이창숙 역, 『두보위관시기 시역해』, 서울대학교출판부, 2004, 53쪽.

「8월에 복협으로 가서 저물녘에 조어른의 집에 도착했다. 다음날 송어른과 함께 백양산 구암암에 올랐다 八月往福峽, 暮抵趙丈家. 明日偕宋丈, 上白羊山龜巖庵」

회화 꽃 누런 가을날에 멀리 노니는 몸	槐黃秋節遠遊身
갈령葛嶺 하늘 싸늘하고 각건角巾엔 바람 부네.	葛嶺天涼風折巾
파란 물 푸른 산 이십 리에	綠水靑山二十里
나무하는 아이와 스님 두 세 사람	樵兒雲衲兩三人
저물녘 구동에 드니 반쯤 해가 다리에 걸렸고	暮投龜洞半杠日
동트자 양암羊庵 오르니 거의 밤 같은 새벽이네.	明陟羊庵幾夜晨
고개 돌려 화양을 보니 이곳은 옛 땅이라	卻望華陽是故土
꿈속 넋이 제 혼자 부질없이 자주 오갔지.	夢魂空自謁來頻[21]

영조 22년 병인년(1746년 18세)

가을날 조어른의 집에 갔을 때 백양산 구암암에 오른 일을 시로 읊었다. 1·2구에서는 조어른의 집으로 떠나는 장면을 묘사했다. 회화나무 꽃 활짝 핀 가을 날 복협에 있는 조어른의 집을 향해 길을 떠났다. 험한 갈령을 넘을 때 기후는 싸늘하고 바람은 갓을 날릴 정도로 매섭게 불었다고 묘사했다.

3·4구에서는 조어른의 집으로 가면서 본 풍경을 그렸다. 파란 시내와 푸른 산이 이 십여 리에 걸쳐 잇닿아 있고 나무하는 아이와 승려 몇 사람을 제외하고는 인적이 드물었던 여행길을 나타냈다. 5구에서는 조어른 집에 머물 때의 광경을 나타냈다. 저물녘이 되어서야 조어른 집에 도착했다. 해질 무렵이라 다리에 햇빛이 온전히 비치지 못하

21 황윤석, 『이재난고』 1책, 한국정신문화연구원, 1994, 37쪽.

고 반만 걸쳐 있는 모습을 묘사했다.

6구에서는 백양산에 있는 구암암에 오른 사실을 기록했다. '거의 밤 같은 새벽[幾夜晨]'이라고 표현한 것으로 보아 아주 이른 새벽에 이곳에 올랐던 것으로 보인다. 7·8구에서는 백양산 구암암에서 멀리 바라보이는 화양동에 대한 감회를 서술했다. 화양동은 황윤석의 학맥에서 중요한 위치를 차지하는 송시열이 머물렀던 곳이다. 때문에 그곳을 '옛 땅[故土]'이라고 표현했다. 8구에서는 송시열에 대한 공경과 사모의 마음으로 꿈속에서 그곳을 오가는 모습을 묘사했다.

이 시에서 쓰인 시어 중에서 『두보시전집』에 검색되는 시어는 '천량天涼'·'녹수綠水'·'청산青山'·'기야幾夜'·'각망卻望'이고 이 시어들은 각각 1건·1건·13건·1건·3건에 걸쳐 『두보시전집』에 등장한다. '천량天涼'은 이전의 경전이나 사서에는 잘 검색되지 않고 두보의 시와 그 조금 후대인 백거이(772~846)의 시에 한 번 등장한다.[22] 따라서 '천량天涼'은 두보만의 독특한 시어로 분류하기는 어렵고 다만 '두보가 사용한 전고' 즉 두보가 대중화시킨 시어라고 볼 수 있다.

'녹수綠水'는 경전에는 보이지 않지만 『수서隋書』 등의 역사책에 다수 보이므로 두보가 사용한 전고로 분류할 수 있다. '청산青山'은 역서易書나 『예기』 등 경전뿐 아니라 『춘추』·『후한서』 등 사서史書에 이르기까지 광범위한 전고를 가졌고 요즘 우리도 사용하고 있는 단어이므로 '상용어'로 분류할 수 있다. '기야幾夜'는 경전이나 사서에서는 보이지 않고 두보 이전의 시인이었던 낙빈왕(640?~684?)의 시에서 한 건 발견된다.[23] 따라서 '기야幾夜'도 두보만의 독특한 시어로 분류하기

22 백거이의 문집인 『白氏長慶集』 권18, 「小曲新詞」에 "好向昭陽宿, 天凉玉漏遲."라는 구절이 있다.

는 어렵고 다만 '두보가 사용한 전고'라고 볼 수 있다.

살펴본 바와 같이 황윤석은 위 시에서 '천량天涼'·'기야幾夜'·'각망卻望'과 같은 두보의 시어를 가져와 썼다. 먼저 '천량天涼'은 두보의 「기주가십절구」 중 아홉 번째 수의 '온 땅에 전쟁이라 나그네 근심 깨어지고, 태양빛 불같아도 염천炎天은 서늘하네.[干戈滿地客愁破, 雲日如火炎天涼]'에 나온다. 이 시에서는 원래 '염천량炎天涼'이었는데 황윤석은 '염炎'자는 빼고 '천량天涼'만을 사용했다.

'기야幾夜'는 두보의 「견왕감병마(중략)청여부시」 二首 중 두 번째 시에 나온다. 그 구절은 '바른 깃은 바람타고 안문雁門 넘으니, 겨울에도 몇 밤이나 양대에서 묵었나?[正翮摶風超紫塞, 玄冬幾夜宿陽臺]'다. 두보는 이 시에서 '기야幾夜'를 '몇 날 밤'이라는 의미로 사용했다. 그런데 황윤석은 '기야幾夜'를 가져오되 '기幾'자를 '몇'이 아닌 '거의'·'가깝다'는 의미로 사용해서 '밤에 가깝다'는 의미로 사용했다. '각망卻望'은 『두보시전집』에서 3건이 검색되는데 그 구절은 다음과 같다.

① "잠시 떠나가 사백과 헤어지게 되어, 돌아보며 청관을 생각하네.[暫遊阻詞伯, 卻望懷青關]"
② "청산이 각각 시야에 있으니, 고개 돌려 협곡 사이로 하늘을 보네.[青山各在眼, 卻望峽中天]"
③ "만 리에서 서로 만나 반가이 손잡고, 이별 자리에서 높은 재주 맘껏 고개 돌려 보았네.[萬里相逢貪握手, 高才卻望足離筵]"[24]

23 駱賓王, 「詠鴈」, 『駱丞集』 권1, "唼藻滄江遠, 銜蘆紫塞長. 霧深迷曉景, 風急斷秋行. 陣照通宵月, 書封幾夜霜. 無複能鳴分, 空知愧稻粱."

24 인용한 시의 제목은 각각 「暫如臨邑至𡉕山湖亭奉懷李員外率爾成興」, 「峽隘」, 「惠義寺園送辛員外」이다.

예로 든 3건의 '각망卻望'은 모두 '고개를 돌려 바라보다'·'문득 바라보다'·'바라보다' 등으로 번역 가능하다. 하지만, '각卻'이 가지고 있는 기본적인 의미 때문에 단순히 고개를 '돌리는' 것이 아니라 '도리어'·'~하다가 갑자기'의 뉘앙스를 가지고 있다. 이 점은 황윤석의 시에서도 마찬가지다. 황윤석은 이 시어에 있어서 두보가 창작한 시어의 독특한 생경함만을 가져왔다. 이전의 경우처럼 글자를 바꾼다든지 의미를 다르게 사용하는 등의 다른 장치를 하지 않았다.

「밤에 앉아 감회를 쓰다 夜坐書懷」

세운 뜻은 괴롭게 흔들리고	立志苦搖漾
해놓은 일들은 늘 평범하기만 했네.	做事長泛悠
사랑하는 동생과 서로 친하게 지내지도 못하고	愛弟蔑和孺
부모님 봉양하는 데 온화하고 유순함이 없었네.	奉親無怡柔
(중략)	
정신精神은 굽어져 스스로 낭비하기만 하니	精神枉自費
예전의 소원은 어떻게 돌려받을까?	夙願當何酬
(중략)	
과거시험이 비록 작은 일인데도	擧業雖小技
이 폐단이 오히려 일어났네.	此弊還相侔
앞으로는 반드시 일백 번 뉘우쳐서	須將一懲百
쓸데없이 놀지 않게 노력해야지.	勉哉无虛遊[25]

영조 22년 병인년(1746년 18세)

25 황윤석, 『이재난고』 1책, 한국정신문화연구원, 1994, 45쪽.

밤에 잠 못 들고 방에 앉아 떠오르는 감회를 읊은 시다. 원래 32구의 긴 작품인데 여기서는 일부만 가져왔다. 1 · 2구에서는 현인賢人과 성인聖人의 길을 따르려고 했던 평소의 뜻이 쉬이 흔들리고 이제까지 해놓은 일들은 그저 평범한 수준에 불과하다며 반성하고 있다. 3 · 4구에서는 동생과 그다지 우애 있게 지내지도 못한 것 같고 부모님을 모시는 데 있어서도 유학儒學의 이상향에서 요구하는 수준만큼 정성을 다하지 못했다고 말한다.

중간 단락에서는 정신이 평소에 올바르지 않으니 원하는 바를 일관되게 실천해 나아가지 못하고 시간만 낭비하고 있다고 말했다. 마지막 단락에서는 과거시험은 도학道學 공부에 비해 어려운 일이 아닌데도 나쁜 습관 때문에 성취하지 못했다고 말한다. 마지막 두 구에서는 스스로 일벌백계하듯 반성해서 더 이상은 게으르지 말아야겠다고 다짐하고 있다.

전편에 걸쳐 지난날을 반성하고 새롭게 마음을 다지는 내용을 서술한 시詩기 때문에 눈에 띄는 시어는 없다. 따라서 황윤석이 사용한 두보만의 시어도 '숙원夙願' 한 단어에 지나지 않으며 그 활용도 두보가 만들어 낸 느낌을 그대로 가져다 쓰고 있다.

「옛날 사수시四愁詩를 본떠서 擬古四愁」 중 셋째 수

내가 그리는 곳은 구정봉九井峯이라 我所思兮在九井
가보고 싶지만 위령葦嶺에 막혀있고 欲往從之隔葦嶺
내 발돋움해서 남쪽을 바라보니 눈물만 비껴 흐르네. 跂予南望涕橫迸
선인仙人이 내게 안으로 은밀한 말을 주었는데 仙人贈我內隱文

어떡해야 바르고 아름다운 문장으로 보답할까? 何以報之端綺紋
길이 멀어 가지도 못하고 공연히 답답해하며 路遠莫致空鬱煩
어찌하여 그리워하고 위로하며 달래는가? 何爲懷思意慰懃[26]
영조 23년 정묘년(1747년 19세)

후한시대 장형(78~139)의 「사수시四愁詩」를 본뜬 작품이다. 여기서는 그 중 셋째 수만을 가져왔다. 내용부터 살펴보면 1구에서 3구까지는 남쪽의 월출산 구정봉에 가보고 싶지만 갈 수 없는 안타까움을 노래했다. 황윤석의 고향에서 남쪽으로 가다보면 영암 월출산이 있고 월출산 봉우리 중에 구정봉이 있다. 구정봉 봉우리 꼭대기의 평평한 곳에 '요凹'모양처럼 움푹 들어가 물이 담겨 있는, 마치 동이 같은 곳이 아홉 군데가 있기 때문에 '구정봉'이라 하였다고 『세종실록지리지』(전라도)에 전한다.

4·5구에서는 선인仙人이 내게 은밀한 말을 주었으므로 내가 아름다운 문장으로 보답하고자 한다고 말한다. 「사수시四愁詩」의 형식에서 가져온 표현이기 때문에 선인이 황윤석에게 주었다는 은밀한 말이 무엇인지는 중요하지 않다. 다만 황윤석은 이에 보답해서 아름다운 문장을 짓고자 한다. 아마도 바로 이 시를 그런 마음으로 지었을 것이라 짐작할 수 있다.

6·7구에서는 구정봉에 가보고 싶지만 가지 못하는 안타까움을 묘사하고 있다. 사실 가려고 굳게 마음먹는다면 가지 못할 거리도 아니다. 하지만 거리가 문제가 아니라 집안일·개인사정 등 실질적인 문제가 장애가 된다. 때문에 마음이 더 답답한 것이다. 이러한 상황에

26 황윤석, 『이재난고』 1책, 한국정신문화연구원, 1994, 60쪽.

있는 자신을 스스로 위로하고 있는 모습을 그려내고 있다.

이 시에서도 두보만의 독특한 시어는 '은문隱文' 한 단어 밖에 없다. 이 시어가 쓰인 구절을 다시 한 번 보면 "선인이 내게 안으로 은밀한 말을 주었는데, 어떡해야 바르고 아름다운 문장으로 보답할까?[仙人贈我內隱文, 何以報之端綺紋]"다. 이 구절은 장형의 「사수시」 형식을 그대로 가져온 것이다. 「사수시」의 해당구절을 보면, "님은 나에게 담비옷을 주셨는데, 나는 어찌해야 명월주로 보답할까?[美人贈我貂襜褕, 何以報之明月珠]"라고 되어있다. 황윤석은 그저 '미인'은 '선인'으로 바꾸고 해당 물건들도 자신의 기호에 따라 전환해서 시를 완성했을 뿐이다. 여기서 '은문隱文'은 두보가 창작했던 의도와 동일한 뜻으로 사용되었으며 다른 형식적・의미적 변화는 없다.

지금까지 두보시어의 분류에 사용된 예문을 위주로 두보가 창작한 시어를 황윤석이 어떤 방식으로 활용했는지 살펴봤다. 이제부터는 그 밖의 다른 시에서 황윤석이 두보의 시어를 어떻게 사용했는지 알아보자.

「비 雨」

구름 그림자 초가 동쪽에 아스라하고	雲影籠籠茅屋東
외론 반달 제 빛 조차 잃었네.	半輪孤月失朣朧
자욱한 계곡 안개 어둠 속 내리는 비	廉纖谷霧暗中雨
뒤엉킨 고개 소나무 높은 곳에 부는 바람.	轇轕嶺松高處風
떨어질 듯 떨어지지 않는 해당화 꽃	欲落未落海棠蘂
꺾이려다 꺾이지 않은 무 떨기.	將摧不摧蘿葍叢
정녕 알겠네. 들물 푸른 침 안에서	應知野水青鍼裡

맑은 새벽 도롱이에 삿갓 쓴 늙은이 기뻐 춤출 줄

喜舞淸晨箬笠翁[27]

영조 22년 병인년(1746년 18세)

구름이 어두워지며 비가 내리는 경관을 묘사했다. 1 · 2구에서는 먹구름의 그림자가 어리기 시작하는 모습과 하늘에 떠 있던 반달도 점점 어두워지는 광경을 그렸다. 3 · 4구에서는 내리는 비와 부는 바람을 대를 이루어 묘사했다. 5 · 6구에서는 비바람을 맞고 있는 주변의 자연 환경을 대를 이루어 묘사했다. '떨어질 듯 떨어지지 않는', '꺾이려다 꺾이지 않은'의 표현은 내용에 있어서나 음율(읽기)에 있어서 독특함이 느껴진다.

마지막 7 · 8구에서는 이번에 내린 비가 농사에 꼭 필요한 비였다는 것을 나타내고 있다. 7구의 '푸른 침[青鍼]'은 전고에 없는 황윤석의 독창적인 표현이다. 아마도 물이 가득한 논에 심어져 있는 푸른 모를 묘사한 것으로 생각된다. 8구에서는 새벽부터 우의雨衣를 입은 늙은 농부가 기뻐서 춤을 춘다고 표현하면서 이 비의 소중함을 드러내고 있다.

이 시에서 두보 시에 등장하는 시어는 '모옥茅屋' · '반륜半輪' · '고월孤月'로 『두보시전집』에 각각 19건 · 3건 · 2건 등장한다. '모옥茅屋'은 이미 『좌전』 · 『전한서』 · 『후한서』 등에 그 전고가 여럿 남아있으므로 두보만의 독특한 시어라고 할 수는 없다. 하지만 『두보시전집』에 19건이나 등장하는 만큼 두보의 삶이나 사상을 상징적으로 알려주는 단어라고 할 수 있다.

27 황윤석, 『이재난고』 1책, 한국정신문화연구원, 1994, 20쪽.

'반륜半輪'은 두보 이전의 경전이나 사서史書에서 발견되지는 않았다. 다만 당대唐代 구양순(557~641)이 편찬한 『예문류취』에 한 건이 보이고[28] 이백(701~762)의 시에도 한 건 등장한다.[29] 두보의 시에서는 3건이 등장하는데 칠언율시에 1건, 오언율시에 2건이 보인다. 두보 시 중에서도 율시가 특히 많이 읽혔다는 것을 염두에 두면 '반륜半輪'이 비록 두보가 창작한 시어는 아니지만 두보가 대중화시킨 시어라고는 말할 수 있겠다. '고월孤月' 역시 두보 이전의 경전이나 사서史書에서 보이지는 않는다. 하지만 사조(464~499)·낙빈왕(640?~684?)·이백 등의 시에서 자주 발견되므로 이 시어는 두보가 사용한 전고로 보는 것이 좋겠다.

황윤석은 이 두 시어를 어떻게 사용하고 있을까? 그는 '반륜半輪'과 '고월孤月'을 2구에 함께 연이어 사용하고 있다. 하늘에 떠 있는 반달을 묘사하면서 연원이 있고 서로 연관성이 있는 두 단어를 이어서 사용하고 있는 것이다. 문장에 있어서 유사한 표현을 이어서 사용하면 지루함이 느껴진다. 그런 느낌은 유사한 이미지를 연달아 사용할 경우도 마찬가지다. 황윤석은 뛰어난 시인이 남긴 시어를 남용해서 오히려 시의 미감을 떨어뜨리고 있는 것으로 보인다.

다시 이 시 전체에서 두보의 시어를 어떻게 사용하고 있는지 포괄적으로 살펴보자. 황윤석은 이 시에서 두보가 사용했던 시어 3개를 활용했다. 그런데 우연찮게도 이 시어 세 개는 모두 1·2구에서 경치를 묘사하는 데 쓰였다.

28 歐陽詢, 『藝文類聚』 권28, "四面通野火初烟細, 新月半輪空塞外."

29 李白, 「峨眉山月歌」, 『李太白文集』 "峨眉山月半輪秋, 影入平羌江水流. 夜發清溪向三峽, 思君不見下渝州."

시인에게 떠오른 자기만의 시상詩想은 새로운 시어의 창작이나 구절의 조탁 등으로 표현될 수 있겠다. 하지만 은자의 청빈한 거처나 달과 별이 뜨고 강과 시내가 흐르는 자연경관은 시詩의 소재 측면에서 본다면 매우 진부한 대상이다. 이처럼 진부한 대상에 대한 묘사에서 독자의 공감을 얻어내기 위해서는 새로운 시어를 사용해서 모험을 감수하기 보다는 이전 시에 남겨진 아름다운 구절을 빌려 쓰는 것이 더욱 안정적이었을 것이다. 이 때문에 1 · 2구에 두보의 시어를 집중적으로 배치한 것으로 보인다.

「스스로를 비웃으며 自嘲」

바람은 우수수 먼저 잎을 놀래키고	天風摵摵先驚葉
가을빛 짙어 내 옷을 물들이려 하네.	秋色霏霏欲染衣
우습구나! 이 몸은 변방 기러기 같아	可笑此身同塞雁
한 해에 두 차례 왔다 갔다 하는 구나.	一年二度來還歸[30]

영조 22년 병인년(1746년 18세)

철새처럼 고향을 오가는 자신을 가련히 여기며 읊은 시다. 1구에서는 하늘에서 불어오는 가을바람이 높은 가지 끝부터 잡아 흔드는 모습을 묘사했다. 2구에서는 빨갛고 노란 가을 낙엽들이 어지러이 날려오는 모습을 그렸다. 3 · 4구에서는 고향을 떠나 이리저리 돌아다니는 자신의 모습을 남쪽과 북쪽을 오가는 철새에 비유하면서 안타까워하고 있다.

30 황윤석, 『이재난고』 1책, 한국정신문화연구원, 1994, 37쪽.

이 시에 사용되었고 동시에 『두보시전집』에 등장하는 시어는 '천풍天風'·'추색秋色'·'비비霏霏'·'새안塞雁'이며 각각 6건·7건·2건·3건 발견된다. '천풍天風'은 『주역』에 등장하는 단어다. 그래서 이 단어는 두보가 사용한 전고로 볼 수 있다. '추색秋色'도 두보 이전 시기의 시인들이 많이 사용한 시어라서 두보가 사용한 전고로 보는 것이 좋겠다. '비비霏霏'도 『시경』과 『초사』에 나오는 단어라서 두보가 사용한 전고라고 할 수 있다. '새안塞雁'은 경서와 사서에서는 발견되지 않고 포조(414?~466)와 왕발(650~676)의 문집에 한 건씩 검색된다. 그러므로 '새안塞雁'은 비록 두보가 창작한 시어라고 할 수는 없겠지만 두보가 대중화시키는 데 기여한 시어라 할 수 있다.

이어서 황윤석이 이 시어들을 어떻게 활용했는지 살펴보자. 우선 '천풍天風'과 '추색秋色'은 단어가 가지고 있는 고유한 뜻에 맞게 사용했다. '비비霏霏'는 『시경』과 『초사』에서 주로 눈과 비가 많이 내리는 모습이나 짙은 색깔을 형용할 때 쓰였다.[31] 황윤석은 이 단어를 '가을의 빛깔[秋色]'이 한창일 때 하늘의 색을 형용하는 데 사용했다. 역시 '비비霏霏'라는 단어가 가지고 있는 의미를 그대로 차용한 것이다. '새안塞雁'에 대해서는 먼저 이 단어가 두보의 시에서 어떤 형태로 쓰였는지부터 살펴보자.

① "蕭蕭紫塞雁, 南向欲行列" 「七月三日亭午已後較熱退晚加小涼穩睡…呈元二十一曹長」
② "檣烏相背發, 塞雁一行鳴" 「公安送李二十九弟晉肅入蜀, 余下沔鄂」

31 『詩·小雅·采薇』 "今我來思, 雨雪霏霏", 『楚辭 ·王逸「九思·怨上」』 "雷霆兮硠磕, 雹霰兮霏霏", 『楚辭 ·九章·涉江』 "霰雪紛其無垠兮, 雲霏霏而承宇"

③ "塞雁與時集, 檣烏終歲飛"「登舟將適漢陽」

『두보시전집』에서 검색되는 3건의 '새안塞雁'가운데 ①은 '자새紫塞'가 단어이므로 논의에서 제외된다. 그리고 나머지 두 건은 모두 '변방의 기러기'를 가리킨다. 그런데 왜 두보는 '변방의 기러기'를 언급한 것일까? 인용한 구절만 음미해 보아도 그 단서를 알 수 있다. ②에서 '장오檣烏[32]를 등지고 출발하는데, 변방의 기러기 무리지어 우네.'라고 했으며 ③에서는 "변방의 기러기도 때에 따라 모이는데, 장오檣烏는 해가 지나도록 나네."라 하고 있다.

두보는 전쟁 때문에 함부로 움직일 수 없는 처지에 있었다. 기러기도 국경을 넘나들며 자신의 보금자리를 찾아 가는데 자신은 끝없는 피난의 여정에서 벗어나지 못하고 있다며 한탄하고 있다. 그런데 황윤석은 이 시어를 두보가 의도한 대로 쓰지 않았다. 이 시어를 사용한 황윤석의 시를 다시 보자.

> "우습구나! 이 몸은 변방 기러기 같아, 한 해에 두 차례 왔다 갔다 하는구나."[可笑此身同塞雁, 一年二度來還歸]

황윤석은 자신의 신세가 해마다 계절에 따라 남북을 오가는 기러기와 같다며 자조한다. 한 곳에 머물며 부모님을 봉양하지 못하고 벼슬을 찾아 해마다 한양을 오가는 자신의 처지를 한탄하는 것이다. 이것은 두보가 전란 중에도 마음껏 하늘 길을 오가는 기러기를 부러워하던 모습과 사뭇 다르다. 황윤석은 두보의 시어를 사용하면서 그 함의

32 '장오檣烏'는 돛 위에 매단 까마귀 모양의 풍향계를 말한다.

에 변화를 주고 있는 것이다.

다시 이 시 전체에서 두보의 시어가 어떻게 배치되어 사용되었는지 살펴보자. 7언 절구의 짧은 시에서 황윤석은 두보의 시어 네 개 '천풍天風'・'추색秋色'・'비비霏霏'・'새안塞雁'을 인용하고 있다. 그런데 그 중 세 개가 1・2구에 집중적으로 사용되었다. 앞의 경우와 마찬가지로 경치의 묘사에서 독자의 공감을 얻어내기 위해서는 새로운 시어를 사용하여 모험을 감수하기 보다는 이전 시에 남겨진 아름다운 구절을 빌리는 것이 더욱 안정적이라고 판단했기 때문일 것이다.

「밤에 앉아 달을 보다가 감회가 있어 夜坐對月有感」

밝은 달이 동산에서 떠올라	明月出東山
나의 동창東窓 동쪽에서 비추네.	照我東窓東
문을 열고 한 번 바라보니	開門一以眺
옥 같은 달 맑은 서리 맞은 새장 같네.	玉輪淸霜籠
(중략)	
차가운 밤에 고요히 마주하니	寒宵寂相對
싸늘한 기운 품안을 파고드네.	冷徹襟懷中
(중략)	
떠나가 사라졌다가 다시 이으니	往消來更續
묵묵히 저 하늘이 징험하네.	默驗蒼蒼穹
인생 또한 저와 같으니	人生亦如彼
길게 화담 어른에게 감탄하네.	永歎花潭翁[33]

영조 22년 병인년(1746년 18세)

33 황윤석, 『이재난고』 1책, 한국정신문화연구원, 1994, 44~45쪽.

잠 못 드는 밤에 달을 보다가 화담 서경덕(1489~1546)의 말을 떠올리고 그의 안목에 감탄하는 내용이다. 1·2구에서는 이 시를 지은 시간과 공간적인 상황을 그리고 있다. 3·4구에서는 밝은 달빛에 시선이 끌려 하늘에 떠 있는 달을 자세히 살펴보기 위해 밖으로 나가는 시인의 모습을 그렸다. 중간 단락에서는 문을 열고 차가운 밤하늘 속에 달의 움직임을 고요히 보고 있다. 싸늘한 기운이 옷깃을 뚫고 품속으로 스며드는 것 같다고 말한다.

마지막 단락 앞의 두 구절에서는 해와 달의 운행이 차고 기울며 이어지는 상황을 푸른 하늘은 묵묵히 지켜보며 증험하고 있다고 말한다. 이어진 두 구절에서는 해와 달의 운행하는 이치를 고찰하면서 사람의 삶 또한 천체의 운행과 다름없다고 말한다. 끝으로 천체 운행과 인생의 관련성을 생각하면서 천지天地 기운氣運의 이치에 대해 탁월한 견해를 제시했던 화담에게 깊이 감탄하고 있다.

이 시에 사용된 시어 중에 『두보시전집』에서 발견된 것은 명월明月 6건·동산東山 8건·개문開門 2건·한소寒宵 1건·상대相對 6건·금회襟懷 1건·창궁蒼穹 2건·인생人生 27건이다. 이 중에서 상용어에 해당하는 것을 제외하면 남는 것은 '한소寒宵'·'금회襟懷'·'창궁蒼穹'이다. 이 시어들을 분석해보자.

'한소寒宵'는 경전이나 사서史書에서도 보이지 않고 두보 이전 시기의 시에서도 발견되지 않으니 두보가 창작한 시어라 할 만 하다. 이 시어는 두보의 「각야閣夜」에 등장하는데 그 구절은 "연말에 음양陰陽이 단경短景을 재촉하고, 하늘 끝엔 눈서리 찬 하늘에 개었네.[歲暮陰陽催短景, 天涯霜雪霽寒宵]"다. 두보는 「각야閣夜」의 1·2구에서 계절과 기후를 묘사하면서 '한소寒宵'를 사용하고 있다.

황윤석은 두보의 이 시어를 가져다가 달 밝은 밤, 독백의 배경으로 활용하고 있다. 이 시는 상술한 바와 같이 달 밝은 밤에 기氣에 관한 화담의 견해를 곱씹으며 그의 학식에 감탄하는 내용을 담고 있다. ‘한소寒宵’는 황윤석이 화담의 학설을 되새기며 그를 흠모하던 순간의 기후와 기상의 상태를 가리킨다. 두보가 사용한 용법과 동일하게 활용하고 있는 것이다.

‘금회襟懷’는 경전이나 사서에 검색되지 않고 두보 이전 시기 인물인 왕발(650~676)이 쓴 비문에 한 건 발견된다.[34] 따라서 두보가 사용한 전고라고 할 만하다. 두보는 「기유협주백화사군사십운」에서 “권축卷軸 오는 것이 어찌 늦는가? 품속에서 의지할 수 있기를 바라네.[卷軸來何晩, 襟懷庶可憑]”라고 했다. 시 문맥상 이 구절은 ‘시재詩才가 있는 유군劉君이 편지를 보내준다면 좋겠다.’는 뜻이다. 그러므로 여기서 ‘금회襟懷’는 ‘가슴 속’·‘마음 속’ 정도의 뜻으로 파악할 수 있다. 황윤석이 이 시어를 쓴 구절을 보면 “차가운 밤에 고요히 마주하니, 싸늘한 기운 품안을 파고드네.[寒宵寂相對, 冷徹襟懷中]”라고 되어 있다. ‘품속’·‘가슴 속’이라는 의미로 썼으니 두보가 의도한 뜻과 같다고 할 수 있다.

지금까지 황윤석이 두보의 시어를 어떻게 활용했는지에 대해 살펴봤다. ‘울람蔚藍’은 두보가 ‘하늘의 빛깔’을 형용한 시어였다. ‘흐드러진 쪽빛’·‘아름다운 쪽빛’ 등으로 해석될 ‘울람蔚藍’이란 단어를 황윤석은 ‘산의 빛깔’을 형용하는 시어로 바꾸어 사용했다.

‘청사晴沙’의 경우, 황윤석은 두보의 이 시어를 가지고 오면서 전체

34 王勃, 「益州德陽縣善寂寺碑」, 『王子安集』 권15 “上下充槖籥於襟懷, 八部神祇薦圖書於掌握.”

시의 전개 양상에서 이 시어가 차지하는 역할까지 함께 가지고 왔다. '천량天涼'은 원래 '염천량炎天涼'이었는데 황윤석은 '염炎'자를 빼고 사용했다. 두보는 '기야幾夜'를 '몇 날 밤'이라는 의미로 사용했는데 황윤석은 '기야幾夜'를 가져오되 '기幾'자를 '몇'이 아닌 '거의'・'가깝다'는 의미로 사용해서 '밤에 가깝다'는 의미로 썼다. '각망卻望'과 '숙원夙願'・'은문隱文'의 경우, 황윤석은 두보가 만들어 낸 느낌을 그대로 차용했다.

황윤석은 두보의 시어를 사용해서 주로 시 초반의 자연경관에 대한 묘사를 했다. 이러한 묘사에 두보의 시어를 사용한 까닭을 유추해보면, 이 같은 묘사를 하는 데 있어서 새로운 시어를 만드는 모험을 감수하기보다 이미 창작된 두보의 아름다운 구절을 빌려 쓰는 것이 독자의 공감을 얻는 데 더 안정적이라고 판단했기 때문일 것이라 짐작할 수 있다.

제6장
황윤석 한시에 나타난 '객客'의 이미지

지방 양반 출신인 황윤석(1729~1791)은 학업이나 벼슬을 위해 평생 동안 22차례에 걸쳐 고향인 홍덕(현재 전북 고창)과 한양 사이를 오갔다. 24세 때부터 시작한 이런 여행길은 38세에 장릉참봉으로 처음 관직에 오른 다음부터는 더욱 잦아졌으며, 59세에 완전히 벼슬을 그만 둘 때까지 지속적으로 반복되었다. 그래서인지 황윤석이 남긴 한시 속에는 자신의 삶을 '객客'으로 묘사한 경우가 많았다. 이 장에서는 여기에 착안해서 황윤석의 한시에서 등장하는 '객客' 이미지를 통시적으로 분석해보고자 한다.

황윤석은 1630여제餘題의 한시 작품을 창작하면서 제목과 내용 중에 '객客'이라는 글자를 223번 사용했다. '빈賓'(14번) · '주主'(60번)와 같이 '객客'과 어울릴 만한 다른 글자들이 사용된 빈도수와 비교해 보면 매우 자주 '객客'이 사용되었다는 사실을 알 수 있다. 또 '산山'(803번) · '수水'(319번) · '초草'(104번) · '목木'(86번) · '일日'(847번) · '월月'(748번) · '금金'(69번) · '토土'(28번) · '석石(137번)' · '천川(99번)' 등과 같은 쉬운 글자들의 사용빈도와 비교해봐도 황윤석이 '객客'이라는 이미지를 한시 속에서 얼마나 자주 사용했는지 짐작할 수 있다.

황윤석이 '객客'의 이미지를 자주 사용한 이유는 아마도 그의 오랜 타향 생활 때문이었을 것이다. 생각해보면 황윤석뿐만이 아니라 역사상 많은 작가들이 '객客'의 이미지를 활용해서 창작을 해왔다. 그렇다면 한시 속에서 '객客'의 이미지를 사용하기 시작한 것은 언제부터였을까? 그리고 '객客'은 어떤 의미로 사용되고 있었을까?

이 질문에 대답하기 위해 필자는 『시경』·『초사』·『당시삼백수』 등 한시의 전고가 되는 주요 문헌에서 등장하는 '객'의 용례를 먼저 살펴보고자 한다. 이어서 우리나라의 한시 작가들이 어떻게 '객'의 이미지를 사용했는지 『동문선』을 통해 살펴본 뒤, 최종적으로 황윤석이 어떻게 '객'의 이미지를 활용했는지 정리해보고자 한다.

한시 속 '객客'의 용례

1. 『시경』의 경우: 손님

『시경』에서는 총 7편의 시에서 12건의 '객客'이 등장하는데 그 내용은 아래와 같다.

> ①이미 내 활을 당기고, 이미 내 화살을 끼우고서, 저 작은 멧돼지를 쏘아 맞히며, 이 큰 외뿔소를 잡아서, **빈객에게 올리고**, 또 단술을 떠서 올리도다.
> 旣張我弓, 旣挾我矢, 發彼小豝, 殪此大兕, **以御賓客**, 且以酌醴. 「小雅·彤弓·吉日」[1]

1 성백효 역주, 『詩經集傳』 上, 전통문화연구회, 2004, 421쪽.

②깨끗하고 깨끗한 흰 망아지, 우리 마당의 싹을 먹는다 해서, 발을 동여매고 고삐를 매어, 오늘 저녁을 더 머무르게 해서, 이른바 그 분이, **여기에서 아름다운 손님이 되게 하리라**.
皎皎白駒, 食我場藿, 縶之維之, 以永今夕, 所謂伊人, **於焉嘉客**. 「小雅 · 祈父 · 白駒」[2]

③부엌일 잡기를 공경히 해서, 도마에 담은 제육祭肉이 매우 크니, 혹은 고기를 굽고 혹은 적炙을 만들며, 군부君婦가 공경하고 정갈하니, 두豆에 담기를 매우 많이 했네. **빈객이 된 자들이**, 술잔을 권함이 교착交錯하니, 예의가 모두 법도에 맞으며, 웃고 말함이 모두 마땅하기에, 신보神保가 이에 강림하는지라, 큰 복으로써 보답하니, 만수萬壽로 갚는 바로다.
執爨踖踖, 爲俎孔碩, 或燔或炙, 君婦莫莫, 爲豆孔庶. **爲賓爲客**, 獻酬交錯, 禮儀卒度, 笑語卒獲, 神保是格, 報以介福, 萬壽攸酢.(下略) 「小雅 · 北山 · 楚茨」[3]

④떼 지어 백로가 날아가니, 저 서쪽 못에서 하네. **우리 손님이 이르니**, 또한 이 용의容儀가 있네.
振鷺于飛, 于彼西雝. **我客戾止**, 亦有斯容. 「頌 · 周頌臣工 · 振鷺」[4]

⑤황황한 그 소리가, 엄숙하고 화和하게 울리니, 선조가 이에 들으시며, **우리 손님이 이르시어**, 그 음악이 끝남을 길이 보시네.
喤喤厥聲, 肅雝和鳴, 先祖是聽, **我客戾止**, 永觀厥成. 「頌 · 周頌臣工 · 有瞽」[5]

2 성백효 역주, 『詩經集傳』 下, 전통문화연구회, 2004, 19쪽.
3 성백효 역주, 『詩經集傳』 下, 전통문화연구회, 2004, 121쪽.
4 성백효 역주, 『詩經集傳』 下, 전통문화연구회, 2004, 371쪽.
5 성백효 역주, 『詩經集傳』 下, 전통문화연구회, 2004, 374쪽.

⑥**손님이여, 손님이여**, 흰 그 말이로다. 공경하고 삼가니, 잘 가려 뽑은 그 수행원이네. **손님이 유숙하고 유숙하며, 손님이 이틀 밤을 묵고 묵으니**, 끈을 주어, 그 말을 동여매리라.
有客有客, 亦白其馬. 有萋有且, 敦琢其旅. **有客宿宿**, **有客信信**, 言授之縶, 以縶其馬, 薄言追之, 左右綏之, 旣有淫威, 降福孔夷. 「頌 · 周頌臣工 · 有客」[6]

⑦쇠북과 북이 성하게 울려 퍼지며, 온갖 춤이 질서정연하니, **우리 아름다운 손님이**, 또한 기뻐하지 않으실까?
庸鼓有斁, 萬舞有奕, **我有嘉客**, 亦不夷懌. 「頌 · 商魯 · 那」[7]

『시경』에 등장한 '객客'의 용례를 살펴보면 모두 손님으로 사용되었음을 알 수 있다. 세부적으로 분류해보면 아래의 두 가지로 나눌 수 있다.

(1)방문한 손님 : ①, ②, ⑥(송나라에서 주나라를 방문한 미자),
(2)특별히 제사 때문에 방문한 손님: ③, ④(왕의 후손), ⑤(왕의 후손), ⑦(선대의 후손)

이 중, (1)방문한 손님의 ⑥은 주周나라가 건설된 후 주나라 왕실이 미자微子를 송나라에 봉하여 상商나라 선왕들을 제사하게 하고 미자를 신하로 삼지 않아 공경을 표했던 사실을 말하고 있다. (2)특별히 제사 때문에 방문한 손님 중 ④, ⑤, ⑦은 다른 제후국에서 살고 있던 후손들이 제사를 위해 손님으로 방문한 경우를 가리킨다.

6 성백효 역주, 『詩經集傳』 下, 전통문화연구회, 2004, 379쪽.
7 성백효 역주, 『詩經集傳』 下, 전통문화연구회, 2004, 420쪽.

2. 『초사』의 경우: 임금과 떨어져 있음

『초사』에는 총 3편의 작품에서 '객客'이 등장하는데, 내용은 아래와 같다.

> ①풍파를 따르고 물결을 좇음이여, **어찌 이리저리 떠돌며 나그네가 되었나**?
> 順風波以從流兮, **焉洋洋而爲客**. 『九章 · 哀郢』[8]

> ②**고향과 집을 떠나 먼 나그네로 와서**, 멀리 떠돌고 있으니 이제 어디에 이를 것인가?
> **去鄕離家兮徠遠客**, 超逍遙兮今焉薄. 『九辯』[9]

> ③긴 소매로 얼굴을 가리면, **나그네가 잘 머문다네**.
> 長袂拂面, **善留客只**. 『大招』[10]

인용문 중 ①은 굴원이 유배 중에 지은 작품으로 임금을 가까이에서 모시지 못하고 떠돌이가 된 자신을 한탄하는 내용이다. ②는 송옥이 60세에 지었다고 하는데 전체 문맥은 ①과 마찬가지로 가까이에서 임금을 모시지 못하는 안타까움을 노래하고 있다.

초나라 회왕이 진秦나라에서 병사했을 때, 진나라가 그의 시신을 초나라로 송환해주었다. ③은 초회왕의 시신이 초나라로 돌아올 무렵 굴원이 그의 혼을 부르기 위해 지은 작품이라고 한다. ③에서 등장하는 '객客'은 미인의 접대를 받는 초회왕의 영혼을 뜻한다. 초회왕의 혼

8 굴원 · 송옥 외 지음, 권용호 옮김, 『초사』, 글항아리, 2015, 153쪽.
9 굴원 · 송옥 외 지음, 권용호 옮김, 『초사』, 글항아리, 2015, 249쪽.
10 굴원 · 송옥 외 지음, 권용호 옮김, 『초사』, 글항아리, 2015, 236쪽.

이 손님으로 와서 흠향해주기를 바라는 마음을 담고 있다.

이 중 ①과 ②는 임금의 총애를 받지 못하는 신하가 자신의 임금을 그리워하는 모습으로 전형화 되어 후대의 선비들로부터 자주 인용되었다. 여기에 사용된 '객'은 '손님'으로 보기 보다는 임금과 떨어져 있는 '나그네'로 보는 것이 좋겠다.

3. 『당시삼백수』의 경우: 고향 떠난 나그네 · 손님 · 사람

『당시삼백수』에서는 제목(3건)과 내용(53건)에서 총 56건의 '객'이 등장하는데 여기에 쓰인 '객'은 의미상 크게 세 가지로 분류될 수 있다.[11]

①고향을 떠난 나그네(29건):

①-1 일반적인 나그네를 지칭하는 경우(16건): 聽鍾未眠客, 遠客思鄕皆淚垂, 客心洗流水, 鶯啼送客聞, 鄕淚客中盡, 江漢曾爲客, 少孤爲客早, 雲山況是客中過, 萬裏悲秋常作客, 花近高樓傷客心, 萬古惟留楚客悲, 楚客相思益渺然, 日暮客愁新, 獨在異鄕爲異客, 夜半鐘聲到客船, 客舍青青柳色新.

①-2 관직을 위해 고향을 떠난 나그네(7건): 「江鄕故人偶集客舍」(제목), 遠樹帶行客, 從來幽並客, 戍客望邊色, 中軍置酒飮歸客, 春歸在客先, 獨有鳳凰池上客.

①-3 유람하는 나그네(3건): 高閣客竟去, 窮邊有客遊, 燕臺一去客心驚.

①-4 속세를 떠난 나그네(3건): 偶似山林客, 遂令東山客, 忽念山中客.

11 『당시삼백수』 속 '객客'의 내용 분석은 구섭우 편저, 안병렬 역, 『당시3백수』, 계명대학교출판부, 2005. 참조.

②손님(17건): 「客至」(제목), 花徑不曾緣客掃, 臨邛道士鴻都客, 驚聞俗客爭來集, 笑問客從何處來, 平明送客楚山孤. 遠樹帶行客, 可以薦嘉客, 潯陽江頭夜送客, 主人下馬客在船, 主人忘歸客不發, 客從東方來, 問客何爲來, 吳姬壓酒喚客嘗,「開元二十六年, 客有從禦史大夫張公出塞而還者, 作燕歌行以示適, 感征戍之事, 因而和焉」(제목), 客去波平檻, 休問梁園舊賓客.

③사람(10건): 海客談瀛洲(바닷사람), 樵客初傳漢姓名(나무하는 사람), 借問路傍名利客(명리를 찾는 사람), 詞客哀時且未還(시인). 估客晝眠知浪靜(상인), 少小幽燕客(협객), 漢使斷腸對歸客(악객), 請奏鳴琴廣陵客(악객), 逐客無消息(귀향 온 사람), 南冠客思侵(감옥에 간힌 사람)

①고향을 떠난 나그네(29건)는 시의 내용에서 고향을 떠나 있는 심정을 노래한 것이 확실 한 경우를 분류한 것이다. 그 중에서 시 속에서 일반적인 나그네의 뜻으로 사용된 경우는 ①-1로, 관직을 위해 고향을 떠난 경우는 ①-2로, 자연경관을 구경하기 위해 유람하는 경우를 ①-3으로, 속세를 떠난 경우를 ①-4로 구분했다.

또한 '객'이 떠도는 나그네가 아니라 나를 찾아오거나 나에게서 떠나가는 '손님' 등으로 쓰인 경우를 ②손님(17건)으로 분류했고, '해객海客'이나 '초객樵客'과 같이 '객客'이 '나그네'나 '손님'이라는 의미보다는 '바닷사람'·'나무하는 사람' 등 '사람'을 뜻하는 용도로 쓰인 경우를 ③사람(10건)으로 분류했다.

4. 『동문선』의 경우: 고향 떠난 나그네 · 손님 · 사람 · 별이름

한국고전DB의 상세검색을 통해 『동문선』에서 '객客'을 검색하면

444건이 검색된다. 이 중에서 사부詞賦나 주석에 등장하는 것 등 이 장의 논지와 관련 없는 경우들을 제외하면 433건을 추려낼 수 있었다. 이 중 제목에 등장하는 '객客'이 33건이고 시 구절에 등장하는 것이 400건이었다.

『동문선』에 등장하는 이 433건의 '객'은 ①고향을 떠난 나그네(278건) · ②손님(124건) · ③사람(29건) · ④별이름(2건)의 네 가지로 분류할 수 있었다.

①고향을 떠난 나그네(278건)

①-1 관직이나 사신을 위해 고향을 떠난 나그네(160): 久客尙絺綌, 客子望雲行未已, 莫爲虛作關東客, 五十二年無事客, 山雨留行客, 白日孤査客, 風驚客榻眠, 林鶯鳴訝客..(이하 생략)

①-2 유람하는 나그네(59건): 司馬嘗客遊, 憑欄客眼淸如潑, 賈客蘭橈滯行色, 客路幾人閑似我, 等是蘧廬歸宿客, 冷踏溪聲客上樓, 芳草渡頭分客路, 一葉扁舟何處客, 地湧金波澄客位..(이하 생략)

①-3 일반적인 나그네를 지칭하는 경우(36건): 比隣有遠客, 客子思故鄕, 而作遠遊客, 相逢皆是他鄕客, 欹枕客無夢, 五年去國長爲客, 久客難禁歸覲意, 利名少味徒爲客, 「客寓靈光東資福寺」(제목), 客程容易送餘年, 天涯倦客一身輕, 客枕思親半夜愁, 客夢偏驚夜雨聲.. (이하 생략)

①-4 속세를 떠난 나그네(23건): 始知方外客, 却嗟不是忘機客, 少年爲客嶺南寺, 愧匪餐霞客, 客來求煮茗, 愛靜麈塵客, 牧之會願爲閑客, 曾聞有客騎黃鶴, 愧同廬嶽攢眉客, 可憐皓首商山客, 逸客本同籠外鳥, 有客趁暮來, 憑詩寄語山中客, 相逢往往厖眉客, 白首客重來..(이하 생략)

②손님(124건): 座客皆飮酒, 客後煩相呼, 座上無惡客, 尤爲衆客驚, 坐客銀靑貴, 對客論茶品, 病久却嫌邀客飮, 謾嗔行客惡因緣..(이하 생략)

③사람(29건): 聲名東漢無雙客, 綺街袞袞馳名客, 若爲去作社中客, 過客皆驚顔似玉, 美哉文閣能詩客, 中爲酒病客, 山客樵擔濕, 木客慄膽山都泣, 發篋探囊逢惡客, 共道淸香宜醉客, 無限滿船商客語, 騷客吟髭斷幾莖, 又不見盆浦妖娘嫁商客, 直窮下客靑松心..(이하 생략)

④별이름(2건): 應怪河間有客星, 七里灘頭訪客星.

이 중 ①고향을 떠난 나그네는 문맥에 따라, 관직을 위해 고향을 떠났거나 사신으로 간 경우(160건), 자연 등을 유람하는 경우(59건), 일반적인 나그네를 지칭하는 경우(36건), 속세를 떠난 경우(23건)로 나눌 수 있었다.

지금까지 살펴 본 『시경』·『초사』·『당시삼백수』에서 '객客'의 용례를 정리하면, 『시경』의 경우에는 주로 '빈객賓客'의 의미로 사용되었고, 『초사』의 경우에는 주로 임금을 곁에서 모시지 못하는 작가의 상황이 '객'이란 이미지로 묘사되고 있었다. 『당시삼백수』에서는 총 56건의 '객'이 등장하는데 이를 내용상 분류하면 ①고향을 떠난 나그네(29건) · ②손님(17건) · ③사람(10건)으로 나눌 수 있었고, 『동문선』에 등장하는 433건의 '객'은 ①고향을 떠난 나그네(278건) · ②손님(124건) · ③사람(29건) · ④별이름(2건)의 네 가지로 분류할 수 있었다. 그러면 황윤석이 자신의 한시에서 '객'이라는 이미지를 어떻게 활용하고 있는지 살펴보도록 하자.

황윤석의 '객客' 이미지 활용양상

황윤석은 자신이 지은 1630여제餘題 한시작품의 제목과 내용 가운데 223건에 걸쳐 '객客'이라는 글자를 사용했다. 이를 용례별로 분류하면 아래와 같다.

①고향을 떠난 나그네(총180건): *( )는 해당 시를 지었을 때 이재의 나이다.

①-1 관직을 위해 떠난 나그네(64건): 贏得東華客■[12]斑(38세), 松樹空庭爲客陰(38세), 江水西流客路東(38세), 客來秋日已黃昏(38세), 有客東游字永叟(38세), 斜月西江客在舟(38세), 爭柰客心嗟(38세), 自是多情前度客(38세), 無端去歲今年客(39세), 匹馬重來千里客(39세), 留得客心憐(39세), 客愁隨處步躕踟(39세), 睟日頻從客裏經(39세), 憶昔潮州人客稀(39세), 半歲越中客(39세), 客歸終日臥羲皇(40세), 閃電頻欺客(40세), 風塵誰與客知音(40세), 思歸此日仍爲客(40세), 誰憐歲暮思親客(40세), 客牀譫囈强呢喃(41세), 開遍榴花客未歸(41세), 客遊千里敢懷安(41세), 紛紛客思多(42세), 一病春來客我健(42세), 陶廬客化禽(42세), 湖外頻年客未還(42세), 偶然隨衆客京華(42세), 桑柘陰陰客夢中(42세), 南楹南國客(42세), 客散且掮頣(42세), 「裳城客夜走筆博粲」(42세), 「客子」(43세), 天脫何方客(50세), 客歸留不得(50세), 「客中壁題三箴」(50세), 客中猶喜對姸腮(50세), 東華未歸客(50세), 山陽歸客仲秋天(50세), 「中秋客思」(50세), 先客東閤子誰延(50세), 逐日飛來近客鳴까치(50세), 客游空只損朱顔(50세), 詩來强聒客眠驚(50세), 東來病客渾無賴(50세), 文藻傷心客爲留(50세), 白頭倦游客(51세), 客子情來便獨吟(51세), 風淸倦客書(51세), 初度如今仕客時(51세), 「..又記栗谷語爲客..」年年時物客中惭(51세), 「客中慈親生辰」二年辛苦客天涯(51세), 捿捿湖外客(51세), 日永庭空人客稀(51세), 滿座風流南北客(51세), 何故象山遮客眼(51세), 饁月居然客裏經(51세), 家祭三宵客思悽(51세), 依依客夜驚心夢(58세), 應共南鵑勸客歸(58세), 聞說銓家客似雲(58세), 年荒身病客愁多(58세).

12 ■은 이재난고 초서본에서 판독이 불가능한 글자를 가리킨다.

①-2 **일반적인 나그네를 지칭하는 경우(31건)**: 巾攲懶客書窓北(16세), 寒床竟日誰淸客(20세), 客行暮方到(23세), 澗禽留客客歸遲(23세), 以客入龍西(25세), 客子秋懷政不堪(25세), 客思坐寥落(25세), 「客館見冬栢盛開」(26세), 孤客詩愁欲上鬂(26세), 客路悠悠向秭歸(26세), 此時應遣客腸無(27세), 「客中秋夕」(27세), 客久天涯苦憶家(27세), 「完城客夜..」(28세), 祇有門墻前度客(30세), 客舘殘更夢고(30세), 不憒氷霜欺客苦(31세), 不愁無客供(31세), 孤臥客無眠(32세), 江湖有羇客(32세), 客眠愁未假(32세), 長沙歸客臘殘天(32세), 僧語沉沉客睡微(35세), 「..客歲十月..」(36세), 「客懷」客懷仍微雨(46세), 客路鴻因導(48세), 客過三秋緣座事(53세), 客行到虎岡(53세), 野客多心此地留(56세).

①-3 **유람하는 나그네(25건)**: 客羣驚鳥羣(18세), 且作賞秋客(20세), 暮天歸客一悲歌(22세), 溪山奇處客來看(23세), 靑巒無算客歸時(23세), 淸溪送客出山來(23세), 遊山客何許(23세), 東風萬里思歸客(26세), 「..至客館..」(26세), 雲梯縹緲客翩翩(27세), 咫尺遺墳助客哀(29세), 斜日荒凉客自來(32세), 江流浣得客心淸(32세), 遊笻客易踏風雷(32세), 象外隨緣有客登(32세), 高人看客便相携(33세), 沙上妖棠迎客醉(33세), 軋軋櫓聲何郡客(33세), 十里泠泠送客愁(35세), 高人看客便相携(36세), 客來惟見霧丹斑(39세), 愁絶天涯客子襟(39세), 門掩幽齋客悄然(39세), 樵歸客舸薪多少(47세), 陳跡人間客自知(61세).

①-4 **과거시험을 위해 고향을 떠난 나그네(22건)**: 南國無端客(24세), 古渡雲沙引客行(24세), 客散孤亭興未刪(24세), 巖間客宿無人見(24세), 泮水霜淸客睡稀(29세), 江漢盈盈客路長(29세), 客遊容易損韶顔(31세), 誰識江南破帽客(31세), 客中消息口中傳(31세), 客愁爭奈何(31세), 客來秋夜長(31세), 悠悠客一萍(31세), 「客思」客思無誰語(31세), 天寒多病客(31세), 江聲永客宵(31세), 南國歸雲見客情(36세), 已諸風埃爲客苦(36세), 境幽不到塵間客(36세), 半年辛苦客東華(36세), 馳出橋門客路遙(37세), 客有去京國(38세).

①-5 **공부하러 떠난 나그네(21건)**: 「客夜」(18세), 客枕寒風透雪威(18

세), 久客歸鄕日(18세), 遠客行行涉小川(18세), 山天日暮獨歸客(18세), 獨客孤吟罷(18세), 八月吳東客(18세), 客居猶得住龜巖(18세), 「客舘秋夜」客舘天霜白(18세), 歲暮窮村客到誰(18세), 興城歸客自完城(18세), 驚起牕間遠客夢(19세), 有客立其中(19세), 三年山外客(19세), 小院風微客倚欄(19세), 卻披鷄聲喚客歸(19세), 且休剝啄頻來客(19세), 客傍雲窓夢不成(20세), 桐葉聲聲引客愁(21세), 雲月微茫客上樓(21세).

①-6 처갓집을 오가는 나그네(17건): 過客停驂疎柳外(20세), 「客懷」客舘經元日(20세), 稍寬遠客情(20세), 龍城百里客行新(20세), 三月龍城客未歸(20세), 堪笑寂寥孤客味(20세), 佳節忽忽盡客中(20세), 海村歸客叩盧關(20세), 朝來東方客(20세), 怊悵歲暮客(21세), 客館經寒食(23세), 步屧春風客赴招(23세), 客到天涯歸未得(23세), 草草南歸客(26세), 送客出郊墟(26세), 客久天涯對汝慚(26세).

② 손님(37건): 遠客來從玉水頭(10세), 我本非生客(15세), 客袂翩翩去路遙(18세), 淸夜寥寥斷客跫(18세), 仙庄有分寧生客(19세), 「客中與盧兄相別..客有醉戲者呼韻..」(20세), 「客次」賀客爭來擇壻家(20세), 「明朝客次送庚韻..」(20세), 淮王客伴五雲桂(20세), 「客又疊庚韻呵..」(20세), 客久宜旋斾(20세), 百五春兼送客歸(20세), 矧多來客族(20세), 薄暮孤客與(20세), 舊客空揮淚(22세), 我是西溟漁釣客(22세), 「..客來叙..」(23세), 生客應多戱(23세), 平生蘆外元生客(25세), 庭院沈沈客過稀(26세), 客歸倚枕無餘事(26세), 秖有居停向來客(28세), 客到眼因青(33세), 知道蓬壺客過門(33세), 小者五齡逢客匿(38세), 客來相對感因深(43세), 難忘最是東牀客(47세), 早晩門前客鶴翔(48세), 聞道三郎親塾客(56세), 「弁韓琴長歌送三客」忽聞東隣有三客(60세), 安得與客日夕聯(60세), 邂逅龍公留客意(61세), 東西南北客多少(60세), 衣冠謁廟因待客(61세).

③ 사람(5건): 驅去赤龍驚木客(17세, 나뭇꾼), 牛渚痕寒海客査(19세, 뱃사람), 詞客飛聲後莫知(22세, 시인), 灞橋詩客空多事(26세, 시인), 惟念

江南老詞客(26세, 시인).

④ **별이름(1건)**: 瑞石迢迢一客星(60세).

황윤석이 사용한 총223건의 '객'은 각각 ①고향을 떠난 나그네(180건) · ②손님(37건) · ③사람(5건) · ④별이름(1건)으로 분류될 수 있었다. 이 중 ①고향을 떠난 나그네(180건)는 문맥에 따라 다시 관직을 위해 떠난 나그네(64건) · 일반적인 나그네를 지칭하는 경우(31건) · 유람하는 나그네(25건) · 과거시험을 위해 고향을 떠난 나그네(22건) · 공부하러 떠난 나그네(21건) · 처갓집을 오가는 나그네(17건)로 나눌 수 있었다.

『동문선』에 실린 한시 작품 수와 『이재난고』에 실린 작품 수가 다르기 때문에 정확한 비교는 어렵겠지만[13] 『당시삼백수』와 『동문선』 그리고 황윤석의 한시에서 등장한 '객'이 각각 어떤 비율로 활용되었는지 정도는 아래에서 확인할 수 있다.

〈서적별 '객客'의 의미 분포〉

	『당시삼백수』	『동문선』	『이재난고』
① 고향을 떠난 나그네	46.4%	62.3%	80.7%
② 손님	30.3%	28.6%	16.5%
③ 사람	23.2%	8.5%	2.2%
④ 별이름	0%	0.4%	0.4%

*비율은 소수점 둘째 자리에서 버림.

13 한국민족문화대백과사전에 따르면, 『동문선』에는 산문과 운문을 합쳐 4302편의 작품이 실려 있다고 한다.

『당시삼백수』와 『동문선』에서 사용된 '객'의 용례를 황윤석 한시의 경우와 비교하면 황윤석이 '객'의 이미지를 ①고향을 떠난 나그네의 의미로 많이 사용하고 있다는 사실을 알 수 있다. 즉 황윤석은 자신의 한시작품 1630여제 중에서 제목이나 내용 중에 223번이나 사용할 정도로 '객'이라는 글자를 자주 사용했다. 또 '객'으로 표현할 수 있는 여러 의미 중에서도 '고향을 떠난 나그네'라는 의미를 80.7%에 해당할 정도로 자주 활용했다. 다음의 도표를 살펴보자.

〈고향을 떠난 나그네 중 의미 분포〉

	『당시삼백수』	『동문선』	『이재난고』
관직을 위해 떠난 나그네	24.1%	57.5%	35.5%
일반적인 나그네를 지칭하는 경우	55.1%	12.9%	17.2%
유람하는 나그네	10.3%	21.2%	13.8%
과거시험을 위해 고향을 떠난 나그네	0%	0%	12.2%
공부하러 떠난 나그네	0%	0%	11.6%
처갓집을 오가는 나그네	0%	0%	9.4%
속세를 떠난 나그네	10.3%	8.2%	0%

*비율은 소수점 둘째 자리에서 버림

고향을 떠난 나그네의 뜻으로 사용된 '객'은 다시 ①관직을 위해 떠난 경우, ②일반적인 나그네를 지칭하는 경우, ③유람하는 경우, ④과거시험을 위해 떠난 경우, ⑤공부하러 떠난 경우, ⑥처갓집을 오가느라 떠난 경우, ⑦속세를 떠난 경우로 나눌 수 있었는데, 이 중 ⑦속세를 떠난 경우의 비율을 살펴보면, 『당시삼백수』는 10.3%이고 『동문선』은 8.2%이며 『이재난고』는 0%의 비율을 보이고 있다.

요약하자면, 황윤석은 『당시삼백수』와 『동문선』에 등장한 작품들보다 높은 비율로 '객'이라는 이미지를 사용했다. '객'이 가진 여러 가지 의미들 중에서도 '고향을 떠난 나그네'라는 뜻을 많이 사용했다. '고향을 떠난 나그네'의 세부적인 의미 중에서는 '속세를 떠난 나그네'라는 이미지를 사용하지 않고 있음을 확인할 수 있다.

이는 그가 학업·과거시험·관직생활을 위해 24세부터 59세까지 지속적으로 고향을 떠나있었기 때문에 발생한 현상으로 짐작된다. 또 '속세를 떠난 나그네'의 이미지를 사용하고 있지 않다는 점에서 그가 노장이나 불교 같은 탈속보다는 유가적인 속세의 삶을 선택했다는 것을 알 수 있다.

이제부터는 황윤석이 남긴 작품들을 시기별로 살펴보면서 '고향을 떠난 나그네'로 쓰인 '객'이 개별 작품 속에서 어떤 의미를 표현하고 있는지 살펴보자. 황윤석이 본격적으로 시를 짓기 시작한 시기는 18세 무렵이다. 이때는 주로 학업을 위해 서원이나 사원 등을 오가고 있었다.

「고향 꿈 鄕夢」

나그네 침상에 찬바람 불어 눈기운 스미고,	客枕寒風透雪威
낡은 이불 덮은 한밤중에 꿈만 이어지네.	鐵衾中夜夢依依
청산靑山도 고향 길을 막지 못해서,	靑山不礙鄕園路
달빛 속 저 멀리 오경五更 되어 돌아오네.	月裏遙乘五更歸
고향 떠난 지 여드레에 벌써 집에 가고 싶어,	離鄕八日已歸情
오경 달빛 아래 밤 꿈 겨우 이루었네.	夜夢纔成月五更

어쩌나? 광풍 불어 내 잠을 깨우니, 不奈狂飈來撼睡
새벽 닭 한 울음에 하늘도 밝아오네. 曉雞一聲天還明[14]
영조 22년 병인년(1746년 18세)

고향이 그리워 꿈속에서라도 가고 싶어 하는 마음을 묘사하고 있다. 이 시에서는 그저 집에 가고 싶은 마음만 절절히 묘사하고 있을 뿐 그 외에 다른 의미를 찾기 어렵다. 그래서 이 시에서 사용된 '객'은 단순히 '고향을 떠난 나그네'라고 보아도 무방하다. 이 무렵에 사용된 '객'은 대부분 이와 같은 의미로 쓰였다고 볼 수 있다.

10대 시절, 열심히 학업에 정진하던 황윤석은 24세 되던 1752년 8월 27일에야 처음으로 과거시험을 위해 한양길에 올랐다. 9월 10일에 과거를 치른 후 9월 13일에 붙은 합격자명단에는 아쉽게도 자신의 이름이 없었다. 며칠을 지인의 집 등에서 머물다가 9월 24일이 되어서야 남쪽으로 향했다. 고향으로 향한 지 사흘이 되었을 때 황윤석은 아래의 시를 지었다.

「재동에 머물 때 밤에 잠 못 들어 구점口占으로 안치후 아저씨께 드리다. 이후에 기록했다[15] 留齋洞時, 夜間無寐, 口占贈安叔成能(致垕)追書」

남국南國의 고집스런 나그네야, 南國無端客
어째서 아직도 홀로 머무나? 如何尙獨留
고향엔 노란 국화 피었을 텐데, 故園黃菊發

14 황윤석, 『이재난고』 1책, 한국정신문화연구원, 1994, 17쪽.

15 이 시에 대한 해설은 이상봉, 『頤齋 黃胤錫의 西行漢詩 硏究』, 부산대학교박사학위논문, 2018, 51쪽에서 일부 인용했다.

외롭게 한 해 가을 저버리네. 孤負一年秋[16]
영조 28년 임신년(1752년 9월 26일 24세)

첫 구절에서부터 '객客'을 사용해서 자신의 정체성을 밝히고 있다. 이 시에서 사용된 '객'은 18세에 지었던 앞의 시와는 달리 단순히 고향을 떠난 나그네를 가리키는 것일 뿐만이 아니라 주류를 벗어났다는 의미를 포함하고 있는 것으로 볼 수 있다.[17]

황윤석이 20세에 지은 「시사감흥時事感興」이라는 작품에 "과거제도는 이미 무너져서, 돈이 있으면 귀한 벼슬을 하네.[科制已墜頹, 有錢青雲貴.]"라는 구절이 있다. 이를 통해보면 20살 무렵의 황윤석은 이미 과거를 통한 입신양명이라는 것이 돈과 권력에 의해 크게 영향을 받는다는 사실을 알고 있었던 것으로 보인다. 그리고 1구의 '남국南國'은 호남에 있는 자신의 고향을 가리키며, 동시에 주류들이 거주하고 있는 한양과 상대되는 말로 풀이된다. 따라서 1구는 고향을 아름답게 장식하고 있을 국화도 감상하지 못하고, 과거시험을 위해 부질없이 시간만 낭비한 자신을 '주류에서 벗어난 타자'로 표현한 것으로 볼 수 있다.

16 황윤석, 『이재난고』 1책, 한국정신문화연구원, 1994, 118쪽.

17 이 시기에 창작된 시에 나오는 모든 '객客'이 '주류를 벗어났다.'는 의미를 갖고 있다는 말이 아니라, 이 무렵에 처음으로 '객'이 '주류를 벗어난 타자'의 의미를 가지기 시작했다는 뜻이다. 이 무렵에 창작된 "客散孤亭興未刪, 一簾終日看青山.(나그네 떠난 외로운 정자에 흥취가 줄지 않아, 한결같은 주렴에 하루 종일 青山 보네. 황윤석, 『이재난고』 1책, 한국정신문화연구원, 1994, 123쪽.)"이나, "飄然更喚官船去, 古渡雲沙引客行.(훌쩍 다시 관선 불러 떠나는데, 옛 나루 안개 낀 모래밭이 나그네 발길 잡네. 황윤석, 『이재난고』 1책, 한국정신문화연구원, 1994, 115쪽.)"등의 구절에 나온 '객'은 여전히 단순한 나그네의 의미로 쓰이고 있기 때문이다.

황윤석은 이 시험에서 낙방한 이후 28세와 29세 때에도 과거에 응시했지만 번번이 떨어지고 말았다. 그러던 중 31세 되던 1759년 2월에 응시했던 춘당대 시험에 합격에서 진사가 되었다. 그는 며칠 뒤 석실서원으로 가서 김원행(1702~1772)과 사제관계를 맺었다.

이 해 8월에는 과거 정시가 있었다. 황윤석은 진사에 합격한 기세를 몰아 대과에 도전을 했지만 결과는 만족스럽지 못했다. 시험을 치른 뒤, 황윤석은 스승 김원행을 만나 문안하고 잠시 석실서원에서 머물며 공부했는데 그 무렵 아래의 시를 지었다.

「온제를 그리워하며 有懷溫弟」

강가 서원 소나무와 삼나무는 예스럽고,	江院松杉古
나그네 들어오니 가을밤은 길구나.	客來秋夜長
바람과 여울소리 베갯머리에 시끄럽고,	風湍偏攪枕
서리 맞은 나뭇잎은 평상에 쌓여가네.	露葉欲堆床
고향은 아득히 천리 밖인데,	鄉國迷千里
세속에서 과거시험 한번 보았네.	塵埃閱一場
동생 녀석 계획이 오히려 좋았네,	阿奴還上策
아침저녁 부모님 곁에 머무를 테니.	日夕在親傍[18]

영조 35년 기묘년(1759년 8월 13일 31세)

제목에 등장하는 온제는 동생 황주석(1731~1798)을 가리킨다. 지난 2월에 한양을 방문했을 때는 동생과 같이 왔었다. 그런데 이번 과거 시험에는 혼자만 왔기에 감회가 일어 이와 같이 제목을 정한 것으로

18 황윤석, 『이재난고』 1책, 한국정신문화연구원, 1994, 226쪽.

보인다.

'客來秋夜長'의 '객客'은 석실서원을 방문한 자신을 가리킨다. 여울물소리 · 바람소리 · 낙엽소리가 어우러지는 가을밤의 정취를 묘사하며 고향에 계신 부모님을 그리워하고 있다. 추석에도 고향에 가지 못하는 안타까움이 작품 속에 드러난다. 하지만 이 작품에서 등장하는 '객'이 고향을 떠난 나그네 외에 다른 의미를 포함하고 있는 것 같지는 않다.

황윤석은 28세에 처음 김원행을 방문했고 31세에 진사가 되자마자 그와 사승관계를 맺었다. 여기에는 노론 종주의 제자라는 학맥이 자신의 후광이 되어 줄 수도 있다는 복안이 깔려있었던 것으로 보인다. 하지만 그는 이후 치른 네 번의 대과 시험에서 모두 떨어졌다. 소과 합격 이후 7년이란 세월 동안 이렇다 할 성과를 거두지 못한 것이었다.

그러던 1766년 6월의 도목정에서 추천을 통해 장릉참봉에 제수되었다. 추천 경로를 확인해 보니 소론 측 인물들의 천거로 임용이 된 것이었다. 당색이 다른 이들의 추천을 받았으니 공론이었다고 할 수 있었다. 하지만 같은 노론 측 인사들은 황윤석이 소론과 모종의 관계를 맺고 있기 때문은 아닌지 의심하기도 했다. 우선 스승 김원행부터 그런 혐의를 지적했다. 스승에게 자신의 결백을 주장하며 해명했다. 그런 황윤석의 마음이 편할 리 없었다. 이런 즈음 강릉의 임지로 떠난 황윤석은 아래의 시를 지어 자신의 심정을 표현했다.

「월주가 越州歌」

동쪽에서 노니는 나그네 자字는 영수인데,　　有客東游字永叟

반평생 장맛비에 거꾸러져 남에게 밟혀도 달게 여겼지.
半生潦倒甘人蹂
천 권의 독서를 과연 어디에 쓸까? 讀書千卷果安用
권세가 향해 손 내밀려 하지 않는데. 不向朱門肯炙手
그래도 기쁜 것은 천령天靈에 힘입은 이후로, 尙喜伊來賴天靈
입신立身해서 사우師友에게 보탬 될 수 있다는 것.
將身可以資師友
누가 오사모를 문득 머리에 보냈나? 誰遣烏紗便到頭
우혈은 아득한 요해에 있어 여행길 얼굴은 추해진다.[19]
禹穴迢遼旅顔醜
오호라! 첫째 노래여! 노래 처음 내놓으니, 嗚呼一歌兮歌初放
남으로 고향 산 바라보며 빈 창가에서 근심하네.
南望鄕山悄虛牖[20]
영조 42년 병술년(1766년 8월 24일 38세)

위에 인용한 「월주가」는 황윤석이 자신의 인생을 회고하며 지은 9장의 장편시다. 각 장은 10구로 이루어져 있는데, 장마다 자신을 비롯해 아버지 · 어머니 · 동생 · 누이 · 아내 · 아들 · 딸 등을 순차적으로 노래하고 있다. 인용한 1장에서는 자기의 인생을 노래하고 있다.

황윤석은 1구에서 자신의 정체성을 '객客'이라고 밝히면서, 권문세가들에 비해 터무니없이 열악했던 자신의 인생을 묘사하고 있다. 사실 황윤석은 당대 최고의 산림인 김원행을 스승으로 두고 있었고, 김

19 이 장의 주석에 "회계산에 우혈禹穴이 있는데 바로 월나라 땅이다. 본릉이 마침 영월에 있고 남쪽으로 계족산을 마주하고 있는데 그 산을 회계산이라고도 한다.[會稽山有禹穴 卽越地也 本陵適在寧越 南對鷄足山 山亦名會稽云]"라고 되어있다.
20 황윤석, 『이재난고』 1책, 한국정신문화연구원, 1994, 628쪽.

원행이 주석하고 있던 석실서원을 중심으로 노론 벌열가문 출신들과 교유의 끈을 놓지 않고 있었다. 그럼에도 불구하고 황윤석은 38세가 될 때까지 대과에 급제하지 못했고 간신히 학행으로 천거되어 첫 관직을 받을 수 있었다.

이런 상황에서 그는 호남출신 양반이라는 신분적·지역적 한계를 절감할 수밖에 없었고 그래서 스스로를 주류에서 벗어난 '객'으로 인식했던 것 같다. 앞선 시에서는 세태의 동정을 살피며 자신이 주류에서 벗어났다는 것을 단순히 '짐작'만 했다면, 그로부터 14년 동안 몸으로 부딪히며 사회경험을 쌓은 이 시점에서는 단순한 '짐작'이 아니라 절절한 '체험'으로 '비주류'라는 자신의 현실을 자각하고 있는 것이다.

「나그네 마음 客懷」

내리는 가랑비에 나그네 마음,	客懷仍微雨
고향을 꿈꾸는 또 맑은 가을.	鄕夢又淸秋
한 번 떠난 것은 봉양을 위해서니,	一去將烏哺
다시 온 것이 어찌 먹고살기 위해서일까?[21]	重來豈雁謀
간곡한 어머님의 말씀,	丁寧萱室語
괴로운 고향사람의 말들.[22]	辛苦楚人咻
적막한 세상에 누가 날 아껴주나?	寂寂誰怜我
하늬바람에 벌써 머리칼만 세었네.	西風已白頭[23]

21 안모雁謀는 '기러기가 먹이를 찾는다.'는 뜻으로, 여기서는 황윤석이 녹봉을 구하는 것을 비유적으로 말하고 있다. 仇兆鰲, 「同諸公登慈恩寺塔」, 『杜詩詳註』, 卷二, "君看隨陽雁, 各有稻粱謀."

22 '초인楚人'은 보통 남쪽 지방 사람을 가리킨다. 따라서 자신에 대한 고향 사람들의 쑥덕거림이 괴롭게 들린다는 뜻으로 풀이했다.

영조 50년 갑오년(1774년 8월 8일 46세)

1771년 10월에 사포서별제에서 해임된 황윤석은 이후 다시 관직에 나아가지 못하고 고향에 머물고 있었다. 그는 1774년 8월 20일에 있었던 과거에 응시하기 위해 7월 11일에 고향을 떠났는데, 이 시는 한양에 머물고 있던 8월 8일에 지은 것이다.

이 시는 제목에서부터 스스로를 나그네라고 했다. 게다가 1구의 첫 구절에서 다시 제목을 반복적으로 사용해서 '객客'이라는 이미지를 강조하고 있다. 그리고 '객'의 서글픔은 이어지는 '미우微雨'로 형상화 되고 있다. 가을날에 내리는 가랑비의 모습이 '객'이라는 이미지와 함께 융화되어 쓸쓸함의 정서를 만들어 내고 있다. 2구에서는 고향에 대한 그리움과 좋은 계절을 대비시켜 좋은 계절에도 고향을 떠나있는 안타까움을 드러내고 있다. 여기에다 '또[又]'라는 글자를 넣어 이러한 처지가 예전부터 계속 반복되고 있다는 것을 강조하고 있다.

3·4구에서는 고향을 떠난 것이 벼슬길에 올라 부모님을 영화롭게 봉양하기 위해서라고 말한다. 이어 5·6구에서는 어머니를 상징하는 '훤실萱室'과 고향사람을 비유한 '초인楚人'을 대비시키며 객지에서의 고단함을 더욱 부각시켰다. 그런 가운데 '신고辛苦'·'적적寂寂'·'백두白頭'등의 단어를 적절히 배치해서 나그네로서의 아픔과 적막한 심정 그리고 부질없이 늙어만 가는 작자의 아픔을 그려내고 있다.

이 작품에서 등장하는 '객'의 경우, '주류에서 벗어난 타자'의 이미지는 비교적 약하게 느껴진다. '寂寂誰怜我'의 구절에서 '타자'의 이미지를 읽을 수 있긴 하지만, 앞선 「월주가」에서처럼 노골적으로 드러나

23 황윤석, 『이재난고』 4책, 한국정신문화연구원, 1998, 173쪽.

지는 않는다. 오히려 이 작품 속의 '객客'에서는 긴 세월동안 고향을 떠나 지낸 가련한 나그네라는 의미가 훨씬 진하게 느껴진다.

「타향에서 어머니의 생신을 맞아 客中慈親生辰」

2년간의 시린 고통, 나그네 하늘 끝에서,	二年辛苦客天涯
어머니 생신을 또 아무렇게나 보내네.	慈氏生辰又漫過
현감 되어 한 번 봉양할 날 어느 때일까?	一養專城何日是
남쪽으로 고향 산 보며 혼자 길게 한탄하네.	故山南望獨長嗟[24]

정조 3년 기해년(1779년 5월 8일 51세)

1778년 12월 7일에 황윤석은 동부도사에서 물러나 장릉령에 부임하게 된다. 한양에서 동부도사직을 수행할 무렵, 황윤석은 머지않아 승진해서 현감이 될 수 있을 것이란 기대를 가지고 있었다.[25] 하지만 자신의 바람과는 달리 현감이 되지 못하고 장릉령으로 떨어지고 말았다.

때문에 이 시기는 현감이 되어 어머니를 모시려던 꿈을 포기하고 고향으로 돌아갈 생각을 구체적으로 하곤 했다. 이 시는 이런 갈등을 안고 장릉령으로 부임한 지 다섯 달쯤 되었을 때 지은 것이다.

1구의 '2년간'은 1778년(정조 2)에 다시 관직을 시작한 이후부터 현재까지 횟수로 2년이 되었다는 말이다. 황윤석이 관직생활을 시작했

24 황윤석, 『이재난고』 5책, 한국정신문화연구원, 1999, 521쪽.

25 황윤석이 동부도사가 되자 정경순은 동부도사 직무를 5~6개월만 잘 해낸다면 곧 현감이 되어 부모님을 모실 수 있을 것이라 말해주었고, 이에 황윤석은 곧 현감이 될 수 있을 것이라는 기대를 가지게 되었다. 황윤석, 『이재난고』 4책, 한국정신문화연구원, 1998, 577쪽.

던 1766년부터 늘 가지고 있던 소망은 한 지역의 현감이 되어 부모님을 모시면서 관직생활을 하는 것이었다. 그러나 현감이 될 수 있는 연차가 되었지만 자신에게 기회는 돌아오지 않았다. 그런 안타까움 때문에 그는 고향을 바라보며 한탄하고 있다. 마침 시를 지은 이 날은 어머님의 생신이었다. 생신 때도 함께 있어드리지 못하는 슬픔에 황윤석의 마음은 더욱 착잡했을 것이다.

이 시의 제목에 등장하는 '객중客中'은 '타지에서 벼슬살이 하는 중에' 정도의 뜻이다. 1구의 '객천애客天涯'는 고향에서 멀리 떨어진 곳에서 벼슬살이 하고 있는 자신의 모습을 묘사한 것이다. 따라서 이 작품에서 쓰인 '객客'도 '주류에서 벗어난 타자'의 뜻 보다는 '고향을 떠난 나그네'의 뜻이 더욱 강해 보인다.

지금까지 황윤석이 자신의 한시 속에서 '객'이라는 이미지를 어떻게 활용하고 있는지 살펴보았다. 한시 전고 속에서 '객'은 『시경』에서 '손님'으로 주로 쓰였고, 『초사』에서는 '임금과 떨어져 있음'을 나타냈다. 『당시삼백수』에서의 '객客'은 '고향 떠난 나그네'·'손님'·'사람'의 의미로 사용되고 있고, 『동문선』의 경우에는 『당시삼백수』에서의 용례에서 한 가지가 더 추가되어 '고향 떠난 나그네'·'손님'·'사람'·'별이름' 등으로 사용되고 있었다.

황윤석의 경우 그가 한시 속에서 사용한 총 223건의 '객'은 각각 ①고향을 떠난 나그네(180건)·②손님(37건)·③사람(5건)·④별이름(1건)으로 분류될 수 있었다. 이 중 ①고향을 떠난 나그네가 전체 '객'중에 사용된 비율은 80.7%로 『당시삼백수』의 46.4%나 『동문선』의 62.3%에 비해 월등하게 높았다. 또 ①고향을 떠난 나그네의 세부항목인 ⑦속세를 떠난 경우의 비율을 살펴보면, 『당시삼백수』는 10.3%이고 『동문선』은 8.2%이며 『이재난고』는 0%의 비율을 보이고 있었다.

황윤석이 사용한 '객'의 의미 중에 '고향을 떠난 나그네'의 비율이 이렇게 높은 이유는 그가 학업 · 과거시험 · 관직생활을 위해 24세부터 59세까지 지속적으로 고향을 떠나있었기 때문일 것이다. 또 '고향을 떠난 나그네'의 세부 의미 중에서 '속세를 떠난 나그네'의 이미지를 사용하고 있지 않다는 점에서 그가 노장이나 불교적인 탈속보다는 유가적인 속세의 삶을 선택했다는 것을 알 수 있다.

①고향을 떠난 나그네의 이미지는 그가 24세 무렵에 지은 시에서부터 '주류를 벗어난 타자'라는 의미를 보이기 시작했다. 이 후의 시에서도 '객'은 종종 '나그네'가 아닌 '타자'의 의미를 담기도 했다. 하지만 황윤석이 주로 사용한 '객'의 이미지는 '관직을 위해 고향을 떠난 가련한 나그네'였다고 할 수 있다.

제7장

'사絲'자로 묘사한 늙음과 그리움

이 장에서는 황윤석(1729~1791)이 한시에서 '사絲'자를 어떻게 활용했는지 살펴보려고 한다. 전라도 흥덕(지금의 고창)을 고향으로 두고 학업과 벼슬을 위해 한 평생 동안 한양과 고향을 오갔던 황윤석은 가족들을 그리워하거나 흘러가는 세월을 아쉬워하는 내용을 담은 시들을 많이 남겼다.

그가 젊어서부터 벼슬을 해서 자신이 바라는 대로 관직생활을 할 수 있었다면 아마 이런 내용의 시들은 많이 창작되지 않았을 것이다. 하지만 황윤석은 총명하고 박학하다는 세간의 평가에도 불구하고 38세가 되어서야 추천으로 관직생활을 시작할 수 있었다. 이 관직도 자신이 몸담은 노론의 추천이 아니라 소론 인물들의 추천으로 이루어진 일이었기 때문에 스승 김원행(1702~1772)을 비롯한 노론 인사들로부터 곱지 않은 시선을 받았다. 때문에 황윤석은 그런 시선을 가진 사람들에게 자신의 추천은 오직 공론이었다며 일일이 설명해야만 했다.

황윤석은 38세라는 늦은 나이에, 그것도 스승 김원행과 적대적 관계에 있던 소론 인사의 추천으로 벼슬을 시작했다. 하지만 그는 자신의 학문과 학맥에 대한 자부심이 있었기 때문에 현감이 되어 임지에서 부모님을 봉양하려는 꿈을 가지고 열심히 관직생활을 했다. 그러나 관직생활은 녹록치 않아서 상관과 불화를 겪으면서 벼슬을 던지려고 생각하기도 했고, 한양을 오가는 벼슬살이 자체가 워낙 고단했기 때문에 관직생활에 대해 회의적인 태도를 보인 적도 많았다.

그래서 황윤석이 남긴 1630여제餘題의 시 중에는 부모님과 가족에 대한 그리움 · 벼슬살이의 고단함 · 이루어 놓은 것 없이 흘러만 가는 세월에 대한 아쉬움 등을 담은 시들이 많은 부분을 차지한다. 이런 내용을 담고 있는 시들을 읽는 과정에서 황윤석이 그러한 자신의 마음을 표현하기 위해 자주 사용했던 몇 가지 이미지들을 발견할 수 있었는데, '사絲' 이미지는 그 중 대표적인 것이라고 할 수 있다. 그래서 이 장에서는 황윤석이 한시에서 사용한 '사絲' 이미지에 주목해서 이야기를 해보고자 한다.

먼저 고대 서적에서 '사絲' 이미지가 사용된 유래를 살펴본 후, 이어서 한국의 대표적인 시문선집이라 할 수 있는 『동문선』을 통해 한국 한시에서 '사絲' 이미지가 활용된 용례를 분석하겠다. 이후 이와 비교하면서 황윤석만의 특징적인 면모를 찾아보고자 한다.

주요서적 속 '사絲' 이미지의 의미

우선 '사絲' 이미지가 기존에 어떤 방식으로 활용됐는지 살펴보기 위해 몇 가지 기본 서적에서 사용된 용례를 찾아보자. 『시경』의 경우 '사絲' 이미지는 총 9편의 시에 등장하는데 그 용례는 다음과 같다.

1. "고양羔羊의 가죽이여, 흰 실로 다섯 곳을 꿰맸네.[羔羊之皮, 素絲五紽]" 「召南 · 羔羊」

2. "낚시하는 것이 무엇인가, 실로 낚싯줄을 만들었네.[其釣維何, 維絲伊緡]" 「召南 · 何彼襛矣」

3. "녹색 실이여, 네가 다스리는 것이네.[綠兮絲兮, 女所治兮]" 「邶風 · 綠衣」

4. "흰 실로 짜서 동여매고, 좋은 말 네 필을 멍에 하네.[素絲紕之, 良馬四之]" 「鄘風 · 干旄」

5. "미련하고 미련한 백성이, 베를 안고 실을 사러 오더니.[氓之蚩蚩, 抱布貿絲]" 「衛風 · 氓」

6. "숙인군자淑人君子여, 그 띠를 실로 만들었네.[淑人君子, 其帶伊絲]" 「曹風 · 鳲鳩」

7. "야들야들 부드러운 나무에, 실을 매어 활을 만드네.[荏染柔木, 言緡之絲]" 「大雅 · 蕩之什 · 抑」

8. "내 말이 얼룩말이니, 여섯 고삐가 실 같네.[我馬維騏, 六轡如絲]" 「小雅 · 鹿鳴之什 · 皇皇者華」

9. "생사로 만든 제복祭服이 깨끗하니, 작변爵弁을 쓴 것이 공손하고 공손하네.[絲衣其紑, 載弁俅俅]" 「周頌 · 閔予小子之什 · 絲衣」

인용문에서 '사絲'는 각각 가죽 옷을 꾸미는 명주실 · 낚싯줄 · 녹색의 실 · 깃발의 가선을 만드는 실 · 매매용 실 · 띠를 만드는 명주실 · 활을 만드는 실 · 말고삐의 비유 · 제복祭服 만드는 실로 쓰였다. 『초사』에서는 「석서」와 「구사 · 도난」 두 편의 작품에 '사絲' 이미지가 등장하는데 그 용례는 다음과 같다.

"시비를 살피지 않아 마음이 아프고, 띠풀과 실을 함께 꼬아 줄을 만드네. [傷誠是之不察兮, 並紉茅絲以爲索]" 「惜誓」
"탄식하며 슬퍼하네, 이 어지럽고 혼란스러움을. 띠풀과 실을 함께 짜고, 관冠과 신발을 똑같이 장식하네.[嗟嗟兮悲夫, 殽亂兮紛挐. 茅絲兮同綜, 冠屨兮共絇]" 「九思 · 悼亂」

인용문에서 '사絲'는 줄을 만드는 실, 그리고 관冠과 신발을 장식하는 실로 쓰이고 있다. 다음으로 좋은 시가 가장 많이 창작되었다고 평가받는 당대唐代에 '사絲' 이미지가 활용된 용례를 알아보기 위해 『당시삼백수』를 살펴보기로 하자. 『당시삼백수』에는 총 8번에 걸쳐 '사絲' 이미지가 등장하는데 그 용례는 다음과 같다.

1. "느린 노래 느린 춤 관현악에 어울리니, 해 지도록 임금님은 봐도 봐도 모자라네.[緩歌慢舞凝絲竹, 盡日君王看不足]" 白居易, 「長恨歌」
2. "심양 땅 외진 곳 음악이 없어, 일 년 내내 현악 관악 듣지 못했지.[潯陽地僻無音樂, 終歲不聞絲竹聲]" 白居易, 「琵琶行」
3. "연나라 풀은 파아란 실과도 같고, 진나라 뽕잎은 푸른 가지 낮게 드리웠네.[燕草如碧絲, 秦桑低綠枝]" 李白, 「春思」
4. "지난 날 헤어지고 또 벌써 봄 왔는데, 귀밑에 흰머리 몇 올이나 생겼는지?[昨別今已春, 鬢絲生幾縷]" 韋應物, 「長安遇馮著」
5. "그대는 보지 못하나? 나이 많은 사람들 거울 앞에서 백발을 슬퍼하는 것을. 아침에는 푸른 실이 저녁에는 흰 눈이 된 것을.[君不見, 高堂明鏡悲白發, 朝如青絲暮成雪]" 李白, 「將進酒」
6. "서로 떠나보내는 정이 끝없어, 날리는 실처럼 옷깃 적시네.[相送情無限, 沾襟比散絲]" 韋應物, 「賦得暮雨送李胄」
7. "두꺼비 금향로 입 다물어도 타는 향은 들어가고, 옥호玉虎 난간에 줄 끌어다 물 길어 오네.[金蟾齧鎖燒香入, 玉虎牽絲汲井迴]" 李商隱, 「無題

二首之二」

8. "봄누에는 죽도록 실을 다 뽑고, 초는 재가 되어야 눈물 마르네.[春蠶到死絲方盡, 蠟炬成灰淚始乾]" 李商隱, 「無題」

위의 인용문을 보면 '사絲' 이미지는 현악기를 지칭하는 용도로 두 번 사용되었고 나머지는 풀잎[碧絲] · 하얗게 센 귀밑머리[鬢絲] · 젊은 이의 머리칼[青絲] · 빗줄기[散絲] · 두레박의 줄을 가리키거나 '사思'자와 음音이 유사하다는 것에 착안하여 중의적 의미로 사용되고 있다.

『동문선』에서 쓰인 '사絲' 이미지의 의미

그러면 한국의 시인들은 '사絲' 이미지를 어떻게 활용했을까? 이를 위해 한국의 자료 중에 대표적인 시문선집인 『동문선』을 살펴보자. 『동문선』에서는 '사絲' 이미지가 모두 99건 등장한다. 용례를 보면, 하얗게 센 귀밑머리의 비유(22건) · 현악기의 비유(13건) · 버드나무가지의 비유(12건) · 거미줄의 형용(8건) · 임금의 조칙을 지칭(7건) · 일반적인 실(7건) · 빗줄기를 형용(5건) · 순채蓴菜를 지칭(4건) · 하얗게 센 머리카락의 비유(3건) · 낚시줄을 지칭(3건) · 연蓮줄기를 지칭(2건) · 잠사蠶絲를 지칭(2건) · 엉클어진 마음의 비유[亂如絲](2건) 등으로 사용되고 있고 그 외에 세금을 지칭 · 창포를 비유 · 가느다란 것을 비유 · 돌의 무늬를 비유 · 전나무 가지를 지칭 · 고담준론의 비유 · 실낱같은 목숨의 비유 등으로 각각 1건씩 사용되었다. 지면에 비해 분량이 너무 많으므로 황윤석의 예와 비교할 수 있는 것들을 중심으로 살펴보자.

1. 하얗게 센 귀밑머리를 비유

실 같은 귀밑머리 새 봄의 일도 상관없어	鬢絲不管新春事
만 리 하늘가 온 거울이 서리네.	萬里天涯一鏡霜[1]
오로지 꽃만 보는 옥당의 늙은이	唯有看花玉堂老
풍정風情은 줄지 않고 귀밑머리만 실 되었네.	風情不減鬢如絲[2]
귀밑머리 선탑에는 바람이 흩날리고	鬢絲禪榻風掀掀
삼승의 묘한 이치 토론하고 싶구나.	三乘妙理要討論[3]
새벽달은 흐릿흐릿 나그네 침실 밖에	曉月濛濛羈枕外
차 연기는 아스라이 흰 귀밑털 옆을 감도네.	茶煙裊裊鬢絲邊[4]

『동문선』에는 '사絲' 이미지가 귀밑머리를 나타내는 경우가 총 22건이 있는데, 논의의 편의를 위해 짧은 구절 안에서 내용을 파악할 수 있는 네 수의 시만 인용했다. 첫째 수는 봄날에도 속절없이 늙어가는 자신의 모습을 그리고 있으며, 둘째 수는 비록 귀밑머리가 실처럼 하얗게 되었지만 여전히 꽃을 사랑하는 늙은이의 모습을 묘사하고 있다. 셋째 수는 귀밑머리가 하얗게 세었지만 불교의 오묘한 이치를 토론하고 싶다며 진리에 대한 욕구를 보여주고 있고, 마지막 수는 객지

1 윤여형, 「元日漫成」, 『동문선』 권15. 이하 인용한 『동문선』 자료는 한국고전종합DB(https://db.itkc.or.kr/)를 참조했다.

2 곽예, 「賞蓮」, 『동문선』 권20.

3 성현, 「送義根禪宗還山」, 『속동문선』 권5.

4 유호인, 「宿嚴川寺」, 『속동문선』 권8.

에서 맞이하는 달밤을 묘사하고 있는데, 객지생활의 괴로움을 토로하기 보다는 오히려 운치 있게 차를 다려 마시는 나그네의 여유를 표현하고 있다.

2. 현악기를 비유

'사絲' 이미지를 통한 현악기의 비유는 『당시삼백수』와 『동문선』의 용례를 봤을 때, '사絲'자 단독으로 쓰이거나 '사현絲絃' · '사관絲管' · '사죽絲竹' 등의 형태로 조합되어 사용되는 것이 일반적이다. 『동문선』에서 '사絲' 이미지가 현악기의 비유로 쓰인 경우를 살펴보면 아래와 같다.

높이 자지곡紫芝曲을 노래하며 高調紫芝曲
고요히 주현금을 어루만진다. 靜撫朱絲絃[5]

그 당시에 풍악들은 모두 슬피 목메는데 當時絲管盡悽咽
띄우는 금 술잔은 곡수 따라 흘렀으니. 泛泛金觴隨曲折[6]

내 들으니 선현들이 영남을 순찰할 때에 聞說先賢按嶺南
나가면 사죽絲竹 모두 움직여 한껏 취한다 하네. 動將絲竹醉厭厭[7]

현악기 관악기 쓰지를 않고 不用絲與竹

5 정포, 「結廬」, 『동문선』 권3.
6 이인로, 「寶石亭」, 『동문선』 권6.
7 이인복, 「送慶尙鄭按廉」, 『동문선』 권21.

마음 따라 술에 취해 끌어당겼지. 隨意醉相携[8]

『동문선』에서도 『당시삼백수』의 용례와 마찬가지로 '사絲'는 현악기로, '죽竹'은 관악기로 사용하고 있는데, 때로는 '사관絲管'의 형태를 활용하고 있다는 것을 볼 수 있다. 내용면에서도 자신의 흥취를 표현하거나 과거에 풍악을 울렸던 모습을 회상하는 데 주로 사용되고 있다. 당시 문인들이 '사絲' 이미지로 현악기를 비유할 때 대체로 앞선 시대의 표현을 그대로 수용했다는 것을 알 수 있다.

3. 버드나무 가지를 비유

버드나무[柳]는 오래전부터 이별을 소재로 한 시에 자주 등장했고, '사絲'는 그 버드나무의 가지를 형용하는 이미지로 빈번하게 쓰였다. 『동문선』에서도 '사絲' 이미지로 버드나무 가지를 비유한 경우가 총 12건이 있는데 이 중 몇 가지를 살펴보자.

번화로운 거리 봄바람에 보슬비 지나간 뒤 紫陌春風細雨過
가벼운 티끌조차 일지 않고 버드나무 가지만 휘늘어졌다.
輕塵不動柳絲斜[9]

버들은 금실을 꼬며 새벽바람에 나부끼는데 柳撚金絲颺曉風
한 쌍 한가한 제비는 그 소리 영롱하다. 一雙閑燕語玲瓏[10]

8 성현, 「過曷和里」, 『속동문선』 권3.
9 정지상, 「西都」, 『동문선』 권19.

고기잡이 집에는 문을 닫고 사람 소리 적은데 漁店閉門人語少
강 가득 봄비에 실실이 푸르네. 一江春雨碧絲絲[11]

살구꽃은 눈과 같고 버들은 실 같은데 杏花如雪柳如絲
봄이 가득 찬 강성江城에는 해가 진정 길구나. 春滿江城日正遲[12]

인용한 예문을 살펴보면 각각 '류사柳絲'·'금사金絲'·'사사絲絲'·'여사如絲' 등의 형태로 '버드나무가지'의 모습을 형용하고 있다는 것을 알 수 있다. 첫 번째 인용문은 봄비가 지나간 뒤 늘어진 버드나무가지의 모습을 나타냈고, 두 번째 인용문은 새벽에 나부끼는 버드나무가지를 표현하고 있으며, 세 번째 인용문은 봄비에 젖어 강가에 서 있는 버드나무가지를 묘사하고 있고, 마지막 인용문은 봄날 정경의 일부로서 버드나무가지를 그려내고 있다. 인용한 예문들은 모두 어느 봄날의 모습을 시로 담아내면서 버드나무가지를 '사絲' 이미지로 표현하고 있다. 이 외에 『동문선』에서 버드나무가지를 나타내는 용도로 쓰인 '사絲' 이미지들도 대부분 이와 유사한 형태로 운용되고 있다.

4. 임금의 조칙을 비유

임금의 조칙을 나타내는 '사絲' 이미지는 대부분 '사륜絲綸'의 형태를 가진다. 이것은 '왕의 말이 처음 나오는 것은 가는 실과 같으나, 밖

10 이규보, 「四時詞」, 『동문선』 권20.
11 진화, 「野步」, 『동문선』 권20.
12 이숭인, 「西江卽事」, 『동문선』 권22.

에서 행해질 때에는 굵은 실과 같다.[王言如絲, 其出如綸]'는 『예기』의 구절에서 유래한 것이다. 아래에서 이에 대한 『동문선』의 용례를 살펴보자.

임금의 말씀은 비밀스레 주어졌고	絲綸批密誥
작약은 새 노래를 퍼뜨린다네.	芍藥播新歌[13]

임금의 조칙이 금궐金闕에서 내려오니	絲編降金闕
기름진 그 은택이 남명南溟에 쏟아지네.	膏澤沛南溟[14]

드높은 대궐에서 사편絲編은 은밀했고	稷闕絲編密
견훤의 도읍지엔 역마가 걸어갔네.	甄都馹騎蹁[15]

후설喉舌로서 언제나 가까이하니	喉舌尋常近
임금 조칙 은밀해서 공표하지 않았네.	絲綸密勿宣[16]

일찍이 옥백 쥐고 단계丹陛에 올랐더니	曾齎玉帛趨丹陛
이제야 사륜絲綸 받아 적관赤關으로 돌아가네.	仍奉絲綸返赤關[17]

십 년 동안 대각에서 임금 조칙 맡았다가	十年臺閣掌絲綸
이 날에 뒤집혀서 곤외閫外 신하 되었네.	此日飜爲閫外臣[18]

13 이규보, 「上中書舍人」, 『동문선』 권11.
14 유순, 「送慶尙鄭監司佸之任」, 『속동문선』 권6.
15 서거정, 「送南原梁君(誠之)詩百韻」, 『속동문선』 권6.
16 권건, 「送大虛觀察忠清」, 『속동문선』 권6.
17 최항, 「贈日本師」, 『동문선』 권18.

어젯밤 꿈속에서 구중천九重天에 들어가서　　昨宵夢入九重天
오색의 조서를 제전帝前에서 지었네.　　五色絲綸演帝前[19]

『동문선』에서 '사絲' 이미지가 임금의 조칙으로 사용된 경우는 모두 7건이다. 이 7건의 예문을 살펴보면 처음 5건의 예문은 모두 작자가 상관 또는 동료를 위해 지은 시고, 나머지 두 건은 자기 자신에 관한 내용이다. 즉 『동문선』에서 임금의 조칙을 표현하기 위해 사용된 '사絲' 이미지는 대부분 시를 읽는 상대방이 임금과 가까운 관계였다는 것을 작자가 칭송하기 위해 관용적으로 사용했다는 것을 알 수 있다.

5. 빗줄기 · 낚싯줄의 비유

앞서 살펴본 것과 같이 '사絲' 이미지를 이용한 빗줄기의 비유는 『당시삼백수』에서 그 예를 볼 수 있었고 낚싯줄의 비유는 『시경』에서부터 사용되고 있었다. 『동문선』에서도 이런 용례를 찾을 수 있는데 그 구체적인 양상을 아래에서 살펴보자.

엷은 구름 흰 비단처럼 비껴져 있고　　薄雲橫似素
성긴 비는 실 마냥 흩어 내리네.　　疏雨散如絲[20]

그림 같은 푸른 산은 봉창에 가득 들고　　青山似畫滿蓬窓

18 김연, 「出鎮龍灣次示門生」, 『동문선』 권12.
19 박항, 「曉起」, 『동문선』 권20.
20 이규보, 「沙平江泛舟」, 『동문선』 권9.

실 같은 가는 빗발 돌다리에 뿌리네. 細雨如絲灑石矼[21]

강은 차고 밤은 고요한데 물고기 더디 잡혀 江寒夜靜得魚遲
혼자서 봉창에 기대 낚싯줄을 거두네. 獨倚蓬窓捲釣絲[22]

밤 깊고 달 떨어져 낚싯줄을 걷고서 夜深月落卷釣絲
도롱이 쓰고 잠시나마 강변 둑에 잠자네. 披蓑暫宿江邊塢[23]

앞의 두 예문은 '여사如絲'의 형태로 빗줄기를 형용한 경우이고 마지막 두 예문은 '조사釣絲'의 형태로 낚싯줄을 가리키고 있는 경우다. 인용한 구절에서는 직유법을 사용해서 빗줄기를 표현하고 있지만 이외에도 '산사散絲'나 '사사絲絲'등의 형태로 내리는 비를 묘사하기도 했다.[24] 낚싯줄 비유의 경우에도 '조사釣絲'의 형태 이외에 '은사銀絲'라는 표현을 사용하기도 했다.[25]

21 정포, 「西江雜興」, 『동문선』 권21.

22 이제현, 「松都八詠 · 西江月艇」, 『동문선』 권21.

23 어세겸, 「遊麻浦」, 『속동문선』 권4.

24 최광유, 「細雨」, 『동문선』 권12. "바람이 실줄을 켜고 구름이 자아내 흩으니, 봄의 산과 바다에 어스름 부실부실.[風繰雲緝散絲綸, 陰曀濛濛海岳春]" ; 최해, 「追次郭密直預賞蓮詩韻」, 『동문선』 권20. "거년에 숭교에 지난 것을 기억하나니, 엷은 구름 석양에 비가 실실이 내렸었네.[想得去年崇敎過, 薄雲殘照雨絲絲]"

25 서거정, 「漢都十詠 · 立石釣魚」, 『속동문선』 권4. "낚싯대 들고 와서 풀밭 깔고 앉으니, 은실 백 자 끝에 금잉어가 뛰겠다.[把釣歸來籍綠蕪, 百尺銀絲金鯉躍]"

황윤석의 '사絲' 이미지 활용양상

중국의 고전과 『동문선』에서 위와 같은 형식으로 사용되던 '사絲' 이미지는 황윤석의 한시에서 총 33번 등장한다. 용도별로 살펴보면, 버드나무가지를 형용한 것(12건)이 가장 많고 현악기의 형용(5건) · 하얗게 센 귀밑머리의 비유(5건) · 임금의 조칙을 지칭(2건) · 빗줄기의 형용(2건) · '사思'의 중의적 표현(2건) · 뛰어난 재주를 가진 인재의 비유(1건) · 낚싯줄을 지칭(1건) · 녹봉의綠縫衣를 만드는 실(1건) · 어지럽고 번잡함의 형용(1건) · 시를 창작함(1건) 등의 용법으로 사용되고 있다.

이와 같은 황윤석의 '사絲' 이미지 활용유형을 분석해보면 크게 두 가지로 그 양상을 나눌 수 있다. 하나는 앞선 세대에서 내려온 비유방식을 거의 그대로 계승하여 활용한 것이고, 다른 하나는 전대의 비유방식에 크게 변화를 주거나 독창적인 비유를 활용하는 경우다. 먼저 앞선 세대의 비유방식을 그대로 계승한 경우부터 살펴보자.

1. 전대의 비유방식을 그대로 계승한 경우

1) 현악기의 비유

'사絲' 이미지를 통한 현악기의 비유는 『당시삼백수』와 『동문선』의 용례를 봤을 때, '사絲'자 단독으로 쓰이거나 '사관絲管' · '사죽絲竹' 등의 형태로 조합되어 사용되는 것이 일반적이었다. 그러면 황윤석은 어떤 형태로 '사絲' 이미지를 현악기로 비유했는지 다음에서 살펴보자.

빙잠의 실을 바싹 당겨	搄以冰蠶絲
이란곡을 타노라니.	彈出離鸞弄[26]

사죽絲竹이 없다고 한恨하지 마오,	莫恨無絲竹
우선, 등불 밝힌 것을 기뻐합시다.	且喜張燈燭
새로운 시 시험 삼아 한 번 부르고,	新詩試一倡
유음 거듭 탄식하면 충분할 것을.	三歎遺音足[27]

가야금 하나 퉁소 하나 또 가자歌者 한 사람	一絲一竹又一肉
삼절三絶이 분명해서 이제 옛 소리 밝힐 만하네.	三絶分明今可古[28]

사죽絲竹이 어시장을 놀라게 할까봐,	多心絲竹驚漁市
나오는 대로 부르고 읊다 외려 뱃노래 하네.	信口歌詩卻棹謳[29]

듣자니, 낭관이 한 번 은혜 베풀어	聞說星郎一惠宣
금성의 사관絲管소리 천상에서 왔다네.	錦城絲管自勻天[30]

위의 예문을 통해 황윤석도 전례에 따라 '사絲' 또는 '사관絲管'·'사

26 황윤석, 「擬古」, 『이재난고』 1책, 한국정신문화연구원, 1994, 63쪽. (1747년 19세)

27 황윤석, 「丙午除夜, 在甑城縣齋, 幸有盧姪君說來守, 忽得白君健仲南歸歷宿, 用唐詩亂山殘雪夜, 孤燭異鄉人, 分成十絶, 所以自寬云爾.」, 『이재난고』 7책, 한국정신문화연구원, 2001, 555~556쪽. (1786년 58세)

28 황윤석, 「弁韓琴長歌送三客」, 『이재난고』 8책, 한국정신문화연구원, 2002, 65쪽. (1788년 60세)

29 황윤석, 「又次次兒鞍庄憶舟中昨游之作」, 『이재난고』 8책, 한국정신문화연구원, 2002, 253쪽. (1789년 61세)

30 황윤석, 「奉贈羅戚兄乃玉氏諡號慶席」, 『이재난고』 8책, 한국정신문화연구원, 2002, 390쪽. (1790년 62세)

죽絲竹'의 형태로 현악기를 묘사하고 있다는 것을 볼 수 있다. 구체적인 용례를 보면, 첫째 수에서는 빙잠의 실로 만든 현을 당겨 이란곡을 연주한다고 하고, 둘째 수에서는 사죽絲竹이 없으므로 시를 지어 노래하자고 말하고 있으며, 셋째 수에서는 가야금과 퉁소 그리고 노래의 명인을 각각 '일사일죽우일육一絲一竹又一肉'으로 묘사하고 있다. 넷째 수에서는 뱃놀이를 하면서 어느새 흥이 올라 뱃노래까지 하는 모습을 그리고 있다. 마지막 수에서는 시호를 받는 경사스러운 자리에서 울려 퍼지는 음악소리를 천상에서 온 음악으로 묘사하고 있다. 『당시삼백수』와 『동문선』의 예와 비교해 보면 황윤석이 '사絲' 이미지를 전대의 용법과 거의 유사한 방식으로 활용하고 있다는 것을 알 수 있다.

2) 임금의 조칙을 비유

『동문선』의 예에서 임금의 조칙을 나타내는 '사絲' 이미지는 대부분 '사륜絲綸'의 형태를 가지고 있었다. 황윤석의 경우 이런 용법을 두 번 사용했는데 그 내용은 아래와 같다.

한 마디 말 임금의 조칙에 총애 받았고	片語絲綸寵
사방으로 통해 가까이에서도 우뚝했었지.	通衢咫尺嶔[31]

세 번의 조칙에 뉜들 울지 않았을까?	三度絲綸誰不涕
한 방편 죽이 또한 생명을 보전하니.	一方飦粥亦全生[32]

31 황윤석, 「南獻納(彦彧)丈挽六十韻」, 『이재난고』 3책, 한국정신문화연구원, 1997, 21~22쪽. (1770년 42세)

황윤석은 임금의 조칙으로 '사絲' 이미지를 두 번 사용했다. 그 중 한 번은 세상을 떠난 지인이 임금과 가까운 사이였다는 것을 묘사하기 위해 사용했고 나머지 한 번은 임금의 조칙으로 인해 굶주린 백성들이 살아날 수 있었다고 칭송하기 위해 사용했다. 『동문선』의 용례와 비교해보면, 전자는 예전 시인들의 표현법과 거의 유사하다고 할 수 있고 후자는 『동문선』에 비해 어느 정도 변화를 준 표현이라 할 수 있겠다.

3) 빗줄기 · '사思'의 중의적 표현 · 뛰어난 재주를 가진 인재의 비유

가랑비 자욱해도 빗줄기는 안 뵈는데　　小雨空濛未見絲
푸른 오동 정이 많아 알아 달라고 하네.　　碧梧多意報人知[33]

위성의 아침 비는 예전의 풍류인데　　渭城朝雨舊風流
긴 빗줄기 아니라면 정녕 그치지 않았다네.　　不作長絲政不休[34]

어찌 알까? 네 아비 저녁에 관재에서　　豈知乃父官齋夕
오잠처럼 죽지 못해 실만 뽑고 있다는 걸.　　不奈吳蠶未死絲[35]

---

32 황윤석, 「敬次城主罷賑宴七律」, 『이재난고』 6책, 한국정신문화연구원, 2000, 548쪽. (1784년 56세)

33 황윤석, 「八絶」, 『이재난고』 1책, 한국정신문화연구원, 1994, 123~124쪽. (1752년 24세)

34 황윤석, 「柳絲絶句」, 『이재난고』 8책, 한국정신문화연구원, 2002, 380쪽. (1790년 62세)

35 황윤석, 「一病七日, 今偶開戶, 則西南兩砌, 鵑花已滿樹矣. 有賦二絶」, 『이재난고』 6책, 한국정신문화연구원, 2000, 216쪽. (1780년 52세)

내게 간절하지 않은 건 벼슬살이 인데　　非我關情斗祿間
잠사蠶絲하며 늙어가서 절로 인끈 이루었네.　　蠶絲到老自成綰[36]

동남을 지나다가 잠시 머뭇거리니　　行過東南乍逗遛
왕골과 띠 가지고 삼과 명주에 함께 하리.　　要將菅蒯列麻絲[37]

첫째 수와 둘째 수에서 황윤석은 '사絲' 이미지를 사용해서 빗줄기를 표현했다. 이러한 표현은 『당시삼백수』나 『동문선』에서도 찾아볼 수 있었다.[38] 셋째 수와 넷째 수는 당나라 시대 이상은(812~858)의 「무제」 시중 '봄누에는 죽어서야 실뽑기를 그만 둔다.[春蠶到死絲方盡]'의 구절을 응용한 것이다. 이상은의 이 구절은 '사絲'와 '사思'가 유사한 음을 가지고 있다는 것에 착안해서 '봄누에가 죽기 전까지 실을 뽑아내듯, 그대에 대한 나의 그리움도 살아있는 동안에는 멈출 리가 없다.'는 의미를 담고 있다.

따라서 인용한 세 번째 구절은 '오잠吳蠶이 살아 있는 동안 실을 계속 뽑아내듯, 나도 목숨이 붙어 있는 한은 가족에 대한 그리움을 멈출 수 없다.'는 뜻이다. 네 번째 구절은 '누에가 죽을 때 까지 실을 뽑듯, 나도 가족을 향한 그리운 마음만 가슴에 품은 채 늙도록 벼슬살이를 하고 있네.'라는 의미다.

---

36 황윤석, 「思歸三絶」, 『이재난고』 5책, 한국정신문화연구원, 1999, 424쪽. (1779년 51세)

37 황윤석, 「仙巖歌二十章」, 『이재난고』 1책, 한국정신문화연구원, 1994, 710~712쪽. (1767년 39세)

38 韋應物, 「賦得暮雨送李冑」, 『唐詩三百首』. "相送情無限, 沾襟比散絲"; 이규보, 「沙平江泛舟」, 『동문선』 권9. "薄雲橫似素, 疏雨散如絲" 등

마지막 수는 '사絲' 이미지로 뛰어난 재주를 가진 인재를 비유한 것이다. 이것은 "비록 명주실과 삼실이 있더라도 왕골이나 띠풀을 버리지 마라. 비록 희씨와 강씨 같은 비빈이 있더라도 여위고 못난이를 버리지 마라. 무릇 어떤 사람이든 인재가 부족하면 대신 쓰이지 못하는 일이 없다."라는 『춘추좌전』 성공 9년 조의 예에서 가져온 것이다.[39] 이와 같은 용법은 황윤석보다 조금 앞선 시기에 살았던 장유(1587~1638)의 시에서도 발견할 수 있다.[40]

4) 녹봉의綠縫衣를 만드는 실 · 낚싯줄 · 어지러움의 비유

동이 물을 허공에 비추어보고	盆水空相照
고치 실을 어지러이 함께 매네.	繅絲漫共緡[41]

예로부터 일사一絲가 외려 중요했으니	終古一絲猶有重
백지百紙의 재주 아랑곳 말고 자랑하지 말아야지.	從他百紙不須誇[42]

제문을 서로 내미는 지경에 이르러서	至竟相推松水狀
빈주 절로 바쁜 것을 감당 못하네.	未堪賓主自絲紛[43]

39 『春秋左傳』 成公 9년, "雖有絲麻, 無棄菅蒯. 雖有姬姜, 無棄蕉萃. 凡百君子, 莫不代匱."

40 장유, 「八音體」, 『계곡선생집』 권34, "絲麻自中用, 菅蒯在所遺"

41 황윤석, 「月蝕五十韻」, 『이재난고』 1책, 한국정신문화연구원, 1994, 67~68쪽. (1748년 20세)

42 황윤석, 「留贈嚴進士群從」, 『이재난고』 2책, 한국정신문화연구원, 1995, 135쪽. (1768년 40세)

43 황윤석, 「洪克之(樂眞)挽歌九絶」, 『이재난고』 8책, 한국정신문화연구원, 2002, 466쪽. (1790년 62세)

첫째 수는 월식을 맞이한 마을 사람들이 동이에 물을 담아 달 모양을 비추어보고 재앙을 물리치기 위해 녹봉의綠縫衣를 만드는 모습을 묘사하고 있다.[44] 둘째 수는 '사絲' 이미지로 낚싯줄을 형용한 경우다. 인용한 시에 등장하는 '일사一絲'와 '백지百紙'의 전례를 살펴보면 '사絲'로 형용된 낚싯줄은 절개와 지조를 가진 은자를 가리키고 있다는 것을 알 수 있다.[45] 셋째 수는 '사絲' 이미지로 '사분絲紛'이란 단어를 만들고 '분분紛紛'과 유사한 뜻으로 쓴 경우다. 이런 용례는 황윤석보다 앞선 시기의 작가인 신흠(1566~1628)과 이익(1681~1763)의 시에서도 발견할 수 있다.[46]

2. 앞선 시대의 방식에 변화를 주거나 독창성을 발휘한 경우

지금까지 황윤석이 전대에 사용되던 '사絲' 이미지의 용법을 거의 그대로 계승하면서 자신의 작품에 활용한 경우를 살펴보았다. 창작의 과정에서 과거의 기법을 배우고 수용하는 과정은 꼭 필요한 것이기는 하지만 여기에만 머문다면 수준 높은 창작이라고 할 수 없을 것이다.

44 황윤석은 이 구절에 대해 "鄉俗月食之夜, 以盆水窺測, 識其虧缺分數. 又於繅車作綠縫衣, 所以禳災."라고 주석하고 있다.

45 『後漢書』 권83, 「嚴光列傳」에 의하면 엄광은 어렸을 때부터 명성이 높았고 후한後漢시대 광무제가 즉위하기 전에 함께 공부했었다. 광무제가 왕위에 오른 뒤 그에게 간의대부를 맡겼으나 거절하고 부춘산에 들어가 밭을 갈며 살았다고 하는데, 후세 사람들은 엄광의 이러한 행동을 '桐江一絲扶漢九鼎'이라며 칭송했다고 한다. ; 『蘇東坡詩集』 卷6, 「石蒼舒醉墨堂」, "興來一揮百紙盡, 駿馬倏忽踏九州"

46 신흠, 「完平諸人疏放, 吾輩未蒙恩霈, 偶吟」, 『象村先生集』 권16. "曾向林泉晩計存, 世緣欺我等絲紛." ; 이익, 「次黃靜叔」, 『星湖全集』 권2. "吾道悠悠樂在羣, 閱來人事劇絲紛."

그래서 황윤석도 전대의 기법을 수용하면서도 나름의 변화를 주거나 독창성을 발휘한 경우가 있었다. 아래에서 그런 예를 살펴보자.

1) '사絲' 이미지와 다른 이미지의 대비를 통한 세월의 흐름과 늙어감의 비유

먼저 살펴볼 것은 버드나무가지의 비유와 관련된 것이다. 앞에서 살펴본 것처럼 버드나무는 예전부터 이별을 소재로 한 시에 자주 등장해왔고, '사絲'는 그 버드나무의 가지를 형용하는 이미지로 빈번하게 나타났다. 하지만 황윤석은 '사絲' 이미지를 다른 이미지와 대비하는 방식을 사용해서 자신의 처지를 묘사했다.

(1) 세월의 흐름을 묘사

단오엔 산마을에 푸른 버들 드리웠고　　　端陽山里垂絲綠
추석의 능암에는 단풍잎 어지럽네.　　　秋夕綾巖亂葉紅[47]

버드나무 천만가지 얼마나 되나?　　　千絲萬縷能多少
도리어 두려워라, 살짝 내린 서리에 어느새 추워지니.
却怕微霜暗作寒[48]

인용한 시들은 '사絲' 이미지에 대응해서 각각 '엽葉'과 '상霜'이라는 이미지를 배치하고 있다. 이를 통해 첫째 수에서는 5월의 '수사록垂絲

47 황윤석, 「吟示吳老」, 『이재난고』 1책, 한국정신문화연구원, 1994, 82쪽. (1748년 20세)

48 황윤석, 「楊柳詞 五首」 중 其四, 『이재난고』 1책, 한국정신문화연구원, 1994, 396쪽. (1764년 36세)

綠'와 8월의 '난엽홍亂葉紅'을 대비해서 세월의 흐름을 묘사하고 있다. 둘째 수에서는 눈앞에 보이는 '천사千絲'와 밤 또는 새벽 무렵의 '미상微霜'을 대비해서 시간의 흐름을 나타내고 있다.

(2) 봄날의 버드나무와 늙어감의 대비

황윤석은 버드나무와 함께 종종 '동풍'을 등장시키고 있다. '동풍' 즉 '봄바람'을 함께 등장시킨 이유는 겨울에서 다시 봄이 되어 한 해가 흘러간 것을 강조하기 위해서인 것으로 보인다. 아래의 예문을 보자.

목계木溪 여울가 버들가지 천 가닥	木溪灘上柳千絲
일찍이 봄바람에 여린 잎을 봤었지.	曾見東風嫩綠時
이에 무정하게 문득 슬퍼지니	自是無情便悄悵
다른 해 다시 몇 번 버들가지 잡을까?	他年更得幾攀枝[49]

한낮에 구름 개고 빗줄기 그쳤을 때	日午雲開雨歇時
봄바람에 힘없이 버들가지 드리웠네.	東風無力柳絲垂
그때부터 참동계는 믿지를 못하니	伊來不信參同契
천만 둘레에는 귀밑머리 벌써 셌네.	萬徧千周鬢已衰[50]

첫째 수는 1·2구에서 봄날의 버드나무가지를 말하고 3·4구에서 이 버드나무가지를 다시 만날 날이 얼마 남지 않았다고 아쉬워하며

49 황윤석, 「木溪柳」, 『이재난고』 2책, 한국정신문화연구원, 1995, 143쪽. (1768년 40세)

50 황윤석, 「乍晴鑷白」, 『이재난고』 2책, 한국정신문화연구원, 1995, 391쪽. (769년 41세)

세월의 무정함을 드러낸다. 둘째 수의 제목은 「날이 잠깐 개어 흰머리를 뽑다」이다. 황윤석은 이 시에서 '사絲' 이미지가 '버드나무가지'뿐만 아니라 '하얗게 센 귀밑머리'를 비유하기도 한다는 데 착안해서 빗줄기에 젖어 늘어진 버드나무가지와 흰머리 가득한 자신의 처지를 비교하면서 둘 사이에 모종의 동질감을 일으키고 있다.

2) 귀밑머리의 비유를 통한 늙어감과 귀향 의지의 부각

다음으로 살펴볼 특징적인 면모는 '사絲' 이미지로 하얗게 센 귀밑머리를 비유한 경우다. '사絲' 이미지를 통해 하얗게 센 귀밑머리를 묘사하는 방식은 두보(712~770) · 위응물(737~804) · 백거이(772~846) 등의 시에서 발견할 수 있었다.[51] 그리고 이후 우리나라의 많은 시인들도 '사絲' 이미지를 통해 하얗게 센 귀밑머리를 묘사했는데, 『동문선』의 '사絲' 이미지 사용빈도(22건)에서 그 사실을 확인할 수 있었다.[52] 황윤석도 중국의 시인들, 그리고 이전 시기의 우리 시인들과 마찬가지로 '사絲' 이미지를 통해 귀밑머리를 묘사했는데 그 예들을 아래에서 살펴보자.

51 杜甫, 「醉時歌(贈廣文館博士鄭虔)」, 『杜甫詩全集』 卷216. "杜陵野客人更嗤, 被褐短窄鬢如絲."; 韋應物, 「長安遇馮著」, 『唐詩三百首』. "昨別今已春, 鬢絲生幾縷."; 白居易, 「約心」, 『白居易詩全集』 卷430. "黑鬢絲雪侵, 青袍塵土涴."

52 이인로, 「早起梳頭效東坡」, 『동문선』 권4. "衰鬢千絲亂, 舊梳新月斜"; 정포, 「怨別離」, 『동문선』 권7. "豈知吾生有此恨, 青鬢一夜垂霜絲"; 고조기, 「安城驛」, 『동문선』 권9, "如何雙鬢上, 不改去年絲"; 박의중, 「遣興」, 『동문선』 권10. "一身長作梗, 雙鬢已成絲"; 박춘령, 「登採眞亭」, 『동문선』 권12. "鬢絲斗覺今年白, 山色仍猶舊日青" 등.

내 동생 나이는 이미 마흔 아홉인데　吾弟流年已手著
사내 아이 기이한 병에 귀밑머리 실 더하네.　一男奇疾鬢添絲[53]

삼 년간 한양생활 귀밑머리 실이 되고　三年京國鬢如絲
일찍이 본 것이란 새 꽃 옛 가지에 피어나는 것.　曾見新花發故枝[54]

다만 응당 유자遊子의 귀밑머리도　只應遊子鬢
이로부터 더욱 더 하얀 실이 되리라.　從此更成絲[55]

승장承奬하던 그 해에는 큰 일 할 듯 하더니만　承奬當年若有爲
지금은 흰 머리칼 벌써 실이 되었다네.　祗今華髮已成絲[56]

서른 날 병든 수령 귀밑머리 실 다되어　三旬病守鬢全絲
오로지 외우는 건 도연명의 귀거래사.　獨誦陶翁歸去辭[57]

위 예문은 황윤석이 '사絲' 이미지로 하얗게 센 귀밑머리를 묘사한

53 황윤석, 「奴至得家書志喜三絶」, 『이재난고』 5책, 한국정신문화연구원, 1999, 515쪽. (1779년 51세)

54 황윤석, 「今年冬暖, 乖常已極, 而遠人衣薄者則幸矣. 曉起, 忽覺新年立春, 正在六日以後, 因記秦少游詩, 略改如左, 以志鄉思云」, 『이재난고』 3책, 한국정신문화연구원, 1997, 488쪽. (1770년 42세)

55 황윤석, 「豊沛西館, 曉前溫弟壽兒箕甥自念, 旣入本道界上, 而王事所縻, 不敢歸覲, 乃復東北逶迤而去, 人子之情, 爲如何哉? 聊以一律志懷」, 『이재난고』 3책, 한국정신문화연구원, 1997, 401쪽. (1770년 42세)

56 황윤석, 「己亥三月初五, 先英宗大王忌祭, 始行于元陵之日也. 賤臣受知未死, 謹以二絶慕」, 『이재난고』 5책, 한국정신문화연구원, 1999, 443쪽. (1779년 51세)

57 황윤석, 「答題本縣大西槐城里童蒙二十人乞還米四六文」, 『이재난고』 7책, 한국정신문화연구원, 2001, 623쪽. (1787년 59세)

다섯 수의 시 구절을 모두 인용한 것이다. 첫째 수는 두 살 터울 동생이 자식 걱정으로 귀밑머리가 더욱 하얗게 되어가고 있는 모습을 묘사했다. 둘째 수는 한양의 벼슬생활을 하느라 귀밑머리는 실처럼 하얗게 변했는데 부질없이 세월만 흘러간다고 말한다. 셋째 수는 동생과 아들 · 조카를 고향으로 돌려보낸 뒤 홀로 남은 심경을 표현하고 있다.

넷째 수는 처음에는 포부가 있었는데 지금은 이루어 놓은 것 없이 귀밑머리만 실처럼 하얗다고 말한다. 마지막 수는 병을 앓으며 귀밑머리는 실처럼 하얗게 되었고 바라는 것은 고향으로 돌아가는 것 뿐이라고 말한다.

'사絲' 이미지로 하얗게 센 귀밑머리를 묘사한 다섯 수의 작품 중 첫째 수는 동생이 늙어가는 것을 노래한 것이었고 나머지 네 수는 자기 자신을 표현한 것이다. 자기 자신을 표현한 네 수의 시 가운데 세 수에서 벼슬살이 중에 이룬 것 없이 늙어가는 처지를 노래했고 다른 한 수에서는 벼슬살이 하다가 늙어버렸으니 귀향해야겠다고 말하고 있다.

『동문선』에서 '사絲' 이미지를 활용한 예를 보면, 하얗게 센 귀밑머리를 비유하면서도 다양한 시점과 상황 속에서 '사絲' 이미지를 운용하고 있었다. 그런데 황윤석은 '이루어 놓은 것 없이 늙어간다.'거나 '나이가 들었으니 귀향하고 싶다.'는 두 가지 표현에만 '사絲' 이미지를 사용하고 있다.

이것이 '사絲' 이미지 활용에서 드러나는 황윤석의 특징적인 면모라고 할 수 있다. 이처럼 '사絲' 이미지를 통해 귀밑머리를 비유하면서 다양한 표현을 하지 못한 채 오직 '늙어간다'거나 '귀향하고 싶다' 등의 표현에만 집중한 것은 그가 겪어야 했던 오랜 기간의 타향살이가 그 원인이라고 볼 수 있다.

3) 시 읊음의 비유

지금까지 살펴본 '버드나무가지의 비유'와 '하얗게 센 귀밑머리의 비유'는 '사絲' 이미지가 예전부터 활용되었던 방식이었다. 황윤석은 이 표현을 자신의 처지에 맞게 변화를 주어 활용하고 있다는 것을 볼 수 있었다. 황윤석은 이 두 가지 비유 외에도 '사絲' 이미지를 활용해 시 읊는 것을 비유하고 있는데 이것은 그 만의 독창적인 표현법이라 할 만하다.

괴로이 읊으며 번데기에서 뽑는 실　　　吟苦絲抽蛹
생각이 말라들어 항아리 기울인 술.　　　思渴酒傾缸[58]

인용한 구절은 번데기가 실을 뽑아내는 과정을 괴롭게 시를 창작하는 것에 비유하고 있다. 이런 표현은 황윤석만의 독특한 방식이라고 볼 수 있다. 지금까지 황윤석이 한시를 창작하면서 '사絲' 이미지를 어떤 방식으로 사용했는지 살펴보았다. 황윤석은 『이재난고』에 기록한 1630여제餘題의 한시 가운데에서 33번 '사絲' 이미지를 사용했다. 그 사용양상을 보면 버드나무가지를 형용(12건) · 현악기의 비유(5건) · 하얗게 센 귀밑머리의 비유(5건) · 임금의 조칙을 지칭(2건) · 빗줄기의 형용(2건) · '사思'의 중의적 표현(2건) · 뛰어난 재주를 가진 인재의 비

58 황윤석, 「寄丁啓甫三十一句」, 『이재난고』 1책, 한국정신문화연구원, 1994, 95~96쪽. (1750년 22세)

유(1건) · 낚싯줄을 지칭(1건) · 녹봉의綠縫衣를 만드는 실(1건) · 어지럽고 번잡함의 형용(1건) · 시詩를 창작함(1건) 등의 순으로 '사絲'이미지를 활용하고 있었다.

황윤석은 '사絲' 이미지로 버드나무가지를 자주 비유하면서도 단순히 버드나무가지를 형상화하는 데 그치지 않고 '사絲' 이미지와 다른 이미지를 조합해서 세월의 흐름을 그려내기도 하고 부질없이 늙어가는 것을 묘사하기도 했다. 이러한 표현들 중 세월의 흐름이나 늙음을 묘사한 것들은 그의 시가 보여 주는 대표적인 주제인 가족에 대한 그리움 · 벼슬살이의 고단함 등과 깊은 관련이 있다고 할 수 있다.

그리고 『동문선』에서 '사絲' 이미지가 가장 많은 용도로 활용된 예는 귀밑머리의 비유였다. 『동문선』의 예를 통해서 본다면 타향살이에 시달렸던 황윤석도 '사絲' 이미지로 귀밑머리의 비유를 좀 더 자주 사용할 수 있었을 것으로 짐작했다. 하지만 황윤석은 귀밑머리의 비유를 사용해서 늙음을 직접적으로 표현하기보다는 버드나무가지의 비유로 활용된 '사絲' 이미지와 다른 이미지와의 조합을 통해 세월의 흐름과 늙음을 우회적으로 드러내는 것을 더욱 선호했다. 이런 표현은 그의 작시作詩 능력이 평범한 수준을 넘었다는 것을 짐작하게 한다.

또 『동문선』의 예를 보면 '사絲' 이미지를 이용해서 늙은 나이에도 불구하고 꽃을 사랑하고 진리를 추구하며 운치를 즐기는 모습 등을 표현하고 있었다. 황윤석은 '사絲' 이미지로 귀밑머리를 형상화하면서 대부분 벼슬살이 하느라 부질없이 늙어가는 자신의 모습만을 표현하고 있었다. 이처럼 한 쪽으로 치우친 표현 양상은 그의 삶을 지배했던 타향살이의 고단함이 그의 마음속에 깊이 자리 잡고 있었기 때문에 나타났다고 생각된다.

그 밖에 '사絲' 이미지를 이용한 '사思'의 중의적 표현은 항상 부모와 가족을 그리워했던 그의 평소 심정을 잘 드러내 준다고 할 수 있고, '사絲' 이미지를 통한 뛰어난 인재의 비유는 현감이 되어 임지에서 부모를 모시고자 했던 그의 꿈을 잘 드러내주는 표현이라 할 수 있다.

‖ 참고문헌 ‖

360doc個人圖書館(http://www.shigeku.org)
문연각 사고전서 전자판
조선왕조실록(https://sillok.history.go.kr/)
한국고전종합DB(https://db.itkc.or.kr/)
漢典(http://www.zdic.net/)

김창협, 『농암집』, 한국문집총간 162, 민족문화추진회, 1996.
황윤석, 『이재난고』 1책, 한국정신문화연구원, 1994.
황윤석, 『이재난고』 2책, 한국정신문화연구원, 1995.
황윤석, 『이재난고』 3책, 한국정신문화연구원, 1997.
황윤석, 『이재난고』 4책, 한국정신문화연구원, 1998.
황윤석, 『이재난고』 5책, 한국정신문화연구원, 1999.
황윤석, 『이재난고』 6책, 한국정신문화연구원, 2000.
황윤석, 『이재난고』 7책, 한국정신문화연구원, 2001.
황윤석, 『이재난고』 8책, 한국정신문화연구원, 2002.
황윤석, 『이재유고』, 한국문집총간 246, 민족문화추진회, 2000.
황현, 『매천집』, 한국문집총간 348, 민족문화추진회, 2005.

감준희, 「農巖 金昌協의 '風神'비평 연구」, 『장서각』 38, 한국학중앙연구원 출판부, 2017.
구섭우 편저, 안병렬 역, 『한역 당시3백수』, 계명대학교 출판부, 2005.
굴원 · 송옥 외 지음, 권용호 옮김, 『초사』, 글항아리, 2015.

기태완 외, 『호응린의 역대한시비평』, 성균관대학교출판부, 2005.

김만원 · 김성곤 · 박홍준 · 이남종 · 이석형 · 이영주 · 이창숙 역, 『두보위관시기시역해』, 서울대학교출판부, 2004.

김만원 · 김성곤 · 박홍준 · 이남종 · 이석형 · 이영주 · 이창숙 역, 『두보전집』 제6권, 서울대학교출판문화원, 2013.

노혜경, 『18세기 수령 행정의 실제: 황윤석의 『이재난고』를 중심으로』, 한국학중앙연구원, 2004.

檀國大學校附設東洋學硏究所 編, 『漢韓大辭典』 권15, 檀國大學校 東洋學硏究所, 2008.

杜甫著, 仇兆鰲注, 『杜詩詳注』 第4冊, 中華書局, 2013.

杜甫著, 仇兆鰲注, 『杜詩詳註』 第5冊, 中華書局, 2013.

林德保 · 李俊 主編, 『詳注 全唐詩』 第2卷, 大連出版社, 1998.

문숙자, 「조선후기 양반의 일상과 가족내외의 남녀관계 – 노상추의 〈일기(1763-1829)〉를 중심으로 –」, 『고문서연구』 28집, 한국고문서학회, 2006.

박순철, 노평규, 김영 역, 『국역 이재유고 Ⅰ』, 신성출판사, 2011.

박순철 · 노평규 · 김영 옮김, 『국역 이재만록(중)』, 신성출판사, 2012.

박순철 · 노평규 · 김영 옮김, 『국역 이재만록(하)』, 신성출판사, 2013.

박현순, 「지방 지식인 황윤석과 경화사족의 교유」, 『한국사연구』 제163호, 한국사연구회, 2013.

성백효 역주, 『詩經集傳』 上, 전통문화연구회, 2004.

성백효 역주, 『詩經集傳』 下, 전통문화연구회, 2004.

成復旺, 『中國美學範疇辭典』, 中國人民大學出版社, 1995.

오윤숙, 「성당의 '흥상' 시론고-은번의 하악영령집을 중심으로-」, 『중국문학연구』 8권, 한국중문학회, 1990.

원종례, 「王世貞과 胡應麟의 詩論 比較硏究」, 論文集 21호, 성심여자대학교, 1989.

원종례, 「在胡應麟 『詩藪』 美學體系中的興象 · 風神與格調之關係」, 『시화학』 3호, 동방시화학회, 2001.

유덕중,「格調 · 風神 · 神韻-胡應麟『詩藪』的理論特色」,『시화학』 3호, 동방시화학회, 2001.

이동구,「金元行의 實心 강조와 石室書院에서의 교육 활동」,『진단학보』 제88호, 진단학회, 1999.

이상봉,『頤齋 黃胤錫의 西行漢詩 硏究』, 부산대학교박사학위논문, 2018.

이상봉,「황윤석 시론 연구」,『동양한문학연구』 26집, 동양한문학회, 2008.

이선아,「영조대 정국 동향과 호남지식인 황윤석의 학맥과 관료생활」,『지방사와 지방문화』, 13집 2호, 역사문화학회, 2010.

이선아,「18세기 후반기 정국동향과 호남 향유 황윤석의 관직 임면」,『전북사학』 39집, 전북사학회, 2011.

이영주 · 박석 · 이석형 · 김만원 · 김성곤 역,『두보초기시역해』, 솔, 1999.

이익 저, 신호열 번역,『국역 성호사설』 권11, 민문고, 1989.

이재연구소편,『이재 황윤석 학문과 박학의 세계』, 신성출판사, 2013.

林德保, 李俊 主編,『詳注 全唐詩』 第2卷, 大連出版社, 1998.

임준철,『조선중기 한시 의상 연구』, 일지사, 2010.

조남권 · 이진오의『한국고전비평론』, 권2, 민속원, 2007.

차주환,「최자의 시평: 이규보와의 관련은 주로하여」,『동아문화』 제9집, 서울대 문리대, 1970.

천뽀하이(진백해) 지음, 이종진 옮김.『당시학의 이해(원제: 唐詩學引論)』, 사람과 책, 1994.

천즈어 지음, 임준철 옮김,『중국시가의 이미지』, 한길사, 2013.

彭會資,『中國古典美學辭典』, 廣西教育出版社, 1991.

황일권,「風格用語 "風神"의 含意 辨析」,『중국어문학』 45집, 영남중국어문학회, 2005.

이상봉

부산대학교 강사. 문학박사. 부산대 이재난고 역주사업팀에서 3년간 일했다. 전북대 이재연구소와 교류하면서 황윤석의 한시에 대해 연구하고 있다. 주요논문으로 「이재 황윤석의 서행한시 연구」, 「황윤석 한시에 나타난 가족애의 양상」, 「황윤석 시론 연구」 등이 있고, 역서로 『역주 이재난고』 1~20(공동), 『이재시선』 1 등이 있다.

선학재 총서❷

이재난고의 풍경과 서정

2022년 8월 31일 초판 1쇄 발행

지은이 : 이상봉
펴낸이 : 김병환
펴낸곳 : 학자원
주　소 : 서울시 강동구 천호대로 1121
전　화 : 02) 6403-1000
팩　스 : 02) 6338-1001
E-mail : hakjaone@daum.net
등　록 : 2011년 3월 24일 제2011-14호

ISBN 979-11-6247-278-1 94810
979-11-6247-277-4 (세트)
값 25,000원